新工科·普通高等教育机电类系列教材

互换性与测量技术基础

第4版

主　编　毛平淮

副主编　余晓流　杨国太

主　审　张认成

机械工业出版社

本教材为高等学校机械类和近机械类各专业技术基础课教材，内容包括：绪论，尺寸的极限与圆柱结合的互换性，测量技术的基础知识及光滑工件尺寸的检测，几何公差及检测，表面粗糙度及其检测，滚动轴承的公差与配合，圆锥和角度的公差及检测，平键、半圆键、花键连接的公差及检测，螺纹结合的公差及检测，渐开线圆柱齿轮的公差及检测，尺寸链。

本教材符合党的二十大报告中关于"深入实施科教兴国战略、人才强国战略、创新驱动发展战略"的要求，在详细讲授基础理论知识的同时融入探索性实践内容，以增强学生的自信心和创造力，即用学科理论知识促进学生活跃思维、敢于创新，尽可能地将新思路在实践中进行创造性的转化，推动科学技术实现创新性发展。

本教材采用现行国家标准，侧重以现场实例来阐述理论，附有学习指导、小结、习题与思考题。本教材中配套二维码资源，读者可以使用手机微信扫码后，免费观看学习。

本教材可作为高等院校和高职高专院校机械类及近机械类各专业教学用书，也可供有关工程技术人员参考。

图书在版编目（CIP）数据

互换性与测量技术基础/毛平淮主编. —4 版. —北京：机械工业出版社，2022.10（2024.8 重印）

新工科·普通高等教育机电类系列教材

ISBN 978-7-111-71190-2

Ⅰ.①互… Ⅱ.①毛… Ⅲ.①零部件-互换性-高等学校-教材②零部件-测量技术-高等学校-教材 Ⅳ.①TG801

中国版本图书馆 CIP 数据核字（2022）第 120500 号

机械工业出版社（北京市百万庄大街 22 号 邮政编码 100037）

策划编辑：余 皞 责任编辑：余 皞
责任校对：陈 越 王 延 封面设计：张 静
责任印制：常天培
天津市光明印务有限公司印刷
2024 年 8 月第 4 版第 5 次印刷
184mm×260mm·13.75 印张·346 千字
标准书号：ISBN 978-7-111-71190-2
定价：45.80 元

电话服务 网络服务
客服电话：010-88361066 机 工 官 网：www.cmpbook.com
010-88379833 机 工 官 博：weibo.com/cmp1952
010-68326294 金 书 网：www.golden-book.com
封底无防伪标均为盗版 机工教育服务网：www.cmpedu.com

前　言

"互换性与测量技术基础"是高等工科院校机械类和近机械类各专业的重要技术基础课，是和机械工业紧密联系的一门基础课程。

本教材第 1 版从 2006 年出版至今已多次再版重印，被几十所院校选用或馆藏，由于近年来相关国家标准更新较快，因此在 2022 年进行了本教材的第 4 版修订。

本教材第 4 版编写修订原则为：①标准更新，参照截止于 2021 年底前颁布的国家标准，以便学习使用；②重点突出，在每章前有"学习指导"，每章后有"本章小结"，每章中还做了适量标注，以便突出重点和难点；③便于自学，在编写过程中，注意理论联系实际，尽量多地列举实例，每章配有习题与思考题，以便所学知识的巩固。

随着高校教学改革的不断深入，提高教材的编写、出版质量势在必行。应出版社之约，本次修订主要方向是提高文字表达的可读性，提高版式设计阅读的便利性，提高图片的美观性。

由于近年来课程内容的改革，各校"互换性与测量技术基础"课程安排的学时不同，本教材为扩大适用面，按 32~48 学时编写，在使用时可根据具体情况进行取舍。

本次教材第 4 版修订，由毛平淮任主编，余晓流、杨国太任副主编。参与修订工作的还有：戴雪晴、叶琦、毛祎琳、张帅、杨丽、江峰、李君。华侨大学张认成教授担任本次修订的主审，在此表示感谢。

由于编者水平有限，书中难免存在缺点和错误，敬请广大读者批评指正。

编　者

CONTENTS
目　　录

第一章

绪　　论

学习指导

　　学习目的：了解本课程的性质和任务。
　　学习要求：懂得互换性的含义；
　　　　　　　了解互换性与标准化的关系及其在现代化生产中的重要意义；
　　　　　　　了解优先数的基本原理及其应用。

第一节　互换性概述

一、互换性的定义

　　在人们的日常生活中，有大量产品涉及互换性。例如，汽车、摩托车、家用电器、计算机等，若其中某一零件或部件坏了，只要将同一规格的一个零部件更换上，便能跟原来一样继续使用。之所以这样方便，就是因为这些零件或部件均具有能够彼此互相替换的性能，即具有"互换性"。

　　所谓互换性是指同一规格的一批零件或部件中，任取其一，不需要任何挑选或附加修配（如钳工修配）就能装在机器上，达到规定的功能要求。这样的一批零件或部件就称为具有互换性的零、部件。

二、互换性的种类

　　互换性可按不同方法来分类。

　　按互换性作用范围，可分为几何参数互换性和功能互换性。几何参数互换性是通过对零件几何要素的形状、大小及相对位置提出适当要求，以保证零件在装配中的互换，这种互换性称为狭义互换性。功能互换性除了对零件几何要素规定要求外，还对零件的物理性能、化学性能和机械性能等方面的参数提出互换要求，故功能互换性又称为广义互换性。本课程只讨论几何参数互换性。

按互换程度，可分为完全互换和不完全互换。

完全互换是指零、部件在装配或更换时，无须挑选、无须辅助加工或无须修配就能顺利装在机器上并满足使用性能要求。例如，常用的、大批量生产的标准连接件和紧固件、各类滚动轴承等都具有完全互换性。完全互换的优点是能做到零、部件的完全互换、通用，为专业化生产和相互协作创造了条件，简化了修理工作，从而提高了经济效益。它的主要缺点是当组成产品的零件较多、整机精度要求较高时，按此原则分配到每一零件上的尺寸允许的变动范围（即制造公差）必然较小，造成加工困难、成本增高。当装配精度要求很高时，会使加工难度和成本大大提高，甚至无法加工。为此，可采用不完全互换或修配的方法达到装配精度要求。

不完全互换是指零、部件在装配时，采用概率法、分组互换法或调整法等工艺措施，实现顺利装配并在功能上达到使用性能要求。不完全互换的优点是在保证装配、配合功能要求的前提下，能适当放宽制造公差，使得加工容易，降低制造成本。其主要缺点是降低了互换水平，不利于部件、机器的装配和维修。

如果装配时，还需要附加修配的零件，则不具有互换性。

对标准部件或机构来说，互换性又可分为内互换与外互换。

内互换是指部件或机构内部组成零件间的互换性。例如，滚动轴承内、外圈滚道与滚珠（滚柱）的配合。外互换是指部件或机构与其他相配件的互换性。例如，滚动轴承内圈内径与轴的配合、外圈外径与孔的配合。在高精度时，内互换可采用不完全互换，而外互换一定要采用完全互换。

采用什么互换性，是设计者根据产品精度、生产批量、生产技术装备等多种因素，在进行产品设计时就要确定的。只要能方便采用完全互换性原则生产的，都应遵循完全互换性原则。当产品结构复杂，装配精度较高，用完全互换性原则有困难且不经济时，在局部范围内可采用不完全互换。其中，概率法用于影响装配精度的零件数量较多的生产情况下；分组互换法用于批量较大的产品的生产制造，及结构中要求使用精度较高的那些结合件的制造；调整互换法应用比较普遍。一般而言，对于厂际协作应采用完全互换，不完全互换仅限于厂内的生产装配；而用修配法保证装配精度一般只用于单件或小批量生产的产品。

三、互换性的重要性

互换性生产不仅是使用上的需要，也是设计、制造上的需要。

从使用上看，由于零、部件具有互换性，维修变得很方便，维修时间和费用显著减少，从而提高了机器的使用效率，延长了产品的使用寿命。这给工厂生产和人们日常生活带来极大方便。在某些情况下，互换性所起的作用难以用经济价值来衡量。例如，在电厂设备、消防设备等重要设备中，必须采用具有互换性的零部件，以保证机械设备连续持久运转。还有军用设备、军工产品易损件，如子弹、炮弹等具有互换性是极为重要的。

从制造上看，互换性是组织专业化协作的重要基础。在零件的加工过程中，按互换性进行生产，各个零件可以分别由不同的车间或工厂进行加工。这样，每个车间或工厂由于产品单一，加工质量和生产率都容易提高。大批量生产时，有利于采用高效率的专用设备或采用计算机辅助制造，进而实现生产过程的自动化，建立自动化生产线、自动化车间和工厂；在装配过程中，由于零部件具有互换性，可以在按同一标准制成的零部件中，任取一件进行装配，使装配过程能够连续而顺利地进行，从而易于采用流水线或自动线进行装配，大大提高装配生产率。

互换性生产是随着大批量生产而发展和完善起来的，它不仅在大批量生产中广为采用，而且在由单一品种的大批量生产，逐步向多品种、小批量生产发展中，以及由传统的生产方式向现代化的数字控制（NC）、计算机辅助设计与制造（CAD/CAM）及柔性制造系统（FMS）和更先进的计算机集成制造系统（CIMS）的逐步过渡中也起着重要作用，甚至对于智能制造来说，互换性也是其基础保障之一。科学技术越发展，对互换性的要求越高、越严格。例如，智能制造系统的主要特点是可以根据市场需求改变生产线上产品的型号和品种。当生产线上工序变动时，信息送给多品种控制器，控制器接受将要装配哪些零件的指令后，就指定机器人或机械手选择零件，进行装配，并经校核送到下一工序。库存零件提取后，由计算机通知加工站补充零件。显然这种生产系统对互换性的要求更加严格。

从设计上看，在进行某一产品或其系列产品的设计过程中，零部件具有互换性使设计者可以尽量采用标准件、通用件，从而大大减少设计、计算、绘图等工作量，缩短设计周期。设计者应做到尽可能利用标准件和通用件来设计产品，同时也要考虑自己设计的零、部件方便他人设计时选用。

另外，从机械设备的管理上看，无论是技术和物资供应，还是计划决策，零部件具有互换性都将便于实现科学化管理。所以，互换性原则是机械工业生产的基本技术经济原则，是人们设计、制造中必须遵循的。即使是单件、小批量生产，零件不用具有互换性，此原则也必须遵循，因为不可避免地要在加工中采用具有互换性的刀具、夹具及量具等工艺装备，更何况在整台产品中还可能用到许多具有互换性的零件与部件。

不仅如此，现代社会生产活动是建立在先进技术装备、严密分工、广泛协作基础上的社会化大生产。产品的互换性生产，无论从深度或广度，都已进入新的发展阶段，远超出机械工业的范畴，已扩大到国民经济各个行业和领域。所以，互换性原则不仅是机械工业生产的基本技术经济原则，也是其他行业生产的基本技术经济原则。

从根本上讲，按互换性原则组织生产，就是按分工协作的原则组织生产，分工与协作产生的生产力不增加成本，因此按互换性原则组织生产能获得巨大的经济效益。

第二节 实现互换性的条件

一、公差与检测

为了满足互换性要求，最理想的是同一规格的零、部件的几何参数做到完全一样。由于任何零件都要经过加工的过程，无论设备的精度和操作工人的技术水平多么高，要使加工零件的尺寸、形状和位置关系做到绝对准确，也是不可能的。实际上，只要将同规格的零、部件的几何参数控制在一定的范围内，就能达到互换的目的。

人们将零件尺寸和几何参数的允许变动范围称为"公差"。它包括尺寸公差、形状公差、位置公差等，用来控制加工中的误差，以保证互换性的实现。

为了保证互换性的要求，便于全国范围的厂际协作和国际技术合作，设计者不能任意规定公差数值，而应按一定的精度要求和标准规定，合理选用公差数值。因此，建立各种几何参数的公差标准是实现对零件误差控制和保证互换性的基础。

先进的公差标准是实现互换性的基础。但是，仅有公差标准而无相应的检测措施还不足以保证实现互换性。加工后的零件满足了公差要求，才能具有互换性，而是否满足公差要求，要通过技术测量（即检测）来判断。因此，缺乏相应的检测措施，互换性生产是不可能实现的。

检测包含检验与测量。几何量的检验是指确定零件的几何参数是否在规定的极限范围内，并做出合格与否的判断，而不必得出被测量的具体数值；测量是将被测量与作为计量单位的标准量进行比较，以确定被测量具体数值的过程。检测不仅用来评定产品质量，而且可用于分析产品不合格的原因，从而及时调整生产，监督工艺过程，预防废品产生。产品质量的提高，除设计和加工精度的提高外，检测精度的提高也至关重要。

要进行检测，还必须从计量上保证长度计量单位的统一，在全球范围内规定严格的量值传递系统及采用相应的测量方法和测量工具，以保证必要的测量精度。

只有将几何参数的"公差"标准化，并制定相应的检验标准，按公差标准制造，并按一定的标准来检验，互换性才能得以实现。此时零部件才能保证既满足使用要求，又最经济。因此，标准化是实现互换性的前提。

二、标准和标准化

现代生产的特点是品种多、规模大、分工细。任何产品的组成零件都可以在不同车间、不同工厂、不同地区以至不同国家生产和协作完成。为使社会生产有序地进行，须通过标准化使产品规格品种简化，使分散的局部的生产环节相互协调和统一，从而保证产品具有互换性。

标准是对重复性事物和概念所做的统一规定。重复性事物和概念是指在人类实践过程中重复发生的事物。例如，零件的批量生产；某种零、部件在不同产品中得到应用；设计中反复使用的图形、符号、概念、计算公式和计算方法等。标准是以科学、技术和实践经验的综合成果为依据，经相关方协商一致，由主管机构批准，以特定形式发布，作为共同遵守的准则和依据。

标准按不同的级别颁布。我国的标准分为国家标准、行业标准、地方标准和企业标准。

国家标准（代号 GB，其中 GB/T 为推荐性国家标准代号）是指对全国经济、技术发展有重大意义，必须在全国范围内统一执行的标准。它由国家质量技术监督局委托有关部门起草，经审批后由国家质量技术监督局发布；对没有国家标准而又需要在全国某个行业范围内统一的技术规范，可制定行业标准，如机械标准（JB）等；对没有国家标准和行业标准而又需要在某个范围内统一的技术规范，可制定地方标准或企业标准，它们的代号分别用 DB、Q 表示。有的企业为了提高产品质量，强化竞争力，会制定出高于国家标准的"内控标准"。

标准和标准化是两个不同的概念，但又有着不可分割的联系。标准化是指制定及实施标准的全过程。没有标准，就没有标准化；反之，没有标准化，标准也就没有意义。

在科学技术蓬勃发展的今天，标准化的必要性和效益越来越明显。标准化水平已成为衡量一个国家科技水平和管理水平的尺度之一，是现代化程度的一个重要标志，它已超出工厂的范围，跨过国家疆界，走向全世界。

在国际上，由国际标准化组织（ISO）和国际电工委员会（IEC）等组织负责制定和颁布国际标准。此外，还有区域标准，是指世界某区域标准化团体颁布的标准或采用的技术规范，如欧洲标准化委员会（EN）、经互会标准化常设委员会（DB）所颁布的区域标准。国际标准属于推荐和指导性标准。

采用国际标准已成为各国技术经济工作的普遍发展趋势，原因如下。

1）产品的质量和数量的提高，要依靠科学的进步。许多已解决了的技术问题及先进科技成果，常集中反映在国际标准和先进标准中。采用国际标准乃是一种廉价的技术引进。经认真分析，把它们作为依据，有计划、有目标地改进设计和制造工艺，配置一定的生产设备、工艺装备和检测手段，必将促进企业管理，建立正常的生产秩序，确保产品质量的不断提高。

2）当前国际市场竞争十分激烈，若不采用国际上普遍承认的技术标准，就生产不出高标准、高水平的产品，就很难在国际市场上拥有竞争能力。

3）现代化生产的发展趋势是专业化协作替代一厂或一企业全能式生产。协作面已冲破国家之间的界线，形成了全世界范围内的专业分工和生产协作。各国遵循和采用国际标准，正是在国际交流中消除技术壁垒的基本条件。

我国是ISO的成员国，参照国际标准制定和修订我国的国家标准，是我国重要的技术政策，也为加快我国工业进步奠定了基础。

三、优先数和优先数系（GB/T 321—2005）

统一的数值标准是标准化的重要内容。

各种产品的性能参数和尺寸规格参数都需要通过数值来表达。这些参数的数值具有扩散性，如螺栓的尺寸一旦确定，将影响螺母以及加工它们用的丝锥和板牙的尺寸，也会影响检验它们的量规的尺寸，还有螺栓孔和垫圈孔的尺寸以及紧固螺母用的扳手尺寸也将受到影响；纸张的大小将影响印刷、打印设备的相关参数。这些参数如不标准化，将会导致相应产品尺寸规格繁多、杂乱，以致给生产协作及使用维修带来困难，必须有一个统一的数值制度。优先数和优先数系就是国际上统一的对各种技术参数进行简化、协调的一种科学的数值制度。

1. 优先数系的构成

GB/T 321—2005中规定优先数系由一系列十进制等比数列构成，代号Rr（r = 5、10、20、40、80等）。R5、R10、R20、R40四个常用系列称为基本系列，R80称为补充系列。优先数系中的每个数都是一个优先数。

在十进制区间0.1~1~10~100~1000（两边可延伸）中按一定公比q插入一些数，就可得到优先数系列，见表1-1。各优先数系列的公比为$\sqrt[r]{10}$，如R5系列的公比$q_5 = \sqrt[5]{10} \approx 1.60$；其余各系列的公比分别为$q_{10} \approx 1.25$，$q_{20} \approx 1.12$，$q_{40} \approx 1.06$，$q_{80} \approx 1.03$。

按公比计算出的优先数的理论值一般都是无理数，工程上不能直接应用，实际应用的是经过圆整后的常用值和计算值。常用值是经常使用的，通常称为优先数，取三位有效数字；计算值取五位有效数字，供精确计算使用。表1-1中列出了1~10范围内基本系列的常用值。将这些值乘以10、100、…或乘以0.1、0.01、…，即可向大于1或小于1两边无限延伸，得到大于10或小于1的优先数。每个优先数系中，相隔r项的末项与首项相差10倍；每个十进制区间中各有r个优先数，如R5系列在1~10这个十进制区间有1.00、1.60、2.50、4.00、6.30这五个优先数。

表 1-1　优先数基本系列的常用值（摘自 GB/T 321—2005）

R5	R10	R20	R40	R5	R10	R20	R40	R5	R10	R20	R40
1.00	1.00	1.00	1.00			2.24	2.24		5.00	5.00	5.00
			1.06				2.36				5.30
		1.12	1.12	2.50	2.50	2.50	2.50			5.60	5.60
			1.18				2.65				6.00
	1.25	1.25	1.25			2.80	2.80	6.30	6.30	6.30	6.30
			1.32				3.00				6.70
		1.40	1.40		3.15	3.15	3.15			7.10	7.10
			1.50				3.35				7.50
1.60	1.60	1.60	1.60			3.55	3.55		8.00	8.00	8.00
			1.70				3.75				8.50
		1.80	1.80	4.00	4.00	4.00	4.00			9.00	9.00
			1.90				4.25				9.50
	2.00	2.00	2.00			4.50	4.50	10.00	10.00	10.00	10.00
			2.12				4.75				

2. 优先数的派生系列和复合系列

由于生产需要，优先数系 Rr 还有变形系列，即派生系列和复合系列。

（1）派生系列　在 Rr 系列中，按一定的项差 P 取值所构成的系列，即 Rr/P 系列。例如在 R10 系列中按项差 $P = 3$（每隔两项）取值，则构成 R10/3 系列，其公比 $q_{10/3} = (\sqrt[10]{10})^3 = 2$。如 1、2、4、8、…；1.25、2.5、5、10、…均属于该系列，它即是常用的倍数系列。

（2）复合系列　由若干公比系列混合构成的多公比系列，如 10、16、25、35.5、50、71、100、125、160 这一系列，它们分别由 R5、R20/3、R10 三种系列混合构成。

3. 优先数系的应用和举例

（1）用于产品几何参数、性能参数的系列化　通常，一般机械的主要参数应用 R5 或 R10 系列，如立式车床主轴直径、专用工具的主要参数尺寸都应用 R10 系列；通用型材、零件及工具的尺寸和铸件壁厚等应用 R20 系列；锻压机床吨位应用 R5 系列。

（2）用于产品质量指标分级　如在本课程所涉及的有关标准里，诸如尺寸分段、公差分级及表面粗糙度参数系列等，基本上采用优先数。

选用优先数系应遵循"先疏后密"的原则。设计任何产品时，主要尺寸及参数应有意识地采用优先数，使其在刚开始时就纳入标准化轨道。

第三节　互换性生产的发展简介

最早的互换性生产是在两千多年前，这可以从秦始皇兵马俑出土的上万件兵器上得到证实。以出土的一种远射程弓箭的扳机为例，其用青铜制成的零件都具有互换性，而且制造精度、表面粗糙度也达到相当高的水平；铜人和铜车马也都是装配式的，各个部件或零件可互换。这充分说明我国是最早掌握互换性原理的国家。

近代的互换性生产起源于战争的需要。18 世纪中后期，英、法、德、俄等国，首先把互换性生产方式用于军工生产，大量制造枪支弹药。互换性生产方式的产生，促进了机械工业的发展。19 世纪末，随着机械工业的发展，互换性生产由兵器工业扩大到一般机器制造业，而公差与配合制也在 19 世纪末至 20 世纪初相继出现。之后，随着互换性标准不断建立和完善，使得互换性技术蓬勃发展起来。从表1-2中可以清楚地看到互换性标准的百年发展史。

表1-2　互换性标准的百年发展史

国际标准发展史		我国标准发展史	
1902 年	英国纽瓦（Newall）公司制定了最早的公差标准（尺寸公差的"极限表"），用于生产剪羊毛机	在半封建半殖民地的旧中国，所采用的标准非常混乱，有德国、日本、美国、英国以及 ISA 标准	
1906 年	英国制定公差标准	1944 年	颁布工业标准 CIS（完全借用 ISA），实际上也未执行
1925 年	美国制定公差标准	1955 年	成立中国计量局，当年原第一机械工业部颁布了第一个公差与配合的部颁标准
1926 年	国际标准化协会（ISA）成立，其中第三技术委员会（ISA/TC3）负责制定公差与配合标准，秘书国为德国	1959 年	统一了计量制度，国家科委颁布光滑圆柱体公差与配合标准（GB 159~174—1959）
1929 年	苏联颁布"公差与配合"标准	1960 年	原第一机械工业部颁布了圆柱齿轮公差部颁标准
1932—1940 年	在总结德国、法国、英国、瑞士等国公差制的基础上，1932 年国际标准化协会提出了国际制 ISA 议案，1940 年正式颁布国际公差标准 ISA	之后多年	陆续颁布了表面粗糙度、形位公差、螺纹连接、键与花键等国家标准，并参照 ISO 标准对公差与配合国家标准进行了修订
1947 年	第二次世界大战以后，ISA 重新成立并改名为国际标准化组织（ISO），仍由第三技术委员会（ISO/TC3）负责制定公差与配合，秘书国为法国	1979 年	颁布新的公差与配合国家标准 GB 1800~1804—1979
		1989 年	颁布了中华人民共和国标准法
1962—1975 年	在 ISA 公差的基础上，1962 年颁布了新的 ISO 公差与配合标准，此后又公布了一系列互换性方面的标准，形成了现行国际公差标准	1992—2005 年	对公差与配合国家标准 GB 1800~1804—1979、滚动轴承公差、平键公差、普通螺纹公差、圆锥公差等进行了修订，形成了现行的互换性方面的国家标准
20 世纪 70 年代末国际上开始了对"计算机辅助公差设计（CAT）"的研究，近几年来该研究更成为热门课题，我国部分高校近几年来也积极开展了这方面的研究。可以预计，在不久的将来，公差设计的自动化将成为现实			

第四节　本课程的性质、内容和基本要求

本课程是机械类各专业的重要技术基础课。它包含几何量精度设计与误差检测两方面的内容，主要讲授几何量精度设计与误差检测这两方面的国家标准的主要内容。它与机械设计、机械制造、质量控制等方面密切相关，是联系"机械设计""机械制造工艺学""机械制造装备设计"等课程及其课程设计的纽带，是从基础课学习过渡到专业课学习的桥梁。

学习完本课程以后，应达到如下基本要求：

1）掌握标准化和互换性的基本概念及有关的基本术语与定义。

2）基本掌握几何量公差标准的主要内容、特点和应用原则。

3）初步学会根据机器和零件的功能要求，选用公差与配合。

4）能够查用本课程讲授的公差表格和正确标注图样。

5）建立技术测量的基本概念，了解基本测量原理与方法和初步学会使用常用计量器具，知道分析测量误差与处理测量结果，会设计用于检验圆柱形零件的量规。

总之，本课程的任务在于讲授机械工程技术人员所必须具备的几何量公差与检测方面的基本知识和技能。而后续课程的教学和工程训练，则将使学生进一步加深理解和逐渐熟练掌

握互换性技术。

本 章 小 结

1. 互换性的概述

互换性简单地说就是同一规格的零件或部件具有能够彼此互相替换的性能。零、部件在装配前不挑选，装配时不调整或不修配，装配后能满足使用要求的互换性称为完全互换；零、部件在装配时要采用分组装配或调整等工艺措施，才能满足装配精度要求的互换性称为不完全互换。如果装配时，还需要附加修配的零件，则不具有互换性。

互换性原则是机械工业生产的基本技术、经济原则，是人们在设计、制造中必须遵循的原则。就是采用修配法保证装配精度的单件或小批量生产的产品（此时零、部件没有互换性）也必须遵循互换性原则。

2. 实现互换性的前提

标准化是实现互换性的前提。只有按一定的标准进行设计和制造，并按一定的标准进行检验，互换性才能实现。

3. 优先数系

由一系列十进制等比数列构成，代号 Rr。优先数系中的每个数都是一个优先数。每个优先数系中，相隔 r 项的末项与首项相差 10 倍；每个十进制区间中各有 r 个优先数。

习题与思考题

1-1　完全互换和不完全互换有什么区别？各应用于什么场合？

1-2　什么是标准、标准化？按标准颁布的级别分类，我国有哪几种标准？

1-3　公差、检测、标准化与互换性有什么关系？

1-4　什么是优先数？我国标准采用了哪些系列？

1-5　判断下面说法是否正确。

（1）对大批量生产的同规格零件要求有互换性，单件生产则不必遵循互换性原则。

（2）遵循互换性原则将使设计工作简化、生产率提高、制造成本降低、使用维修方便。

两弹一星
功勋科学家：最长的一天

第二章

尺寸的极限与圆柱结合的互换性

学习指导

学习目的：掌握基础标准（极限与配合方面）的一般规律。

学习要求：搞清极限与配合标准中的术语定义、概念和作用，抓住区别与联系进行分析；

掌握标准公差与基本偏差的结构、特点和基本规律以及尺寸公差与配合的选用原则。

第一节 概 述

为使零件或部件在几何尺寸方面具有互换性，需要进行几何尺寸允许范围（公差）的设计，也就是要根据机器的传动精度、性能及配合要求，考虑加工制造成本及工艺性，进行尺寸精度的设计。在此过程中，必须按照标准化的有关规定，遵守相关的国家标准确定精度方面的参数。

有关尺寸公差与光滑圆柱体结合（即圆柱形孔和轴的结合）的国家标准就是关于尺寸精度设计的一项应用广泛而重要的标准，也是最基础、最典型的标准。

现行国家标准（极限与配合方面）的基本结构包括公差与配合、测量与检验两部分。

公差与配合部分包括极限制与配合制，是对工件公差、极限偏差以及配合的规定；测量与检验部分包括检验制与量规制，是作为公差与配合的技术保证。两部分合起来形成一套完整的公差制体系。

国家标准中，公差与配合部分的标准主要包括：

GB/T 1800.1—2020《产品几何技术规范（GPS）线性尺寸公差 ISO 代号体系 第 1 部

分：公差、偏差和配合的基础》

GB/T 1800.2—2020《产品几何技术规范（GPS）线性尺寸公差 ISO 代号体系　第 2 部分：标准公差带代号和孔、轴的极限偏差表》

GB/T 1804—2000《一般公差　未注公差的线性和角度尺寸的公差》

GB/T 18780.1—2002《产品几何量技术规范（GPS）几何要素　第 1 部分　基本术语和定义》

这些标准是尺寸精度设计的重要依据，将在本章进行介绍。而有关公差与配合的技术保证（即测量与检验）部分的国家标准将在下一章中介绍。

第二节　极限与配合的常用术语与定义

一、有关尺寸的术语与定义（GB/T 1800.1—2020，GB/T 18780.1—2002）

1. 尺寸要素

线性尺寸要素或者角度尺寸要素。

2. 孔和轴

孔通常指工件的圆柱形内表面，也包括非圆柱形内表面，即由两相对平行面或相切面形成的包容面。轴通常指工件的圆柱形外表面，也包括非圆柱形外表面，即由两相对平行面或相切面形成的被包容面。

由定义可见，孔和轴具有广泛的含义，它们不仅是指圆柱形的内、外表面，而且表示其他几何形状的内、外表面中由单一尺寸确定的部分。例如，键和键槽的宽度可由单一尺寸确定，而椭圆形孔和轴则不能由单一尺寸确定。从加工过程看，随着余量的切削，孔的尺寸由小变大，轴则相反。

3. 公称尺寸

公称尺寸是由图样规范确定的理想形状要素的尺寸（旧标准中称为基本尺寸）。通过它并应用上、下极限偏差可计算出极限尺寸（见图 2-1）。它可以是一个整数或一个小数值。孔和轴的公称尺寸分别用 D 和 d 表示。

公称尺寸是设计时根据零件的强度、刚度、使用要求和结构，通过计算或类比法确定，并经过圆整后得到的，一般要符合标准尺寸系列，以减少定值刀具、量具的规格。

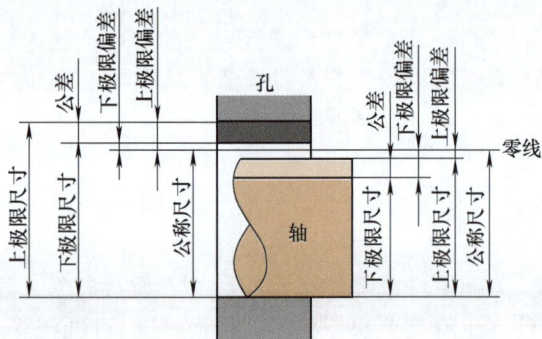

图 2-1　极限与配合示意图

4. 组成要素

组成要素是属于工件的实际表面或表面模型的几何要素。

5. 实际尺寸

实际尺寸是拟合组成要素的尺寸，是通过测量获得的尺寸。孔用 D_a 表示，轴用 d_a 表示，长度用 L_a 表示。

由于存在测量误差，所以实际尺寸并非尺寸的真值。同时，由于形状误差等影响，零件同一表面不同部位的实际尺寸往往是不等的。

6. 极限尺寸

尺寸要素允许的尺寸的两个极端。孔或轴允许的最大尺寸称为上极限尺寸；孔或轴允许的最小尺寸称为下极限尺寸（见图 2-1）。孔和轴的上极限尺寸分别用 D_{max} 和 d_{max} 表示，下极限尺寸分别用 D_{min} 和 d_{min} 表示。

极限尺寸以公称尺寸为基数，也是在设计时确定的，它可能大于、等于或小于公称尺寸。

7. 最大实体状态和最大实体尺寸

假定组成要素的局部尺寸处处位于极限尺寸且使其具有实体最大时的状态称为最大实体状态，简称 MMC。即孔或轴占有材料最多的状态。确定要素最大实体状态的尺寸，即外尺寸要素的上极限尺寸，内尺寸要素的下极限尺寸称为最大实体尺寸，简称 MMS。孔和轴的最大实体尺寸分别用 D_M 和 d_M 表示。

8. 最小实体状态和最小实体尺寸

假定组成要素的局部尺寸处处位于极限尺寸且使其具有实体最小时的状态称为最小实体状态，简称 LMC。即孔或轴占有材料最少的状态。确定要素最小实体状态的尺寸，即外尺寸要素的下极限尺寸，内尺寸要素的上极限尺寸称为最小实体尺寸，简称 LMS。孔和轴的最小实体尺寸分别用 D_L 和 d_L 表示。

极限尺寸与实体尺寸有如下关系

$$D_M = D_{min}, D_L = D_{max}$$
$$d_M = d_{max}, d_L = d_{min}$$

9. 极限尺寸判断原则（泰勒原则）

极限尺寸判断原则是指孔的内尺寸应大于或等于孔的下极限尺寸，并在任何位置上孔的最大实际（组成）要素应小于或等于孔的上极限尺寸；轴的外尺寸应小于或等于轴的上极限尺寸，并在任何位置上轴的最小组成要素应大于或等于轴的下极限尺寸（见图 2-2）。可表示为

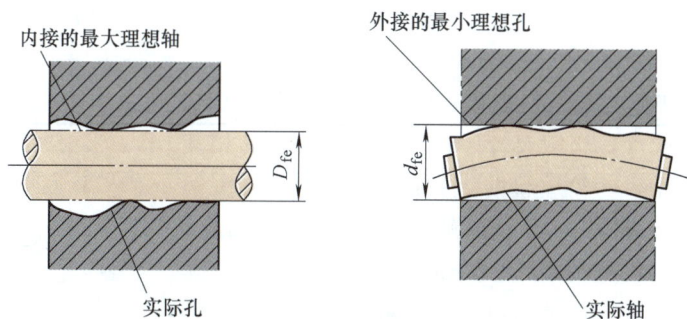

图 2-2　孔和轴的极限尺寸

$$D_{min} \leqslant D_{fe} \leqslant D_a \leqslant D_{max}$$
$$d_{min} \leqslant d_a \leqslant d_{fe} \leqslant d_{max}$$

极限尺寸判断原则是一个综合性的判断原则，它考虑了孔和轴的尺寸、形状等的误差的影响。对有配合要求的孔和轴，应按此原则来判断孔、轴零件尺寸是否合格。

公称尺寸、极限尺寸是由设计给定的尺寸；组成要素、实际尺寸是零件上实际存在的尺寸。

二、有关公差与偏差的术语及定义（GB/T 1800.1—2020）

1. 偏差

某一尺寸（实际尺寸）减其公称尺寸所得的代数差。

极限偏差为极限尺寸减其公称尺寸所得的代数差。其中，上极限尺寸减其公称尺寸所得的代数差称为上极限偏差；下极限尺寸减其公称尺寸所得的代数差称为下极限偏差。

2. 公差

上极限尺寸减下极限尺寸之差，或上极限偏差减下极限偏差之差。它是允许尺寸的变动量，是一个没有符号的绝对值。

公差、偏差的代号、计算公式及特点与作用见表2-1。

表 2-1　公差、偏差的代号、计算公式及特点与作用

公差与偏差术语		代号及计算公式		特点与作用
		孔	轴	
公　差		$T_D = \mid D_{max} - D_{min} \mid$ $= \mid ES - EI \mid$	$T_d = \mid d_{max} - d_{min} \mid$ $= \mid es - ei \mid$	（1）公差是一个绝对值（设计给定的），且不能为0 （2）公差大小反映制造精度，即反映一批零件尺寸的均匀程度，用来控制加工误差。它是工件精度的一个指标，可用来衡量某种工艺水平或成本的高低 （3）不能用误差≤公差来判断零件尺寸的合格性
偏差	极限偏差 上极限偏差	$ES = D_{max} - D$	$es = d_{max} - d$	（1）偏差是代数值，其值可正、可负或零 （2）极限偏差是设计给定的。它的大小反映了极限尺寸的不同，不反映制造精度（极限偏差大，并不意味着公差就大，公差等级一定低） （3）极限偏差表示工件尺寸允许变化的极限值（以偏差计），可作为判断工件尺寸是否合格的依据
	下极限偏差	$EI = D_{min} - D$	$ei = d_{min} - d$	
尺寸合格条件		合格零件的组成实际尺寸应在极限尺寸的范围内或偏差应在规定的极限偏差范围内，用公式表示为 对孔：$D_{min} \leq D_a \leq D_{max}$　或　$EI \leq E_a \leq ES$ 对轴：$d_{min} \leq d_a \leq d_{max}$　或　$ei \leq e_a \leq es$		

3. 零线与公差带

图 2-1 所示为极限与配合示意图，它表明了两个相互结合的孔、轴的公称尺寸、极限尺寸、极限偏差与公差的相互关系。在实际使用中，为简单起见，一般以极限与配合图解（见图 2-3）来表示。极限与配合图解（简称公差带图解）由两部分组成：偏差符号约定和公差带。

偏差符号约定：在公差带图解中，表示公称尺寸的一条轴线及"+""-""0"号，以轴线为基准确定偏差和公差（见图 2-3）。轴线上方表示正偏差，轴线下方表示负偏差。

公差带：在公差带图解中，由代表上、下极限偏差的两条直线所限定的区域称为公差带。它由公差大小和其相对偏差符号约定轴线的位置来确定。公差带在垂直偏差符号约定轴线方向的宽度代表公差值，上面线表示上极限偏差，下面线表示下极限偏差。

公差带图解的画法：

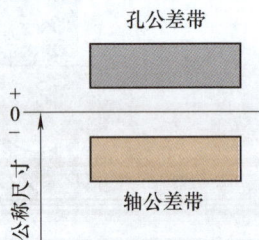

图 2-3　极限与配合图解（公差带图解）

1）首先画出轴线，注上相应的符号"0""+"和"-"，在其下方画上带单箭头的尺寸线并注上公称尺寸值。

2）确定公差带大小和位置，画公差带。公差带沿零线方向的长度可适当选取。通常孔公差带用由右上角向左下角的斜线表示，轴公差带用由左上角向右下角的斜线表示，也可用不同颜色块表示，并在公差带里写上"孔""轴"字样或孔、轴公差带代号。

3）在代表上、下极限偏差的两条直线的位置上给出上、下极限偏差的数值，并注明"+""-"。

4）公差带图解中，尺寸单位为毫米（mm），偏差及公差的单位也可用微米（μm）表示，单位省略不写。

5）公称尺寸相同的孔、轴公差带才能画在一张图上，绘图比例保持一致。

例 2-1　已知孔、轴的公称尺寸为 30mm，孔的上极限尺寸 $D_{max}=30.021$mm，下极限尺寸 $D_{min}=30$mm；轴的上极限尺寸 $d_{max}=29.993$mm，下极限尺寸 $d_{min}=29.980$mm，求孔和轴的极限偏差及公差，并画出孔、轴公差带图解。

解　（1）求孔和轴的极限偏差和公差

孔的上极限偏差　$ES=D_{max}-D=(30.021-30)$mm$=+0.021$mm

孔的下极限偏差　$EI=D_{min}-D=(30-30)$mm$=0$

孔的公差　　　　$T_D=|D_{max}-D_{min}|=|(30.021-30)mm|=0.021$mm

或　　　　　　　$T_D=|ES-EI|=|+0.021$mm$-0|=0.021$mm

轴的上极限偏差　$es=d_{max}-d=(29.993-30)$mm$=-0.007$mm

轴的下极限偏差　$ei=d_{min}-d=(29.980-30)$mm$=-0.020$mm

轴的公差　　　　$T_d=|d_{max}-d_{min}|=|(29.993-29.980)mm|=0.013$mm

或　　　　　　　$T_d=|es-ei|=|[-0.007-(-0.020)]mm|=0.013$mm

（2）画孔、轴公差带图解

由于孔和轴的公称尺寸相同，所以可画在一张图上，如图 2-4 所示。

4. 极限制

经标准化的公差与偏差制度。

公差带有两个参数：一是公差带的大小（即宽度）；二是公差带相对于公称尺寸轴线的位置。国家标准已将它们标准化，形成标准公差和基本偏差两个系列。

5. 标准公差（IT）

标准公差指在国家标准（GB/T 1800.1—2020）中，所规定的任一公差。字母 IT 为"国际公差"的符号。标准公差确定了公差带的大小。

6. 基本偏差

基本偏差指在国家标准（GB/T 1800.1—2020）中，确定公差带相对于公称尺寸轴线位置的那个极限偏差，一般为靠近公称尺寸轴的那个偏差。当公差带位于公称尺寸轴上方时，其下极限偏差为基本偏差（见图 2-5）；位于公称尺寸轴下方时，其上极限偏差为基本偏差。

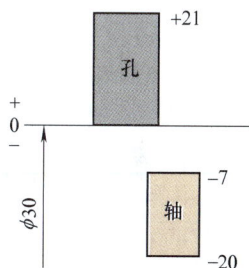

图 2-4　例 2-1 公差带图解

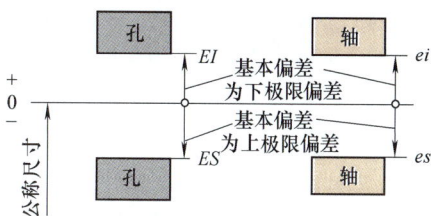

图 2-5　基本偏差

三、有关"配合"的术语与定义（GB/T 1800.1—2020）

1. 配合

类型相同且待装配的外尺寸要素（轴）和内尺寸要素。

2. 间隙或过盈

在孔与轴的配合中，孔的尺寸减去轴的尺寸所得的代数差，当差值为正时是间隙（用 X 表示），当差值为负时是过盈（用 Y 表示）。

按照孔、轴公差带相对位置的不同，配合分为间隙配合、过盈配合和过渡配合三大类。

3. 间隙配合

具有间隙（包括最小间隙为零）的配合。此时，孔的公差带在轴的公差带之上（见图 2-6）。对一批零件而言，所有孔的尺寸≥轴的尺寸。

表征间隙配合特性的参数有最大间隙 X_{max}、最小间隙 X_{min}，如图 2-6 所示。

间隙的作用：储存润滑油，补偿温度引起的尺寸变化，补偿弹性变形及制造与安装误差。

间隙配合主要用于孔、轴间有相对运动的场合（包括旋转运动和轴向滑动）。

4. 过盈配合

具有过盈（包括最小过盈为零）的配合。此时，孔的公差带在轴的公差带之下（见图 2-7）。对一批零件而言，所有孔的尺寸≤轴的尺寸。

表征过盈配合特性的参数有最小过盈 Y_{min}、最大过盈 Y_{max}，如图 2-7 所示。

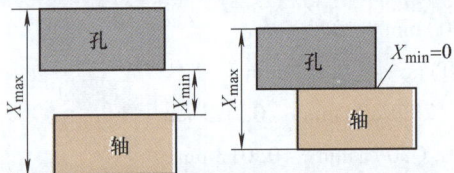

图 2-6　间隙配合

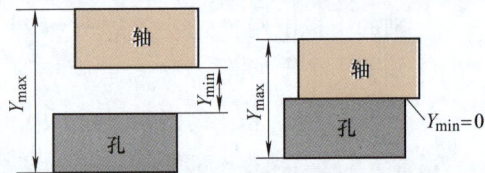

图 2-7　过盈配合

过盈配合用于孔、轴的紧固结合，不允许两者有相对运动。靠孔、轴表面在结合时的变形，即可实现紧固连接。过盈较大时不加紧固件就可承受一定的轴向力或传递转矩。装配时，要加压力，也可用热胀冷缩法。

5. 过渡配合

可能具有间隙或过盈的配合。此时，孔的公差带与轴的公差带相互交叠（见图 2-8）。它是介于间隙配合与过盈配合之间的一类配合，但其间隙或过盈一般都较小。

表征过渡配合特性的参数有最大间隙 X_{max}、最大过盈 Y_{max}，如图 2-8 所示。

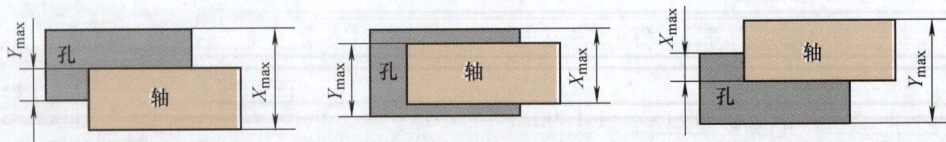

图 2-8　过渡配合

过渡配合主要用于孔、轴间既要求装拆方便，又要求定位精确（对中性好）的相对静止的连接。

三种配合的特性参数的计算式如下

$$X_{\max} \text{ 或}(Y_{\min}) = D_{\max} - d_{\min} = ES - ei$$

$$X_{\min} \text{ 或}(Y_{\max}) = D_{\min} - d_{\max} = EI - es$$

6. 配合公差（T_f）

组成配合的孔与轴的公差之和。它是允许间隙或过盈的变动量，是一个没有符号的绝对值。

配合公差表示配合精度，是评定配合质量的一个重要综合指标，其计算式如下。

对于间隙配合　　　　　　$T_f = |X_{\max} - X_{\min}|$

对于过盈配合　　　　　　$T_f = |Y_{\min} - Y_{\max}|$

对于过渡配合　　　　　　$T_f = |X_{\max} - Y_{\max}|$

将最大、最小间隙和过盈分别用孔、轴极限尺寸或极限偏差换算后代入以上配合公差计算式，则得三类配合的配合公差均为

$$T_f = |D_{\max} - d_{\min} - (D_{\min} - d_{\max})|$$

$$= |ES - ei - (EI - es)|$$

$$= T_D + T_d$$

此式表明配合精度（配合公差）取决于相互配合的孔和轴的尺寸精度（尺寸公差）。在设计时，可根据配合公差来确定孔和轴的尺寸公差，应使 $T_f \geqslant (T_D + T_d)$。

例 2-2　孔 $\phi 25^{+0.021}_{0}$mm 分别与轴 $\phi 25^{-0.007}_{-0.020}$mm、轴 $\phi 25^{+0.048}_{+0.035}$mm、轴 $\phi 25^{+0.028}_{+0.015}$mm 形成配合，试画出配合的孔和轴公差带图解，说明配合类别，并求出特性参数及配合公差。

解　（1）画孔和轴公差带图解，如图 2-9 所示。

（2）由三种配合的孔和轴的公差带关系可知：孔 $\phi 25^{+0.021}_{0}$mm 与轴 $\phi 25^{-0.007}_{-0.020}$mm、轴 $\phi 25^{+0.048}_{+0.035}$mm、轴 $\phi 25^{+0.028}_{+0.015}$mm 分别形成间隙配合、过盈配合、过渡配合。

（3）计算特性参数及配合公差。孔 $\phi 25^{+0.021}_{0}$mm 与轴 $\phi 25^{-0.007}_{-0.020}$mm 形成的间隙配合的特性参数为

图 2-9　例 2-2 的公差带图解

$X_{\max} = ES - ei = [0.021 - (-0.020)]$mm $= +0.041$mm

$X_{\min} = EI - es = [0 - (-0.007)]$mm $= +0.007$mm

配合公差为　　$T_f = |X_{\max} - X_{\min}| = 0.034$mm

孔 $\phi 25^{+0.021}_{0}$mm 与轴 $\phi 25^{+0.048}_{+0.035}$mm 形成的过盈配合的特性参数为

$$Y_{\min} = ES - ei = (0.021 - 0.035)\text{mm} = -0.014\text{mm}$$

$$Y_{\max} = EI - es = (0 - 0.048)\text{mm} = -0.048\text{mm}$$

配合公差为　　　　　　　$T_f = |Y_{\min} - Y_{\max}| = 0.034$mm

孔 $\phi 25^{+0.021}_{0}$mm 与轴 $\phi 25^{+0.028}_{+0.015}$mm 形成的过渡配合的特性参数为

$$X_{\max} = ES - ei = (+0.021 - 0.015)\text{mm} = +0.006\text{mm}$$

$$Y_{\max} = EI - es = (0 - 0.028)\text{mm} = -0.028\text{mm}$$

配合公差为　　　　　　　$T_f = |X_{\max} - Y_{\max}| = 0.034$mm

这一例题中，将孔的公差带位置固定（即孔的基本偏差一定），改变轴的公差带位置

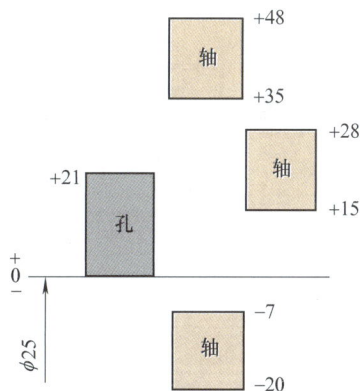

（即改变轴的基本偏差），得到了不同配合性质的配合；同样，如果将轴的公差带位置固定（即轴的基本偏差一定），改变孔的公差带位置（即改变孔的基本偏差），也可以得到不同配合性质的配合。这就是基孔制和基轴制的问题。

7. 配合制

指同一极限制的孔和轴组成配合的一种配合制度。国家标准（GB/T 1800.1—2022）中规定了两种平行的配合制：基孔制配合和基轴制配合。

8. 基孔制配合

指基本偏差为一定的孔的公差带，与不同基本偏差的轴的公差带形成各种配合的一种制度，如图 2-10a 所示。

基孔制配合中的孔称为基准孔，它是配合的基准件，而轴为非基准件。标准规定，基准孔以下极限偏差 EI 为基本偏差，其数值为零，代号为 H。

9. 基轴制配合

指基本偏差为一定的轴的公差带，与不同基本偏差的孔的公差带形成各种配合的一种制度，如图 2-10b 所示。

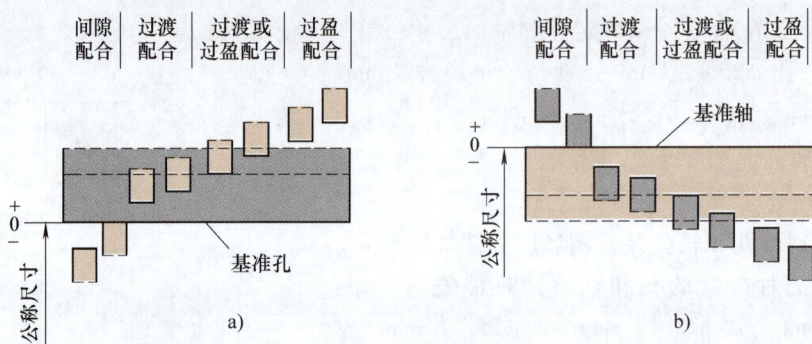

图 2-10　基准制
a）基孔制　b）基轴制

基轴制配合中的轴称为基准轴，它是配合的基准件，而孔为非基准件。标准规定，基准轴以上极限偏差 es 为基本偏差，其数值为零，代号为 h。

图 2-10 中，虚线表示公差带大小是可以变化的。

第三节　标准公差系列

标准公差系列是国家标准规定的一系列标准公差数值，它包含两项内容：标准公差等级及标准公差数值。

一、标准公差等级及代号

极限与配合制中，确定尺寸精确程度的等级称为标准公差等级。规定和划分公差等级的目的，是简化和统一公差的要求，使规定的等级既能满足不同的使用要求，又能大致代表各种加工方法的精度，为零件设计和制造带来极大的方便。

国家标准（GB/T 1800.1—2020）规定：标准公差等级代号用 IT 与阿拉伯数字组成。在公称尺寸至 500mm 内规定有 20 个标准公差等级，表示为 IT01，IT0，IT1 ，IT2，…，

IT18。在公称尺寸大于 500mm 至 3150mm 内规定了 IT1 ~ IT18 共 18 个标准公差等级。从 IT01 ~ IT18，等级依次降低，对应的标准公差值依次增大，标准公差数值见表 2-2。

同一公差等级（如 IT7）对所有公称尺寸的一组公差被认为具有同等精确程度（即公差等级相同，尺寸的精确程度相同）。

二、标准公差数值

在机械制造业中，常用尺寸为小于或等于 500mm 的尺寸，该尺寸段在生产实践中应用最广。在这里重点对该尺寸段进行介绍。

国家标准规定的标准公差数值（见表 2-2）是由表 2-3 所示的计算公式计算出的。

表 2-2　标准公差数值（摘自 GB/T 1800.1—2020）

公称尺寸 mm		标准公差等级																			
		IT01	IT0	IT1	IT2	IT3	IT4	IT5	IT6	IT7	IT8	IT9	IT10	IT11	IT12	IT13	IT14	IT15	IT16	IT17	IT18
大于	至	标准公差数值																			
		μm												mm							
—	3	0.3	0.5	0.8	1.2	2	3	4	6	10	14	25	40	60	0.1	0.14	0.25	0.4	0.6	1	1.4
3	6	0.4	0.6	1	1.5	2.5	4	5	8	12	18	30	48	75	0.12	0.18	0.3	0.48	0.75	1.2	1.8
6	10	0.4	0.6	1	1.5	2.5	4	6	9	15	22	36	58	90	0.15	0.22	0.36	0.58	0.9	1.5	2.2
10	18	0.5	0.8	1.2	2	3	5	8	11	18	27	43	70	110	0.18	0.27	0.43	0.7	1.1	1.8	2.7
18	30	0.6	1	1.5	2.5	4	6	9	13	21	33	52	84	130	0.21	0.33	0.52	0.84	1.3	2.1	3.3
30	50	0.6	1	1.5	2.5	4	7	11	16	25	39	62	100	160	0.25	0.39	0.62	1	1.6	2.5	3.9
50	80	0.8	1.2	2	3	5	8	13	19	30	46	74	120	190	0.3	0.46	0.74	1.2	1.9	3	4.6
80	120	1	1.5	2.5	4	6	10	15	22	35	54	87	140	220	0.35	0.54	0.87	1.4	2.2	3.5	5.4
120	180	1.2	2	3.5	5	8	12	18	25	40	63	100	160	250	0.4	0.63	1	1.6	2.5	4	6.3
180	250	2	3	4.5	7	10	14	20	29	46	72	115	185	290	0.46	0.72	1.15	1.85	2.9	4.6	7.2
250	315	2.5	4	6	8	12	16	23	32	52	81	130	210	320	0.52	0.81	1.3	2.1	3.2	5.2	8.1
315	400	3	5	7	9	13	18	25	36	57	89	140	230	360	0.57	0.89	1.4	2.3	3.6	5.7	8.9
400	500	4	6	8	10	15	20	27	40	63	97	155	250	400	0.63	0.97	1.55	2.5	4	6.3	9.7

注：1. 公称尺寸小于或等于 1mm 时，无 IT14 ~ IT18。

2. IT01 和 IT0 的标准公差数值在国家标准附录 A 中给出。

表 2-3　标准公差的计算公式

公差等级	公　式	公差等级	公　式	公差等级	公　式
IT01	$0.3+0.008D$	IT6	$10i$	IT13	$250i$
IT0	$0.5+0.012D$	IT7	$16i$	IT14	$400i$
IT1	$0.8+0.020D$	IT8	$25i$	IT15	$640i$
IT2	$(IT1)(IT5/IT1)^{1/4}$	IT9	$40i$	IT16	$1000i$
IT3	$(IT1)(IT5/IT1)^{2/4}$	IT10	$64i$	IT17	$1600i$
IT4	$(IT1)(IT5/IT1)^{3/4}$	IT11	$100i$	IT18	$2500i$
IT5	$7i$	IT12	$160i$		

注：式中 D 为公称尺寸段的几何平均值，单位为 mm。

表 2-3 中的高精度公差等级：IT01、IT0、IT1，主要是考虑测量误差的影响，所以标准公差与公称尺寸呈线性关系。IT2 ~ IT4 是在 IT1 与 IT5 之间插入三级，使 IT1、IT2、IT3、IT4、IT5 成一等比数列，其公比为 $q=(IT5/IT1)^{1/4}$。

IT5 ~ IT18 的标准公差 $IT=ai$，式中 a 是公差等级系数，每个等级有一个确定的公差等级系数。除了 IT5 的公差等级系数 $a=7$ 以外，从 IT6 开始，公差等级系数采用 R5 优先数系，即公比 $q=\sqrt[5]{10}\approx1.6$ 的等比数列。每隔 5 级，公差数值增加 10 倍；i 称为标准公差因子，是以公称尺寸为自变量的函数。

1. 标准公差因子 i

公差因子是国家标准极限与配合制中，用以确定标准公差的基本单位。它是制定标准公差数值的基础。根据生产实际经验和科学统计分析表明，尺寸 ≤500mm 时，加工误差与尺寸的关系基本上呈立方抛物线关系，即尺寸误差与尺寸的立方根成正比。而随着尺寸增大，测量误差的影响也增大，所以在确定标准公差值时应考虑上述两个因素。国家标准总结出了公差因子的计算公式。

公称尺寸 ≤500mm 时，IT5 ~ IT18 的标准公差因子 $i(\mu m)$ 的计算公式如下

$$i = 0.45\sqrt[3]{D} + 0.001D$$

式中　　D——公称尺寸段的几何平均值（mm）。

在上式中，第一项反映的是加工误差的影响；第二项反映的是与直径成正比的误差，主要是测量时偏离标准温度等引起的测量误差。当直径很小时，第二项所占比例很小；当直径较大时，第二项比例增大，使公差单位 i 值也相应增大。

2. 公称尺寸分段

根据表 2-3 所列的标准公差计算公式可知，有一个公称尺寸就应该有一个对应的公差值。生产实践中的公称尺寸很多，这样就会形成一个庞大的公差数值表，给生产、设计带来很多困难。为了减少公差值的数目、统一公差值和方便使用，国家标准对公称尺寸进行了分段。尺寸分段后，对同一尺寸分段内的所有公称尺寸，在相同公差等级的情况下，具有相同的标准公差数值。

公称尺寸分段见表 2-2。公称尺寸至 500mm 的尺寸范围分成 13 个尺寸段，这样的尺寸段称为主段落。另外还把主段落中的一段又分成 2 ~ 3 段的中间段落。在公差表格中，一般使用主段落，而在基本偏差表中，对过盈或间隙较敏感的一些配合才使用中间段落。

在标准公差及后面的基本偏差的计算公式中，公称尺寸 D 一律以所属尺寸分段内的首尾两个尺寸（D_1、D_2）的几何平均值来进行计算，即

$$D = \sqrt{D_1 D_2}$$

这样，在一个尺寸段内只有一个公差数值，极大地简化了公差表格（对于公称尺寸 ≤3mm 的尺寸段，$D = \sqrt{1 \times 3}\,\text{mm} = 1.732\text{mm}$）。

例 2-3　公称尺寸为 $\phi30\text{mm}$，求标准公差 IT6、IT7 的数值。

解　$\phi30\text{mm}$ 属于 >18 ~ 30mm 的尺寸分段（注意：$\phi30\text{mm}$ 不属于 >30 ~ 50mm 的尺寸分段）。

尺寸的几何平均值　$D = \sqrt{18 \times 30}\,\text{mm} \approx 23.24\text{mm}$

标准公差因子　$i = 0.45\sqrt[3]{D} + 0.001D = (0.45\sqrt[3]{23.24} + 0.001 \times 23.24)\,\mu m$

$$\approx 1.31\mu m$$

$$\text{IT6} = 10 \times i = (10 \times 1.31)\,\mu m \approx 13\mu m, \text{IT7} = 16 \times i = (16 \times 1.31)\,\mu m \approx 21\mu m$$

表 2-2 中的公差数值就是经过这样的计算，并按规定的尾数化整规则进行圆整后得出的（为了避免因计算时尾数化整方法不一致而造成计算结果的差异，国家标准对尾数圆整做了有关的规定）。机械设计人员在设计过程中可直接从标准表中选取标准公差值，非特殊需要不应按公式去计算。

第四节　基本偏差系列

一、基本偏差代号

基本偏差是用来确定公差带相对于零线的位置的。不同的公差带位置与基准件将形成不同的配合。基本偏差的数量将决定配合种类的数量。

为了满足各种不同松紧程度的配合需要，同时尽量减少配合种类，以利于互换，国家标准（GB/T 1800.1—2022）对孔和轴分别规定了 28 种基本偏差，用拉丁字母表示，其中孔用大写字母表示，轴用小写字母表示。28 种基本偏差代号，由 26 个拉丁字母中去掉了 5 个易与其他参数相混淆的字母 I，L，O，Q，W（i，l，o，q，w），剩下的 21 个字母加上 7 个双写字母 CD，EF，FG，JS，ZA，ZB，ZC（cd，ef，fg，js，za，zb，zc）组成。这 28 种基本偏差代号反映了 28 种公差带的位置，构成了基本偏差系列，如图 2-11 所示。

基本偏差系列图中仅绘出了公差带的一端，未绘出公差带的另一端，因为它取决于公差等级和这个基本偏差的组合。如图 2-11 所示，基本偏差系列具有以下特征：

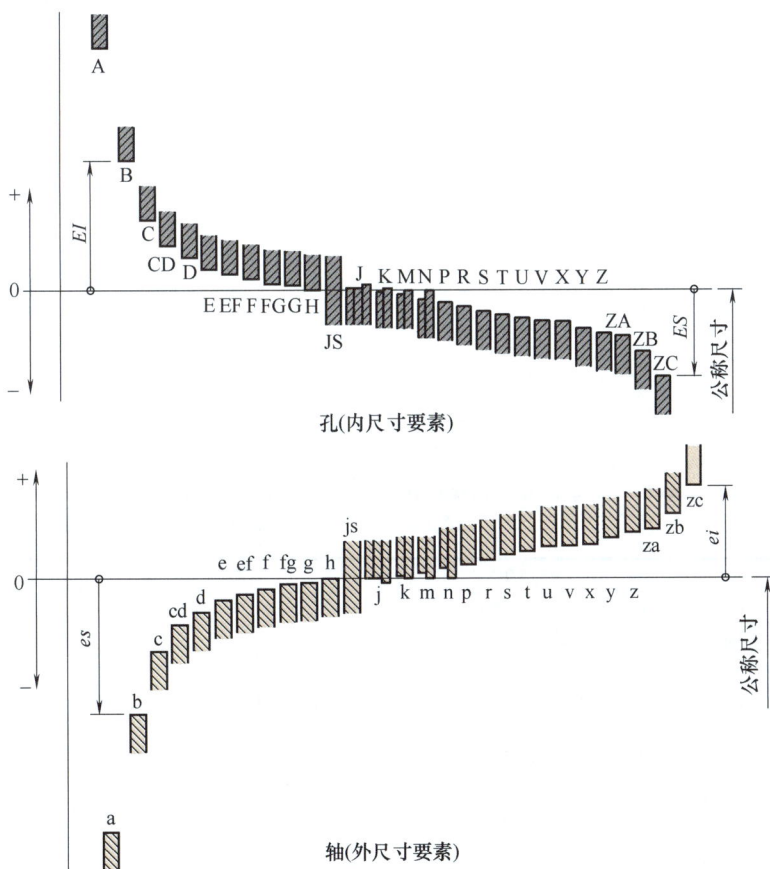

图 2-11　基本偏差系列

1）孔的基本偏差中，A~H 的基本偏差是下极限偏差 EI（除 H 以外，皆为正值），J~ZC（JS 除外）的基本偏差是上极限偏差 ES（除 J 和 K 外，其余一般皆为负值）；轴的基本偏差中，a~h 的基本偏差是上极限偏差 es（除 h 以外，皆为负值）；j~zc 的基本偏差是下极

限偏差 ei（除 j 外，其余一般皆为正值）。

2）JS（js）的上、下极限偏差是对称的，上极限偏差值为 +IT/2，下极限偏差值为 −IT/2。基本偏差是上极限偏差或下极限偏差。J（j）则与 JS（js）不同，形成公差带一般是不对称的，当其与某些公差等级（高精度）组成公差带时，其基本偏差不是靠近零线的那一偏差。J 的基本偏差为上极限偏差（ES），其数值为正值；j 的基本偏差为下极限偏差（ei），其数值为负值。因 J（j）数值与 JS（js）相近，在图 2-11 中，这两种基本偏差代号放在同一位置。

3）基本偏差是公差带位置标准化的唯一参数，除去 JS（js）和 J（j）（严格说两者无基本偏差），以及 K（k）、M（m）和 N（n）[由于公差等级的不同，公差带有两种位置（见图 2-11）] 以外，原则上基本偏差与公差等级无关。

J（j）、K（k）、M（m）和 N（n）的基本偏差值与公差等级的关系详见表 2-5 和表 2-6。

4）A~ZC（a~zc），除 J（j）以外，标准公差等级齐全（即它们分别能与 20 个公差等级组成公差带）。孔只有 J6、J7、J8，轴只有 j5、j6、j7、j8，逐步将被 JS（js）取代。

5）a~h 与 H（基准孔），A~H 与 h（基准轴）形成间隙配合；j、js、k、m、n 与 H，J、JS、K、M、N 与 h，基本上形成过渡配合；p~zc 与 H，P~ZC 与 h，基本上形成过盈配合。

基本上的意义在于：n、p、r 与 H，N、P、R 与 h，有时形成过渡配合，有时形成过盈配合，形成什么配合性质与公称尺寸及公差等级有关。例如，H6/n5、H7/p6 在公称尺寸 ≤3mm 时为过渡配合，H8/r7 在公称尺寸 ≤100mm 时也为过渡配合。而这些配合在其他尺寸范围都是过盈配合。

二、基本偏差数值

国家标准（GB/T 1800.1—2020）中规定了各基本偏差的数值。

1. 轴的基本偏差数值

轴的基本偏差数值是以基孔制为基础，根据各种配合的要求，在生产实践和大量试验的基础上，依据统计分析的结果整理出一系列公式而计算出来的。公称尺寸 ≤500mm 轴的基本偏差计算公式见表 2-4。计算结果要按一定规则将尾数进行圆整。

表 2-4　公称尺寸 ≤500mm 轴的基本偏差计算公式

代号	适用范围	基本偏差为上极限偏差（es）	代号	适用范围	基本偏差为下极限偏差（ei）
a	$D \leqslant 120mm$	$-(265 + 1.3D)$	k	IT4 ~ IT7	$+0.6\sqrt[3]{D}$
	$D > 120mm$	$-3.5D$	m		$+(IT7-IT6)$
b	$D \leqslant 160mm$	$-(140+0.85D)$	n		$+5D^{0.34}$
	$D > 160mm$	$-1.8D$	p		$+IT7+(0\sim5)$
c	$D \leqslant 40mm$	$-52D^{0.2}$	r		$+\sqrt{p \cdot s}$
	$D > 40mm$	$-(95+0.8D)$	s	$D \leqslant 50mm$	$+IT8+(1\sim4)$
cd		$-\sqrt{c \cdot d}$		$D > 50mm$	$+IT7+0.4D$
d		$-16D^{0.44}$	t	$D > 24mm$	$+IT7+0.63D$
e		$-11D^{0.41}$	u		$+IT7+D$
ef		$-\sqrt{e \cdot f}$	v	$D > 14mm$	$+IT7+1.25D$
f		$-5.5D^{0.41}$	x		$+IT7+1.6D$
fg		$-\sqrt{f \cdot g}$	y	$D > 18mm$	$+IT7+2D$
g		$-2.5D^{0.34}$	z		$+IT7+2.5D$
h		0	za		$+IT8+3.15D$
j	IT5 ~ IT7	经验数据	zb		$+IT9+4D$
k	≤IT3 及 ≥IT8	0	zc		$+IT10+5D$
			js = ±ITn/2		

注：表中 D 为公称尺寸段的几何平均值，单位为 mm；基本偏差的计算结果以 μm 计。

在基孔制配合中，a~h 用于间隙配合，基本偏差为上极限偏差 es，其绝对值正好等于最小间隙的数值。其中 a、b、c 三种用于大间隙或热动配合，考虑到热膨胀的影响，最小间隙采用与直径呈正比的关系计算。d、e、f 主要用于一般润滑条件下的旋转运动，为了保证良好的液体摩擦，最小间隙与直径呈平方根关系，但考虑到表面粗糙度的影响，间隙应适当减小，所以，计算公式中直径 D 的指数略小于 0.5。g 主要用于滑动、定心或半液体摩擦的场合，间隙要小，所以直径 D 的指数有所减小。h 的基本偏差数值为零，它是最紧的间隙配合。至于 cd、ef 和 fg 的数值，则分别取 c 与 d、e 与 f、f 与 g 的基本偏差的几何平均值，适用于小尺寸的旋转运动件。

j~n 主要用于过渡配合，所得间隙和过盈均不大，以保证孔和轴配合时能够对中和定心，拆卸也不困难，其基本偏差为下极限偏差 ei，数值基本上是根据经验与统计的方法确定的。

p~zc 与基准孔形成过盈配合，其基本偏差为下极限偏差 ei，数值大小按与一定等级的孔相配合所要求的最小过盈而定。最小过盈系数的系列符合优先数系，规律性较好，便于应用。

在实际工作中，轴的基本偏差数值不必用公式计算，为方便使用，计算结果的数值已列成表，见表 2-5，使用时可直接查表。

当轴的基本偏差确定后，另一个极限偏差可根据轴的基本偏差数值和标准公差值按下列关系式计算

$$ei = es - \text{IT}, \quad es = ei + \text{IT}$$

2. 孔的基本偏差数值

由于构成基本偏差公式所考虑的因素是一致的，所以，孔的基本偏差不需要另外制定一套计算公式，而是根据相同字母代号轴的基本偏差，在相应的公差等级的基础上按一定的规则换算得来的。

换算的原则是：基本偏差字母代号同名的孔和轴，分别构成基轴制与基孔制的配合（这样的配合称为同名配合），在孔、轴为同一公差等级或孔比轴低一级的条件下（如 H9/f9 与 F9/h9、H7/p6 与 P7/h6），其配合的性质必须相同（即具有相同的极限间隙或极限过盈）。换算过程及换算规则如下：

（1）基本偏差的换算过程

1）基本偏差 A~H 的换算过程。若基孔制和基轴制间隙配合的同名配合（见图 2-12）的配合性质相同，则 $X_{\min} = X'_{\min}$，由图 2-12 可知

$$EI = -es$$

从上面的换算过程可知，A~H 的孔公差带与 h 形成的基轴制配合和 a~h 的轴公差带与 H 形成的基孔制配合的同名配合的配合性质相同（不论配合中孔、轴公差等级是否相同）。

2）基本偏差 K~ZC 的换算过程（以 P~ZC 过盈配合为例）。若基孔制和基轴制过盈配合的同名配合的配合性质相同，则 $Y_{\min} = Y'_{\min}$（此式与孔、轴公差等级有关），由图 2-13 可知

$$ES - (-T_d) = T_D - ei$$

得到　$ES = -ei + T_D - T_d$（K~N 也能得到相同的公式）

若孔和轴采用相同的公差等级（即 $T_D = T_d$），则

$$ES = -ei$$

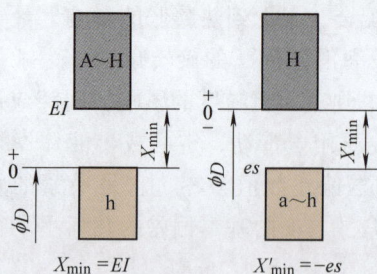

图 2-12　A～H 的孔的基本偏差换算

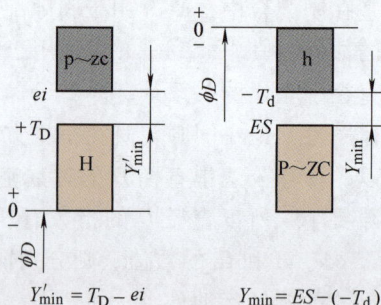

图 2-13　P～ZC 的孔的基本偏差换算

若孔的公差等级比轴的公差等级低一级（即 $T_D = T_n$，$T_d = T_{n-1}$），则

$$ES = -ei + T_n - T_{n-1}$$

令 $\Delta = T_n - T_{n-1}$，则上式为

$$ES = -ei + \Delta$$

由此可见，在进行基本偏差 K～ZC 的换算时，形成配合的孔和轴的公差等级组合不同，可得到不同的换算公式。

由于在公称尺寸>3～500mm 且公差等级较高时，孔比同级的轴加工困难，因此，国家标准从工艺等价考虑，在公差等级较高（≤IT8 的 K、M、N 以及≤IT7 的 P～ZC）时，让孔比轴低一级的基孔制与基轴制的同名配合的配合性质相同，来进行孔的基本偏差换算，此时 $ES = -ei + \Delta$；在公差等级较低（>IT8 的 K、M、N 以及>IT7 的 P～ZC）时，让孔、轴同级的基孔制与基轴制的同名配合的配合性质相同，来进行孔的基本偏差换算，此时 $ES = -ei$。

综上所述，公称尺寸>3～500mm 的孔的基本偏差的换算规则有两种：通用规则和特殊规则。

（2）基本偏差的换算规则

1）通用规则。同名字母代号的孔和轴的基本偏差的绝对值相等，而符号相反，即

$$A\sim H: \qquad EI = -es$$

$$K\sim ZC: \qquad ES = -ei$$

从公差带图解看，孔的基本偏差是轴的基本偏差相对于零线的倒影（见图 2-11）。

通用规则适用于几乎所有的基本偏差，仅对以下情况例外：

a）公称尺寸>3～500mm，且公差等级>IT8 的 N，其基本偏差 $ES = 0$。

b）公称尺寸>3～500mm，且公差等级≤IT8 的 J、K、M、N，以及公差等级≤IT7 的 P～ZC。

2）特殊规则。同名代号的孔和轴的基本偏差的符号相反，而绝对值相差一个 Δ 值。即

$$ES = -ei + \Delta$$

其中

$$\Delta = T_D - T_d = ITn - ITn-1$$

特殊规则的适用范围：公称尺寸>3～500mm，且公差等级≤IT8 的 K、M、N，以及公差等级≤IT7 的 P～ZC。

用上述公式计算出孔的基本偏差按一定规则化整，编制出孔的基本偏差表，见表 2-6。实际使用时，可直接查此表，不必计算。孔的另一个极限偏差可根据下列公式计算

$$ES = EI + IT$$

$$EI = ES - IT$$

极限偏差的数值可直接查 GB/T 1800.2—2020《产品几何技术规范（GPS）线性尺寸公差 ISO 代号体系　第 2 部分：标准公差带代号和孔、轴的极限偏差表》。

例 2-4　试用查表法确定 $\phi25H7/f6$ 和 $\phi25F7/h6$ 的孔和轴的极限偏差，画出公差带图解，计算两个配合的极限间隙并比较。

解　（1）查表确定孔和轴的标准公差

查表 2-2 得：$\phi25mm$ 的 $IT6 = 13\mu m$，$IT7 = 21\mu m$。

（2）确定孔和轴的极限偏差

对 $\phi25H7/f6$

$\phi25H7$：为 IT7 级基准孔，$EI = 0$、$ES = EI + IT7 = +21\mu m$

$\phi25f6$：基本偏差为上极限偏差，查表 2-5 得：

上极限偏差 $es = -20\mu m$

下极限偏差 $ei = es - IT6 = -33\mu m$

对 $\phi25F7/h6$

$\phi25F7$：基本偏差为下极限偏差，查表 2-6 得：

下极限偏差 $EI = +20\mu m$

上极限偏差 $ES = EI + IT7 = +41\mu m$

$\phi25h6$：为 IT6 级基准轴，$es = 0$、

$ei = es - IT6 = -13\mu m$

（3）画公差带图解（见图 2-14）。

（4）确定配合的极限间隙

对 $\phi25H7/f6$

$X_{max} = ES - ei = [+21 - (-33)]\mu m = +54\mu m$

$X_{min} = EI - es = [0 - (-20)]\mu m = +20\mu m$

对 $\phi25F7/h6$

$X_{max} = ES - ei = [+41 - (-13)]\mu m = +54\mu m$

$X_{min} = EI - es = (+20 - 0)\mu m = +20\mu m$

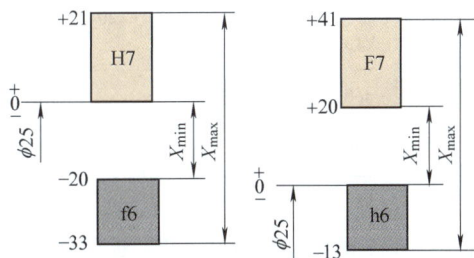

图 2-14　例 2-4 公差带图解

（5）比较

由查表知：基本偏差 F 和基本偏差 f 的关系为：$EI = -es$。

由计算结果可知：$\phi25H7/f6$ 和 $\phi25F7/h6$ 这两个配合的极限间隙分别相等。这说明同一字母代号的孔、轴的基本偏差按通用规则换算，形成的基孔制和基轴制孔、轴不同级间隙配合的配合性质相同（基孔制和基轴制孔、轴同级的间隙配合，如 $\phi25H8/f8$ 和 $\phi25F8/h8$，配合性质也相同，可查表计算比较一下）。

例 2-5　试用查表法确定 $\phi25H7/r6$ 和 $\phi25R7/h6$ 的孔和轴的极限偏差，画出公差带图解，计算两个配合的极限间隙并比较。

解　（1）查表确定孔和轴的标准公差

查表 2-2 得：$\phi25mm$ 的 $IT6 = 13\mu m$，$IT7 = 21\mu m$。

（2）确定孔和轴的极限偏差

对 $\phi25H7/r6$

表 2-5　公称尺寸≤500mm 轴的基本

基本偏差 公称尺寸/mm	上极限偏差 es											js[②]	j			k	
	a[①]	b[①]	c	cd	d	e	ef	f	fg	g	h		5、6	7	8	4~7	≤3 >7
大于　至	所有标准公差等级												公差				
— ～ 3	−270	−140	−60	−34	−20	−14	−10	−6	−4	−2	0	偏差等于 $\pm\dfrac{ITn}{2}$ 式中，ITn 是 IT 值数	−2	−4	−6	0	0
3 ～ 6	−270	−140	−70	−46	−30	−20	−14	−8	−6	−4	0		−2	−4	—	+1	0
6 ～ 10	−280	−150	−80	−56	−40	−25	−18	−13	−8	−5	0		−2	−5	—	+1	0
10 ～ 14	−290	−150	−95	—	−50	−32	—	−16	—	−6	0		−3	−6	—	+1	0
14 ～ 18																	
18 ～ 24	−300	−160	−110	—	−65	−40	—	−20	—	−7	0		−4	−8	—	+2	0
24 ～ 30																	
30 ～ 40	−310	−170	−120	—	−80	−50	—	−25	—	−9	0		−5	−10	—	+2	0
40 ～ 50	−320	−180	−130														
50 ～ 65	−340	−190	−140	—	−100	−60	—	−30	—	−10	0		−7	−12	—	+2	0
65 ～ 80	−360	−200	−150														
80 ～ 100	−380	−220	−170	—	−120	−72	—	−36	—	−12	0		−9	−15	—	+3	0
100 ～ 120	−410	−240	−180														
120 ～ 140	−460	−260	−200	—	−145	−85	—	−43	—	−14	0		−11	−18	—	+3	0
140 ～ 160	−520	−280	−210														
160 ～ 180	−580	−310	−230														
180 ～ 200	−660	−340	−240	—	−170	−100	—	−50	—	−15	0		−13	−21	—	+4	0
200 ～ 225	−740	−380	−260														
225 ～ 250	−820	−420	−280														
250 ～ 280	−920	−480	−300	—	−190	−110	—	−56	—	−17	0		−16	−26	—	+4	0
280 ～ 315	−1050	−540	−330														
315 ～ 355	−1200	−600	−360	—	−210	−125	—	−62	—	−18	0		−18	−28	—	+4	0
355 ～ 400	−1350	−680	−400														
400 ～ 450	−1500	−760	−440	—	−230	−135	—	−68	—	−20	0		−20	−32	—	+5	0
450 ～ 500	−1650	−840	−480														

① 公称尺寸小于或等于 1mm 时，基本偏差 a 和 b 均不采用。

② js 的值，对 IT7~IT11。若 ITn 的数值（μm）为奇数，则取 js＝±(ITn−1)/2。

偏差（摘自 GB/T 1800.1—2020）　　　　　　　　　　　　　　　　　　（单位：μm）

下极限偏差 ei													
m	n	p	r	s	t	u	v	x	y	z	za	zb	zc
等　级													
所有标准公差等级													
+2	+4	+6	+10	+14	—	+18	—	+20	—	+26	+32	+40	+60
+4	+8	+12	+15	+19	—	+23	—	+28	—	+35	+42	+50	+80
+6	+10	+15	+19	+23	—	+28	—	+34	—	+42	+52	+67	+97
+7	+12	+18	+23	+28	—	+33	—	+40	—	+50	+64	+90	+130
							+39	+45		+60	+77	+108	+150
+8	+15	+22	+28	+35	—	+41	+47	+54	+63	+73	+98	+136	+188
					+41	+48	+55	+64	+75	+88	+118	+160	+218
+9	+17	+26	+34	+43	+48	+60	+68	+80	+94	+112	+148	+200	+274
					+54	+70	+81	+97	+114	+136	+180	+242	+325
+11	+20	+32	+41	+53	+66	+87	+102	+122	+144	+172	+226	+300	+405
			+43	+59	+75	+102	+120	+146	+174	+210	+274	+360	+480
+13	+23	+37	+51	+71	+91	+124	+146	+178	+214	+258	+335	+445	+585
			+54	+79	+104	+144	+172	+210	+254	+310	+400	+525	+690
+15	+27	+43	+63	+92	+122	+170	+202	+248	+300	+365	+470	+620	+800
			+65	+100	+134	+190	+228	+280	+340	+415	+535	+700	+900
			+68	+108	+146	+210	+252	+310	+380	+465	+600	+780	+1000
+17	+31	+50	+77	+122	+166	+236	+284	+350	+425	+520	+670	+880	+1150
			+80	+130	+180	+258	+310	+385	+470	+575	+740	+960	+1250
			+84	+140	+196	+284	+340	+425	+520	+640	+820	+1050	+1350
+20	+34	+56	+94	+158	+218	+315	+385	+475	+580	+710	+920	+1200	+1550
			+98	+170	+240	+350	+425	+525	+650	+790	+1000	+1300	+1700
+21	+37	+62	+108	+190	+268	+390	+475	+590	+730	+900	+1150	+1500	+1900
			+114	+208	+294	+435	+530	+660	+820	+1000	+1300	+1650	+2100
+23	+40	+68	+126	+232	+330	+490	+595	+740	+920	+1100	+1450	+1850	+2400
			+132	+252	+360	+540	+660	+820	+1000	+1250	+1600	+2100	+2600

表 2-6　公称尺寸≤500mm 孔的基本

基本偏差 大于	至	A①	B①	C	CD	D	E	EF	F	FG	G	H	JS②	J 6	J 7	J 8	K ≤8	K >8	M③ ≤8	M③ >8	N① ≤8	N① >8
		下极限偏差 EI																				
		所有标准公差等级																				
—	3	+270	+140	+60	+34	+20	+14	+10	+6	+4	+2	0		+2	+4	+6	0	0	−2	−2	−4	−4
3	6	+270	+140	+70	+46	+30	+20	+14	+10	+6	+4	0		+5	+6	+10	−1+Δ	—	−4+Δ	−4	−8+Δ	0
6	10	+280	+150	+80	+56	+40	+25	+18	+13	+8	+5	0		+5	+8	+12	−1+Δ	—	−6+Δ	−6	−10+Δ	0
10	14	+290	+150	+95	—	+50	+32	—	+16	—	+6	0		+6	+10	+15	−1+Δ	—	−7+Δ	−7	−12+Δ	0
14	18	+290	+150	+95	—	+50	+32	—	+16	—	+6	0		+6	+10	+15	−1+Δ	—	−7+Δ	−7	−12+Δ	0
18	24	+300	+160	+110	—	+65	+40	—	+20	—	+7	0		+8	+12	+20	−2+Δ	—	−8+Δ	−8	−15+Δ	0
24	30	+300	+160	+110	—	+65	+40	—	+20	—	+7	0		+8	+12	+20	−2+Δ	—	−8+Δ	−8	−15+Δ	0
30	40	+310	+170	+120	—	+80	+50	—	+25	—	+9	0		+10	+14	+24	−2+Δ	—	−9+Δ	−9	−17+Δ	0
40	50	+320	+180	+130	—	+80	+50	—	+25	—	+9	0		+10	+14	+24	−2+Δ	—	−9+Δ	−9	−17+Δ	0
50	65	+340	+190	+140	—	+100	+60	—	+30	—	+10	0	偏差等于 ±ITn/2 式中，ITn 是 IT 的值数	+13	+18	+28	−2+Δ	—	−11+Δ	−11	−20+Δ	0
65	80	+360	+200	+150	—	+100	+60	—	+30	—	+10	0		+13	+18	+28	−2+Δ	—	−11+Δ	−11	−20+Δ	0
80	100	+380	+220	+170	—	+120	+72	—	+36	—	+12	0		+16	+22	+34	−3+Δ	—	−13+Δ	−13	−23+Δ	0
100	120	+410	+240	+180	—	+120	+72	—	+36	—	+12	0		+16	+22	+34	−3+Δ	—	−13+Δ	−13	−23+Δ	0
120	140	+460	+260	+200	—	+145	+85	—	+43	—	+14	0		+18	+26	+41	−3+Δ	—	−15+Δ	−15	−27+Δ	0
140	160	+520	+280	+210	—	+145	+85	—	+43	—	+14	0		+18	+26	+41	−3+Δ	—	−15+Δ	−15	−27+Δ	0
160	180	+580	+310	+230	—	+145	+85	—	+43	—	+14	0		+18	+26	+41	−3+Δ	—	−15+Δ	−15	−27+Δ	0
180	200	+660	+340	+240	—	+170	+100	—	+50	—	+15	0		+22	+30	+47	−4+Δ	—	−17+Δ	−17	−31+Δ	0
200	225	+740	+380	+260	—	+170	+100	—	+50	—	+15	0		+22	+30	+47	−4+Δ	—	−17+Δ	−17	−31+Δ	0
225	250	+820	+420	+280	—	+170	+100	—	+50	—	+15	0		+22	+30	+47	−4+Δ	—	−17+Δ	−17	−31+Δ	0
250	280	+920	+480	+300	—	+190	+110	—	+56	—	+17	0		+25	+36	+55	−4+Δ	—	−20+Δ	−20	−34+Δ	0
280	315	+1050	+540	+330	—	+190	+110	—	+56	—	+17	0		+25	+36	+55	−4+Δ	—	−20+Δ	−20	−34+Δ	0
315	355	+1200	+600	+360	—	+210	+125	—	+62	—	+18	0		+29	+39	+60	−4+Δ	—	−21+Δ	−21	−37+Δ	0
355	400	+1350	+680	+400	—	+210	+125	—	+62	—	+18	0		+29	+39	+60	−4+Δ	—	−21+Δ	−21	−37+Δ	0
400	450	+1500	+760	+440	—	+230	+135	—	+68	—	+20	0		+33	+43	+66	−5+Δ	—	−23+Δ	−23	−40+Δ	0
450	500	+1650	+840	+480	—	+230	+135	—	+68	—	+20	0		+33	+43	+66	−5+Δ	—	−23+Δ	−23	−40+Δ	0

（公称尺寸/mm　公差）

① 公称尺寸小于或等于 1mm 时，基本偏差的 A 和 B 及大于 IT8 的 N 均不采用。

② JS 的数值，对 IT7~IT11，若 ITn 的数值（μm）为奇数，则取 JS=±(ITn−1)/2。

③ 特殊情况，当公称尺寸大于 250~315mm 时，M6 的 ES 等于 −9（代替 −11）。

④ 对小于或等于 IT8 的 K、M、N 和小于或等于 IT7 的 P 至 ZC，所需 Δ 值从续表右侧栏选取。

偏差（摘自 GB/T 1800.1—2020）　　　　　　　　　　　　　　　（单位：μm）

等级说明：P到ZC 列为 ≤7 级；P、R、S、T、U、V、X、Y、Z、ZA、ZB、ZC 列为 >7 级。
注：在大于 7 级的相应数值上增加一个 Δ 值。

| 上极限偏差 ES | | | | | | | | | | | | | Δ 值④ | | | | | |
P到ZC (≤7)	P	R	S	T	U	V	X	Y	Z	ZA	ZB	ZC	3	4	5	6	7	8
−6		−10	−14	—	−18	—	−20	—	−26	−32	−40	−60	0	0	0	0	0	0
−12		−15	−19	—	−23	—	−28	—	−35	−42	−50	−80	1	1.5	1	3	4	6
−15		−19	−23	—	−28	—	−34	—	−42	−52	−67	−97	1	1.5	2	3	6	7
−18		−23	−28	—	−33	—	−40	—	−50	−64	−90	−130	1	2	3	4	7	9
						−39	−45	—	−60	−77	−108	−150						
−22		−28	−35	—	−41	−47	−54	−63	−73	−98	−136	−188	1.5	2	3	4	8	12
				−41	−48	−55	−64	−75	−88	−118	−160	−218						
−26		−35	−43	−48	−60	−68	−80	−94	−112	−148	−200	−274	1.5	3	4	5	9	14
				−54	−70	−81	−97	−114	−136	−180	−242	−325						
−32		−41	−53	−66	−87	−102	−122	−144	−172	−226	−300	−405	2	3	5	6	11	16
		−43	−59	−75	−102	−120	−146	−174	−210	−274	−360	−480						
−37		−51	−71	−91	−124	−146	−178	−214	−258	−335	−445	−585	2	4	5	7	13	19
		−54	−79	−104	−144	−172	−210	−254	−310	−400	−525	−690						
		−63	−92	−122	−170	−202	−248	−300	−365	−470	−620	−800	3	4	6	7	15	23
−43		−65	−100	−134	−190	−228	−280	−340	−415	−535	−700	−900						
		−68	−108	−146	−210	−252	−310	−380	−465	−600	−780	−1000						
		−77	−122	−166	−236	−284	−350	−425	−520	−670	−880	−1150	3	4	6	9	17	26
−50		−80	−130	−180	−258	−310	−385	−470	−575	−740	−960	−1250						
		−84	−140	−196	−284	−340	−425	−520	−640	−820	−1050	−1350						
		−94	−158	−218	−315	−385	−475	−580	−710	−920	−1200	−1550	4	4	7	9	20	29
−56		−98	−170	−240	−350	−425	−525	−650	−790	−1000	−1300	−1700						
		−108	−190	−268	−390	−475	−590	−730	−900	−1150	−1500	−1900	4	5	7	11	21	32
−62		−114	−208	−294	−435	−530	−660	−820	−1000	−1300	−1650	−2100						
		−126	−232	−330	−490	−595	−740	−920	−1100	−1450	−1850	−2400	5	5	7	13	23	34
−68		−132	−252	−360	−540	−660	−820	−1000	−1250	−1600	−2100	−2600						

$\phi25H7$：为 IT7 级基准孔，$EI=0$、$ES=EI+IT7=+21\mu m$

$\phi25r6$：基本偏差为下极限偏差，查表 2-5 得：

下极限偏差 $ei=+28\mu m$

上极限偏差 $es=ei+IT6=+41\mu m$

对 $\phi25R7/h6$

$\phi25R7$：基本偏差为上极限偏差，查表 2-6 得：

上极限偏差 $ES=-ei+\Delta=(-28+8)\mu m=-20\mu m$

下极限偏差 $EI=ES-IT7=(-20-21)\mu m=-41\mu m$

$\phi25h6$：为 IT6 级基准轴，$es=0$、$ei=es-IT6=-13\mu m$

（3）画公差带图解（见图 2-15）。

（4）确定配合的极限过盈

对 $\phi25H7/r6$

$Y_{min}=ES-ei=[+21-(+28)]\mu m=-7\mu m$

$Y_{max}=EI-es=[0-(+41)]\mu m=-41\mu m$

对 $\phi25R7/h6$

$Y_{min}=ES-ei=[-20-(-13)]\mu m=-7\mu m$

$Y_{max}=EI-es=(-41-0)\mu m=-41\mu m$

（5）比较

由查表知：公差等级 ≤IT7 的基准偏差 R 和基本偏差 r 的关系为：$ES=-ei+\Delta$。

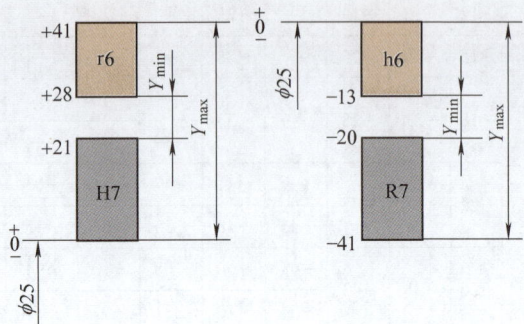

图 2-15　例 2-5 公差带图解

由计算结果可知：$\phi25H7/r6$ 和 $\phi25R7/h6$ 这两个配合的极限过盈分别相等。这说明对于高精度，同一字母代号的孔、轴的基本偏差按特殊规则换算，形成的基孔制和基轴制孔、轴不同级配合的配合性质相同。

一般来说 K~ZC（k~zc）只有公差等级组合符合国家标准换算时的规定，基孔制与基轴制同名配合的配合性质才能相同，即在 ≤IT8 的 K、M、N 以及 ≤IT7 的 P~ZC 的孔公差带与 h 形成基轴制配合及同名的轴公差带与 H 形成基孔制配合时，必须采用孔比轴低一级的公差等级组合，同名配合的配合性质才能相同（除 ≤3mm 的 K 以外，如 $\phi25H7/r6=\phi25R7/h6$，$\phi25H7/r7\neq\phi25R7/h7$）；低精度时，必须采用孔、轴同级，同名配合的配合性质才能相同，即在 >IT8 的 K、M、N 以及 >IT7 的 P~ZC 的孔公差带与 h 形成基轴制配合及同名的轴公差带与 H 形成基孔制配合时，必须采用孔、轴同级的公差等级组合，同名配合的配合性质才能相同（如 $\phi25H8/r8=\phi25R8/h8$，$\phi25H8/r7\neq\phi25R8/h7$）。由于 $JS=js=\pm ITn/2$，故没有 Δ 的换算关系。因此，JS 与 h 及 js 与 H 形成的同名配合，无论高精度还是低精度，都必须采用孔、轴同级，配合性质才相同（如 $\phi25H7/js6\neq\phi25JS7/h6$）；高精度的 ≤3mm 的 K=k=0，因为 $\Delta=0$，所以采用孔比轴低一级形成的基孔制和基轴制的配合性质不相同（如 $\phi2H7/r6\neq\phi2R7/h6$）。

三、公差带与配合的表示

1. 公差带的表示

（1）用公差带代号表示　用基本偏差代号与公差等级数字共同表示为公差带代号。例如，H7 表示一种标准公差等级 7 级的孔公差带，f6 表示一种标准公差等级 6 级的轴公差带。

（2）注公差尺寸的公差带表示（即注公差尺寸在图样上的标注）　要求注出公差的尺

寸，用公称尺寸加上所要求的公差带或（和）对应的极限偏差值表示，可以表示成三种形式，如图 2-16 所示。实际生产中公差带一般采用后两种表示方法。

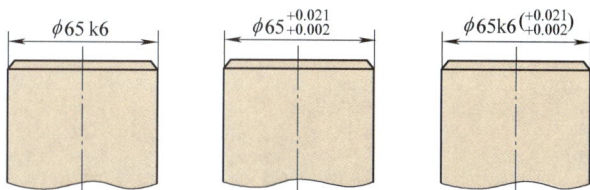

图 2-16　注公差尺寸的公差带表示

2. 配合的表示

配合用相同公称尺寸后跟孔、轴公差带表示，孔、轴公差带写成分数形式，分子为孔公差带，分母为轴公差带。装配图上也有三种表示方法，如 $\phi55\dfrac{H7}{h6}$ 或 $\phi55H7/h6$；$\phi55$ $\dfrac{H7(^{+0.030}_{\ 0})}{h6(^{\ 0}_{-0.019})}$ 或 $\phi55H7(^{+0.030}_{\ 0})/h6(^{\ 0}_{-0.019})$；$\phi55$ $\dfrac{(^{+0.030}_{\ 0})}{(^{\ 0}_{-0.019})}$ 或 $\phi55(^{+0.030}_{\ 0})/(^{\ 0}_{-0.019})$。

配合的三种表示方法中前一种应用最广，后两种一般分别用于批量生产和单件小批量生产。

第五节　一般、常用和优先的公差带与配合

按照国家标准中提供的标准公差及基本偏差系列，可将任一基本偏差与任一标准公差组合，从而得到大小与位置不同的一系列公差带。在公称尺寸 ≤500mm 范围内，孔公差带有 $20×27+3=543$ 个，轴公差带有 $20×27+4=544$ 个。这么多的公差带都使用是不经济的，因为它必然会导致定值刀具和量具规格的繁多。为此，国家标准规定了一系列标准公差带以供选用。

这里仅介绍常用尺寸孔、轴公差带（GB/T 1800.1—2020）。

一、一般、常用和优先的孔、轴公差带（GB/T 1800.1—2020）

GB/T 1800.1—2020 规定了公称尺寸 ≤500mm 的常用轴的公差带 50 个和孔的公差带 45 个，再从中选出优先选取的轴的公差带 17 个和孔的公差带 17 个，如图 2-17 和图 2-18 所示。图中方框内的为优先公差带。

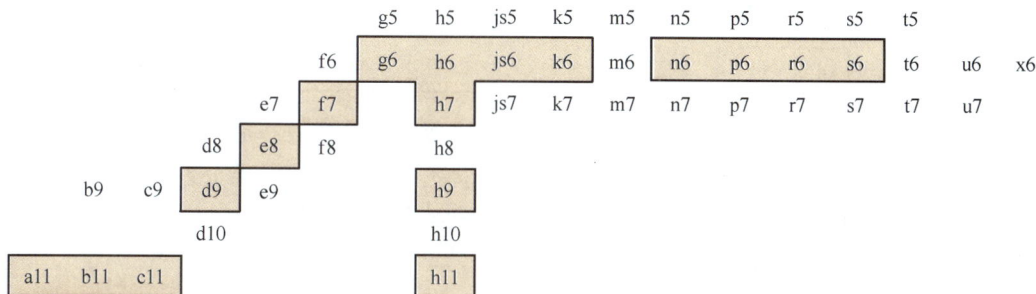

图 2-17　常用和优先的轴公差带

二、常用和优先配合

在上述推荐的轴、孔公差带的基础上，国家标准还推荐了孔、轴公差带的组合。对基孔

						G6	H6	JS6	K6	M6	N6	P6	R6	S6	T6		
				F7	G7	H7	JS7	K7	M7	N7	P7	R7	S7	T7	U7	X7
			E8	F8		H8	JS8	K8	M8	N8	P8	R8				
		D9	E9	F9		H9										
	C10	D10	E10			H10										
A11	B11	C11	D11			H11										

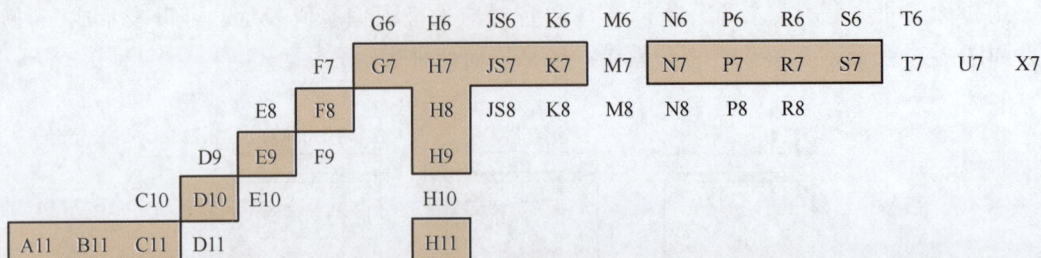

图 2-18　常用和优先的孔公差带

制，见表 2-7；对基轴制，见表 2-8。

表 2-7　基孔制常用和优先配合（摘自 GB/T 1800.1—2020）

基准孔	轴公差带代号		
	间隙配合	过渡配合	过盈配合
H6	g5　h5	js5　k5　m5	n5　p5
H7	f6　g6　h6	js6　k6　m6　n6	p6　r6　s6　t6　u6　x6
H8	e7　f 7　h7	js7　k7　m7	s7　u7
	d8　e8　f 8　h8		
H9	d8　e8　f 8　h8		
H10	b9　c9　d9　e9　h9		
H11	b11　c11　d10　h10		

表 2-8　基轴制常用和优先配合（摘自 GB/T 1800.1—2020）

基准轴	孔公差带代号		
	间隙配合	过渡配合	过盈配合
h5	G6　H6	JS6　K6　M6	N6　P6
h6	F7　G7　H7	JS7　K7　M7　N7	P7　R7　S7　T7　U7　X7
h7	E8　F8　H8		
h8	D9　E9　F9　H9		
	E8　F8　H8		
h9	D9　E9　F9　H9		
	B11　C10　D10　H10		

必须注意到，表 2-7 中，当轴的标准公差小于或等于 IT7 级时，是与低一级的基准孔相配；大于或等于 IT8 级时，与同级基准孔相配。表 2-8 中，当孔的标准公差小于 IT8 级或少数等于 IT8 级时，是与高一级的基准轴相配，其余是孔、轴同级相配。

第六节　一般公差（线性尺寸的未注公差）

一般公差是指在车间普通工艺条件下，机床设备一般加工能力可保证的公差。在正常维护和操作情况下，它代表车间一般加工的经济加工精度。国家标准 GB/T 1804—2000《一般

公差 未注公差的线性和角度尺寸的公差》等效地采用了国际标准中的有关部分，替代了 GB/T 1804—1992《一般公差 线性尺寸的未注公差》。

GB/T 1804—2000 对线性尺寸的一般公差规定了 4 个公差等级：精密级、中等级、粗糙级和最粗级，分别用字母 f、m、c 和 v 表示。而对尺寸也采用了大间隔分段。具体数据见表 2-9。这 4 个公差等级相当于 IT12、IT14、IT16 和 IT17。

由表 2-9 可知，不论孔和轴还是长度尺寸，其极限偏差的取值都采用对称分布的公差带。

国家标准同时也对倒圆半径与倒角高度尺寸的极限偏差数值做了规定，见表 2-10。

表 2-9 **线性尺寸的极限偏差数值**（摘自 GB/T 1804—2000） （单位：mm）

公差等级	公称尺寸分段							
	0.5~3	>3~6	>6~30	>30~120	>120~400	>400~1000	>1000~2000	>2000~4000
f（精密级）	±0.05	±0.05	±0.1	±0.15	±0.2	±0.3	±0.5	—
m（中等级）	±0.1	±0.1	±0.2	±0.3	±0.5	±0.8	±1.2	±2
c（粗糙级）	±0.2	±0.3	±0.5	±0.8	±1.2	±2	±3	±4
v（最粗级）	—	±0.5	±1	±1.5	±2.5	±4	±6	±8

表 2-10 **倒圆半径与倒角高度尺寸的极限偏差数值**（摘自 GB/T 1804—2000） （单位：mm）

公差等级	公称尺寸分段			
	0.5~3	>3~6	>6~30	>30
f（精密级）	±0.2	±0.5	±1	±2
m（中等级）	±0.2	±0.5	±1	±2
c（粗糙级）	±0.4	±1	±2	±4
v（最粗级）	±0.4	±1	±2	±4

注：倒圆半径与倒角高度的含义参见国家标准 GB/T 6403.4—2008《零件倒圆与倒角》。

当采用一般公差时，在图样上只注公称尺寸，不注极限偏差，但应在图样的技术要求或有关技术文件中，用标准号和公差等级代号做出总的说明。例如，当选用中等级 m 时，则表示为 GB/T 1804—m。

一般公差主要用于精度较低的非配合尺寸。当零件的功能要求允许一个比一般公差大的公差，而该公差比一般公差更经济时，应在公称尺寸后直接注出具体的极限偏差数值。

一般公差的线性尺寸是在车间加工精度保证的情况下加工出来的，通常可不检验。当生产方和使用方有争议时，应以表中查得的极限偏差作为依据来判断其合格性。

第七节 尺寸公差与配合的选用

尺寸公差与配合的选择是机械设计与制造中的一个重要环节，它是在公称尺寸已经确定的情况下进行的尺寸精度设计，其内容包括选择基准制、公差等级和配合种类三个方面。公差与配合的选择是否恰当，对产品的性能、质量、互换性及经济性有着重要的影响。选择的原则是在满足使用要求的前提下能够获得最佳的技术经济效益。选择的方法有计算法、试验法和类比法。

一、基准制的选用

一般来说，相同代号的基孔制与基轴制配合的性质相同，因此基准制的选择与使用要求无关，主要应从结构、工艺性及经济性几方面综合分析考虑。

1. 一般情况下应优先选用基孔制

在机械制造中，一般优先选用基孔制。因为从工艺上看，一般高精度的中小尺寸孔，通常用价格较贵的钻头、铰刀、拉刀等定尺寸刀具加工，每一种刀具只能加工一种尺寸的孔；而尺寸大小不同的轴，可用同一车刀或砂轮加工。例如，加工一批基孔制配合 $\phi30H7/g6$、$\phi30H7/k6$、$\phi30H7/s6$ 的孔，只需要用一种 $\phi30H7$ 的孔用定尺寸刀具，而加工具有相同配合性质的基轴制配合 $\phi30G7/h6$、$\phi30K7/h6$、$\phi30S7/h6$ 的孔，却各需一种定尺寸刀具，显然采用基孔制较经济。另外，从检验来看，当有一定批量时，检验孔需用定值的极限塞规，检验轴常用定值的极限卡规，其中塞规较贵。采用基孔制则可以减少塞规的数量。因此，为了减少孔用定值刀具和量具的品种规格，提高加工的经济性，宜于采用基孔制。

至于尺寸较大的孔及低精度孔，一般不采用定尺寸刀具和量具加工检验，从工艺上讲，采用基孔制和基轴制都一样，但为了统一和考虑习惯，也宜于采用基孔制。

2. 基轴制的选择

下列情况应选用基轴制：

1）直接使用有一定公差等级（IT8～IT11）而不再进行机械加工的冷拔钢材（这种钢材是按基准轴的公差带制造）制作轴。若需要各种不同的配合时，可选择不同的孔公差带位置来实现。这种情况主要应用在农业机械和纺织机械中。

2）加工尺寸小于 1mm 的精密轴比同级孔要困难，因此在仪器制造、钟表生产、无线电工程中，常使用经过光轧成形的钢丝直接做轴，这时采用基轴制较经济。

3）根据结构上的需要，在同一公称尺寸的轴上装配有不同配合要求的几个孔件时应采用基轴制。例如，发动机的活塞销轴与连杆铜套孔和活塞孔之间的配合，如图 2-19a 所示。根据工作需要及装配性，活塞销轴与活塞孔采用过渡配合，而与连杆铜套孔采用间隙配合。若采用基孔制配合，如图 2-19b 所示，销轴将做成阶梯状。而采用基轴制配合，如图 2-19c 所示，销轴可做成光轴。这种选择既有利于轴的加工，又便于装配。

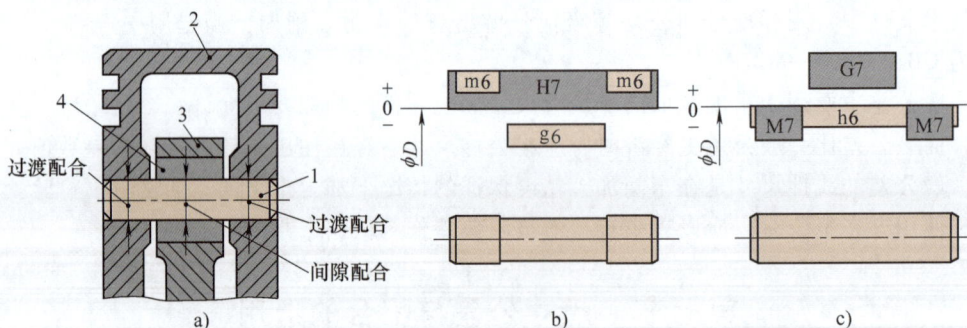

图 2-19　基准制选择示例（一）

1—活塞销　2—活塞　3—连杆　4—连杆铜套

4）与标准件配合的基准制选择。若与标准件（零件或部件）配合，应以标准件为基准件来确定采用基孔制还是基轴制。

如平键、半圆键等键连接，由于键是标准件，键与键槽的配合应采用基轴制；滚动轴承外圈与箱体孔的配合应采用基轴制，滚动轴承内圈与轴的配合应采用基孔制，如图 2-20 所示选择箱体孔的公差带为 J7，选择轴颈的公差带为 k6。

3. 非基准制配合的采用

为满足特殊配合的要求，允许选用非基准制的配合。非基准制的配合是指相配合的两零件既无基准孔 H 又无基准轴 h 的配合。当一个孔与几个轴相配合或一个轴与几个孔相配合，其配合要求各不相同时，则有的配合要出现非基准制的配合，如图 2-20 所示。在箱体孔中装配有滚动轴承和轴承端盖，由于滚动轴承是标准件，它与箱体孔的配合是基轴制配合，箱体孔的公差带代号为 J7，这时如果端盖与箱体孔的配合也要坚持基轴制，则配合为 J/h，属于过渡配合。但轴承端盖需要经常拆卸，显然这种配合过于紧密，而应选用间隙配合为好。端盖公差带不能用 h，只能选择非基准轴公差带，考虑到端盖的性能要求和加工的经济性，采用公差等级 9 级，最后选择端盖与箱体孔之间的配合为 J7/f9。

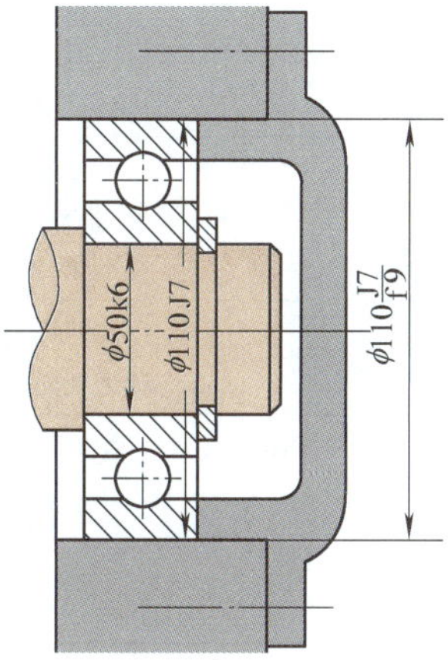

二、公差等级的选用

公差等级的选用就是确定尺寸的制造精度，解决机械零件使用要求与制造工艺及成本之间的矛盾。由于尺寸精度与加工的难易程度、加工的成本以及零件的工作质量有关，所以在选择公差等级时，要正确处理使用要求、加工工艺及成本之间的关系。选择公差等级的基本原则是，在满足使用要求的前提下，尽量选取较低的公差等级。

图 2-20　基准制选择示例（二）

公差等级的选用方法有类比法和计算法。在实际应用中，常采用类比法，也就是参考从生产实践中总结出来的经验资料，进行对比选用。选择时应考虑以下几方面：

1）应满足工艺等价原则。对于公称尺寸 ≤500mm 有较高公差等级的配合，因孔比同级轴难加工，当标准公差等级 ≤IT8 时，国家标准推荐孔比轴低一级相配合，使孔、轴的加工难易程度相同。但对 >IT8 或公称尺寸 >500mm 的配合，因孔的测量精度比轴容易保证，推荐采用孔、轴同级配合。

2）公差等级的应用见表 2-11，配合尺寸公差等级的应用见表 2-12。

3）各种加工方法能够达到的公差等级见表 2-13，可供选择时参考。

表 2-11　公差等级的应用

应用	公差等级																		
	01	0	1	2	3	4	5	6	7	8	9	10	11	12	13	14	15	16	17	18
量　　块	+	+	+																
量　　规			+	+	+	+	+	+	+										
配合尺寸							+	+	+	+	+	+	+	+					
特别精密零件				+	+	+	+												
非配合尺寸														+	+	+	+	+	+
原 材 料							+	+	+	+	+	+	+						

表 2-12　配合尺寸公差等级的应用

公差等级	应　　用
IT5	主要用在配合公差、形状公差要求很小的地方，它的配合性质稳定，一般在机床、发动机、仪表等重要部位应用。例如，与 5 级滚动轴承配合的箱体孔；与 6 级滚动轴承配合的机床主轴、机床尾座与套筒，精密机械及高速机械中轴径、精密丝杠轴径等

（续）

公差等级	应　用
IT6	配合性能达到较高的均匀性。例如，与 6 级滚动轴承相配合的孔、轴径；与齿轮、蜗轮、联轴器、带轮、凸轮等连接的轴径；机床丝杠轴径；摇臂钻立柱；机床夹具中导向件外径尺寸；6 级精度齿轮的基准孔，7、8 级精度齿轮的基准轴径
IT7	7 级精度比 6 级稍低，应用条件与 6 级基本相似，在一般机械制造中应用较为普遍。例如，联轴器、带轮、凸轮等孔径；机床卡盘座孔，夹具中固定钻套、可换钻套；7、8 级齿轮基准孔，9、10 级齿轮基准轴
IT8	在机器制造中属于中等精度。例如，轴承座衬套沿宽度方向尺寸，9～12 级齿轮基准孔；11～12 级齿轮基准轴
IT9～IT10	主要用于机械制造中轴套外径与孔；操纵件与轴；空轴带轮与轴；单键与花键
IT11～IT12	配合精度很低，装配后可能产生很大间隙，适用于基本上没有什么配合要求的场合。例如，机床上法兰盘与止口；滑块与滑移齿轮；加工中工序间的尺寸；冲压加工的配合件；机床制造中的扳手孔与扳手座的连接

表 2-13　各种加工方法能够达到的公差等级

加工方法	公差等级																			
	01	0	1	2	3	4	5	6	7	8	9	10	11	12	13	14	15	16	17	18
研磨	+	+	+	+	+	+	+													
珩磨						+	+	+	+											
圆磨							+	+	+	+										
平磨							+	+	+	+										
金刚石车							+	+	+											
金刚石镗							+	+	+											
拉削							+	+	+	+										
铰孔								+	+	+	+	+								
精车精镗								+	+	+										
粗车												+	+	+						
粗镗												+	+	+						
铣										+	+	+	+							
刨、插												+	+							
钻削												+	+	+	+					
冲压												+	+	+	+					
滚压、挤压												+	+							
锻造																	+			
砂型铸造、气割																		+		
金属型铸造																+	+			

4）相配零件或部件精度要匹配。如与滚动轴承相配合的轴和孔的公差等级与轴承的精度有关，如图 2-20 所示。再如与齿轮相配合的轴的公差等级直接受齿轮的精度影响。

5）过盈、过渡配合的公差等级不能太低，一般孔的标准公差等级 ≤IT8，轴的标准公差等级 ≤IT7。间隙配合则不受此限制。但间隙小的配合，公差等级应较高；而间隙大的配合，公差等级可以低些。例如，选用 H6/g5 和 H11/a11 是可以的，而选用 H11/g11 和 H6/a5 则不合适。

6）在非基准制配合中，有的零件精度要求不高，可与相配合零件的公差等级差 2～3 级，如图 2-20 中箱体孔与轴承端盖的配合。

对于某些配合，可用计算法确定公差等级。例如，根据经验和使用要求，已知配合的间隙或过盈的变化范围（即配合公差），则可用计算查表法分配孔和轴的公差，确定公差等级。

三、配合的选用

配合的选用就是在确定了基准制的基础上，根据使用中允许间隙或过盈的大小及其变化范围（配合公差 T_f），选定非基准件的基本偏差代号，有时同时确定基准件与非基准件的公差等级。应尽可能地选用优先配合。如果优先配合不能满足要求时，可选标准推荐的常用的孔、轴公差带，按使用要求组成需要的配合。若仍不能满足要求，可以从国家标准所提供的 544 种轴公差带和 543 种孔公差带中选取合适的公差带，组成所需的配合。

1. 根据使用要求确定配合的类别

配合的选择首先要确定配合的类别。选择时，应根据具体的使用要求确定是间隙配合还是过渡配合或过盈配合。例如，孔、轴有相对运动（转动或移动）要求，必须选择间隙配合；若孔、轴间无相对运动，应根据具体工作条件的不同，确定过盈、过渡甚至间隙配合。表 2-14 给出了配合类别选择的大体方向。

表 2-14　配合类别选择的大体方向

无相对运动	要传递转矩	永久结合	较大过盈的过盈配合
		可拆结合 要精确同轴	轻度过盈配合、过渡配合或基本偏差为 H(h)[1] 的间隙配合加紧固件[2]
		可拆结合 不要精确同轴	间隙配合加紧固件[2]
	不需要传递转矩，要精确同轴		过渡配合或轻度过盈配合
有相对运动	只有移动		基本偏差为 H(h)、G(g)[1] 的间隙配合
	转动或转动和移动的复合运动		基本偏差为 A～F(a～f)[1] 的间隙配合

[1] 指非基准件的基本偏差代号。

[2] 紧固件指键、销钉和螺钉等。

2. 选定基本偏差（配合）的方法

在明确了配合大类的基础上，就要具体选择配合，也就是选择基本偏差的代号。

选择方法有三种：计算法、试验法和类比法。

计算法就是根据理论公式，计算出使用要求的间隙或过盈大小来选定配合的方法。如根据液体润滑理论，计算保证液体摩擦状态下所需要的最小间隙。对依靠过盈来传递运动和负载的过盈配合，可根据弹性变形理论公式，计算出能保证传递一定负载所需要的最小过盈和不使工件损坏的最大过盈。由于影响间隙和过盈的因素很多，理论的计算也是近似的，所以在实际应用中还需经过试验来确定，一般情况下，很少使用计算法。

试验法就是用试验的方法确定满足产品工作性能的间隙或过盈范围。该方法主要用于对产品性能影响大而又缺乏经验的场合。试验法比较可靠，但周期长、成本高，应用也较少。

类比法就是参照同类型机器或机构中经过生产实践验证的配合的实例，再结合所设计产品的使用要求和应用条件来确定配合，该方法应用最广。

3. 用类比法选择配合时应考虑的因素

用类比法选择配合，首先要掌握各种配合的特征和应用场合，尤其是对国家标准所规定的优先配合要非常熟悉。表 2-15 是轴的基本偏差选用说明和应用。表 2-16 是尺寸至 500mm 基孔制优先配合的特征及应用。

表 2-15　轴的基本偏差选用说明和应用

配合	基本偏差	特　性　及　应　用
间隙配合	a、b	可得到特别大的间隙，应用很少。如起重机吊钩的铰链、带榫槽的法兰盘推荐配合为 H12/b12
	c	可得到很大的间隙，一般适用于缓慢、松弛的动连接。用于工作条件较差(如农业机械)、受力变形，或为了便于装配，而必须保证有较大的间隙时，推荐配合为 H11/c11。其较高等级的配合，如 H8/c7 适用于轴在高温工作的紧密动连接，如内燃机排气阀和导管
	d	一般用于 IT7～IT11，适用于松的转动配合，如密封盖、滑轮、空转带轮等与轴的配合，也适用于大直径滑动轴承的配合，如球磨机、轧钢机等重型机械的滑动轴承
	e	多用于 IT7～IT9，通常用于要求有明显间隙，易于转动的支承配合，如大跨距支承、多支点支承等配合。高等级的 e 轴也适用于大型、高速、重载的支承，如蜗轮发电机、大型电动机及内燃机的主要轴承、凸轮轴轴承等配合
	f	多用于 IT6～IT8 的一般转动配合，当温度影响不大时，被广泛用于普通润滑油(或润滑脂)润滑的支承，如齿轮箱、小电动机、泵等的转轴与滑动轴承的配合
	g	配合间隙很小，制造成本高，除了很轻负荷的精密机构外，一般不用作转动配合。多用于 IT5～IT7，最适合不回转的精密滑动配合，也用于插销等定位配合，如精密连杆轴承、活塞及滑阀、连杆销，以及钻套与衬套、精密机床的主轴与轴承、分度头轴颈与轴的配合等。如钻套与衬套的配合为 H7/g6
	h	配合的最小间隙为零，用于 IT4～IT11。广泛用于无相对转动的零件，作为一般定位配合。若无温度、变形影响，也用于精密滑动配合。如车床尾座体孔与顶尖套筒的配合为 H6/h5
过渡配合	js	平均起来为稍有间隙的配合，多用于 IT4～IT7，要求间隙比 h 轴小，并允许稍有过盈的定位配合，如联轴器，可用手或木锤装配
	k	平均起来没有间隙的配合，适用于 IT4～IT7，推荐用于稍有过盈的定位配合，如为了消除振动用的定位配合，一般用木锤装配
	m	平均起来具有不大过盈的过渡配合，适用于 IT4～IT7，用于精密定位的配合，如蜗轮的青铜轮缘与轮毂的配合为 H7/m6。一般可用木锤装配，但在最大过盈时，要求相当的压入力
	n	平均过盈比 m 轴稍大，很少得到间隙，适用于 IT4～IT7，用木锤或压力机装配，拆卸较困难
过盈配合	p	与 H6 或 H7 孔配合时是过盈配合，与 H8 孔配合时为过渡配合。对非铁制零件，为较轻的压入配合，当需要时易于拆卸。对钢、铸铁或铜、钢组件装配是标准压入配合。它主要用于定心精度很高、零件有足够的刚性、受冲击负载的定位配合
	r	对铁制零件，为中等打入配合，对非铁制零件，为轻打入配合，当需要时可以拆卸。与 H8 孔配合，直径在 100mm 以上时为过盈配合，直径小时为过渡配合
	s	用于钢铁件的永久或半永久结合。可产生相当大的结合力。当用弹性材料，如轻合金时，配合性质与铁制零件的 p 轴相当。如套环压装在轴上、阀座等的配合。尺寸较大时，为了避免损伤配合表面，需用热胀或冷缩法装配
	t、u、v、x、y、z	过盈量依次增大，一般不推荐。如联轴器与轴的配合 H7/t6

表 2-16　尺寸至 500mm 基孔制优先配合的特征及应用

配合类别	配合代号	应　用
间隙配合	H11/c11	间隙非常大，用于很松的、转动很慢的动连接；要求大公差与大间隙的外露组件；要求装配方便的很松的配合
	H9/d9	间隙很大的自由转动配合，用于精度非主要要求时，或有大的温度变化、高转速、大的轴颈压力时的配合
	H8/f7	间隙不大的转动配合，用于中等转速与中等轴颈压力的精确转动；也用于装配较易的中等定位配合

（续）

配合类别	配合代号	应 用
间隙配合	H7/g6	间隙很小的滑动配合，用于不希望自由转动，但可自由移动和滑动并精密定位的配合；也可用于要求明确的定位配合
	H7/h6、H8/h7、H9/h9	均为间隙定位配合，零件可自由装拆，而工作时一般相对静止不动。在最大实体条件下的间隙为零，在最小实体条件下的间隙由公差等级决定
过渡配合	H7/k6	用于精密定位配合
	H7/n6	允许有较大过盈的更精密定位配合
过盈配合	H7/p6	过盈定位配合，即小过盈配合，用于定位精度特别重要时，能以最好的定位精度达到部件的刚性及对中性要求，而对内孔承受压力无特殊要求，不依靠配合的紧固性传递摩擦负荷的配合
	H7/s6	中等压入配合，适用于一般钢件，或用于薄壁件的冷缩配合，用于铸铁件可得到最紧的配合
	H7/u6	压入配合，适用于可以承受高压入力的零件，或不宜承受大压入力的冷缩配合

注：国家标准规定的基轴制优先配合的应用与本表中的同名配合相同。

用类比法选择配合时还必须考虑如下一些因素：

（1）受载情况 若载荷较大，对过盈配合过盈量要增大；对间隙配合要减小间隙；对过渡配合要选用过盈概率大的过渡配合。

（2）拆装情况 经常拆装的孔和轴的配合比不常拆装的配合要松些。有时零件虽然不经常拆装，但受结构限制装配困难的配合，也要选松一些的配合。

（3）配合件的结合长度和几何误差 若零件上有配合要求的部位结合面较长时，由于受几何误差的影响，实际形成的配合比结合面短的配合要紧些，所以在选择配合时应适当减小过盈或增大间隙。

（4）配合件的材料 当配合件中有一件是铜或铝等塑性材料时，考虑到它们容易变形，选择配合时可适当增大过盈或减小间隙。

（5）温度的影响 当装配温度与工作温度相差较大时，要考虑热变形的影响。

（6）装配变形的影响 主要针对一些薄壁零件的装配。如图 2-21 所示，由于套筒外表面与机座孔的装配会产生较大过盈，当套筒压入机座孔后套筒内孔会收缩，使内孔变小，这样就满足不了 $\phi60H7/f6$ 的使用要求。在选择套筒内孔与轴的配合时，此变形量应给予考虑。具体办法有：一是将内孔做大些（如按 $\phi60G7$ 进行加工）以补偿装配变形；二是用工艺措施来保证，将套筒压入机座孔后，再按 $\phi60H7$ 加工套筒内孔。

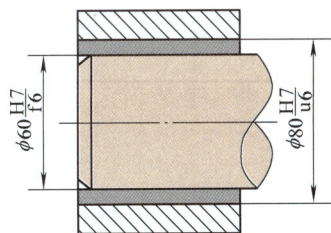

图 2-21 具有装配变形的结构

（7）生产类型 在大批量生产时，加工后的尺寸通常按正态分布。而在单件小批量生产时，所加工孔的尺寸多偏向下极限尺寸，所加工轴的尺寸多偏向上极限尺寸，即所谓的偏态分布，如图 2-22 所示。这样，对于同一配合，单件小批量生产比大批量生产从总体看来就显得紧一些。因此，在选择配合时，对于同一使用要求，单件小批量生产时采用的配合应比大批量生产时松一些。如大批量生产时按 $\phi50H7/js6$ 的要求，在单件小批量生产时应选择 $\phi50H7/h6$。不同工作情况对过盈或间隙的影响见表 2-17。

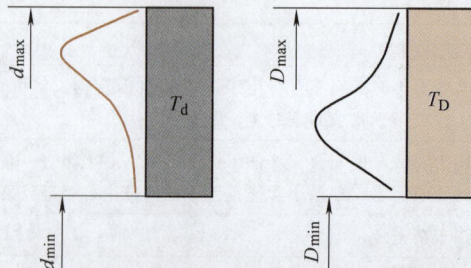

图 2-22　偏态分布

表 2-17　不同工作情况对过盈或间隙的影响

具体情况	过盈增或减	间隙增或减
材料强度低	减	—
经常拆卸	减	—
有冲击载荷	增	减
工作时孔温高于轴温	增	减
工作时轴温高于孔温	减	增
配合长度增大	减	增
配合面形状和位置误差增大	减	增
装配时可能歪斜	减	增
旋转速度增高	增	增
有轴向运动	—	增
润滑油黏度增大	—	增
表面趋向粗糙	增	减
单件生产相对于成批生产	减	增

4. 已知配合的极限盈、隙时，基本偏差的确定方法

若通过计算或经验已知配合的极限盈、隙，可通过计算—查表法确定基本偏差代号，计算公式见表 2-18。

算出基本偏差后，查表确定最接近使用要求的基本偏差代号。基本偏差代号确定后，应验算极限盈、隙是否满足要求。

表 2-18　计算—查表法确定基本偏差代号的计算公式

间隙配合	可按 X_{min} 来选择基本偏差代号	对基孔制间隙配合有	$es \leqslant -X_{min}$
		对基轴制间隙配合有	$EI \geqslant +X_{min}$
过渡配合	可按 X_{max} 来选择基本偏差代号	对基孔制过渡配合有	$T_D - ei \leqslant X_{max}$
		对基轴制过渡配合有	$ES - (-T_d) \leqslant X_{max}$
过盈配合	可按 Y_{min} 来选择基本偏差代号	对基孔制过盈配合有	$T_D - ei \leqslant Y_{min}$
		对基轴制过盈配合有	$ES - (-T_d) \leqslant Y_{min}$

例 2-6　有一孔、轴配合，公称尺寸为 $\phi 100mm$，要求配合的过盈或间隙为 $-0.048 \sim +0.041mm$。试确定此配合的孔、轴公差等级，孔、轴公差带和配合代号。

解　（1）确定孔、轴公差等级

由给定条件可知，此孔、轴结合为过渡配合，其允许的配合公差为

$$T_f = |X_{max} - Y_{max}| = |0.041 - (-0.048)| mm = 0.089mm$$

假设孔与轴为同级配合，则

$$T_D = T_d = T_f/2 = 0.089mm/2 = 0.0445mm = 44.5\mu m$$

查表 2-2 可知，$44.5\mu m$ 介于 IT7 $= 35\mu m$ 和 IT8 $= 54\mu m$ 之间，而在这个公差等级范围内，

国家标准要求孔比轴低一级的配合，于是取孔公差等级为 IT8，轴公差等级为 IT7。

$$IT7 + IT8 = (0.035 + 0.054)\,mm = 0.089\,mm = T_f$$

（2）确定孔和轴的公差带代号

由于没有特殊的要求，所以应优先选用基孔制，即孔的基本偏差代号为 H，则孔的公差带代号为 $\phi 100H8$。孔的基本偏差为 $EI = 0$，孔的另一个极限偏差为 $ES = EI + IT8 = (0 + 0.054)\,mm = +0.054\,mm$。

根据 $ES - ei \leqslant X_{max} = 0.041\,mm$，所以轴的下极限偏差 $ei \geqslant ES - X_{max} = (0.054 - 0.041)\,mm = +0.013\,mm$，查表 2-5 得：基本偏差代号 m 的下极限偏差 $ei = +0.013\,mm$，正好满足要求，即轴的公差带代号为 $\phi 100m7$。轴的另一个极限偏差为 $es = ei + IT7 = (+0.013 + 0.035)\,mm = +0.048\,mm$。

（3）选择的配合为 $\phi 100 \dfrac{H8\left(^{+0.054}_{0}\right)}{m7\left(^{+0.048}_{+0.013}\right)}$。

（4）验算

$$X'_{max} = ES - ei = (0.054 - 0.013)\,mm = 0.041\,mm$$

$$Y'_{max} = EI - es = (0 - 0.048)\,mm = -0.048\,mm$$

因此，满足要求。

实际应用时，计算出的公差数值和极限偏差数值不一定与表中的数据正好一致。应按照实际的精度要求，适当选择。

对于大批量生产，一般规定 $|\Delta|/T_f < 10\%$ 仍可满足使用要求（Δ 为实际极限盈、隙与给定极限盈、隙的差值）。

例 2-7 图 2-23 所示为钻模的一部分。钻模板 4 上装有固定衬套 2，快换钻套 1 与固定衬套 2 配合，在工作中要求快换钻套 1 能迅速更换。在压紧螺钉 3 松开（不必取下）的情况下，当快换钻套 1 以其铣成的缺边 A 对正压紧螺钉 3 时，可以直接进行装卸；当快换钻套 1 的台阶面 B 旋至压紧螺钉 3 的下端面时，拧紧压紧螺钉 3，快换钻套 1 就被固定，防止了它的轴向窜动和周向转动。

若用如图 2-23 所示钻模来加工工件上的 $\phi 12mm$ 孔，试选择固定衬套 2 与钻模板 4、快换钻套 1 与固定衬套 2 以及快换钻套 1 的内孔与钻头之间的配合（公称尺寸见图）。

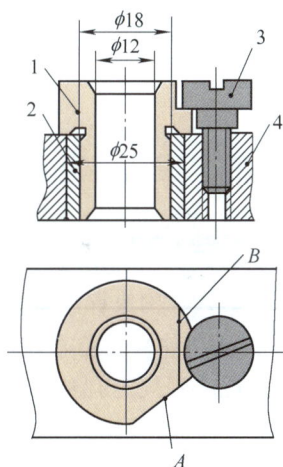

图 2-23 钻模
1—快换钻套 2—固定衬套
3—压紧螺钉 4—钻模板

解 （1）基准制的选择

对固定衬套 2 与钻模板 4 的配合以及快换钻套 1 与固定衬套 2 的配合，因结构无特殊要求，按国家标准规定，应优先选用基孔制。

对钻头与快换钻套 1 内孔的配合，因钻头属标准刀具，应采用基轴制配合。

（2）公差等级的选择

参看表 2-11，钻模夹具各元件的连接，可按用于配合尺寸的 IT5～IT12 选用。

参看表 2-12，重要的配合尺寸，对轴可选 IT6，对孔可选 IT7。本例中钻模板 4 的孔、固定衬套 2 的孔、钻套的孔统一按 IT7 选用。而固定衬套 2 的外圆、钻套 1 的外圆则按 IT6 选用。

（3）配合种类的选择

固定衬套 2 与钻模板 4 的配合，要求连接牢靠，在轻微冲击和负荷下不能发生松动，即使固定衬套 2 内孔磨损了，需更换拆卸的次数也不多。因此参看表 2-15 可选平均过盈率大的过渡配合 n，本例配合选为 $\phi25H7/n6$。

快换钻套 1 与固定衬套 2 内孔的配合，由于钻套要经常用手更换，故需一定间隙保证更换迅速。但因又要求有准确的定心，间隙不能过大，为此参看表 2-15 可选精密滑动的配合 g。本例选为 $\phi18H7/g6$。

至于快换钻套 1 内孔，因要引导旋转着的刀具进给，既要保证一定的导向精度，又要防止间隙过小而卡住刀具。根据钻孔切削速度多为中速，参看表 2-15 应选中等转速的基本偏差 F，本例选为 $\phi12F7$。

必须指出：快换钻套 1 与固定衬套 2 内孔的配合，根据上面分析本应选 $\phi18H7/g6$，考虑到 JB/T 8045.4—1999（夹具标准）为了统一钻套内孔与衬套内孔的公差带，规定了统一的公差带 F7，因此快换钻套 1 与固定衬套 2 内孔的配合，应选相当于 H7/g6 的配合 F7/k6。因此，本例中快换钻套 1 与固定衬套 2 内孔的配合应为 $\phi18F7/k6$（非基准制配合）。图 2-24 为 $\phi18H7/g6$ 与 $\phi18F7/k6$ 这两种配合的公差带图解。

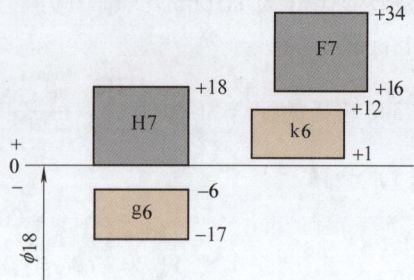

图 2-24 H7/g6 与 F7/k6 两种公差带的比较

本 章 小 结

1. 有关"尺寸"的术语有：公称尺寸、实际尺寸、极限尺寸、尺寸要素。

2. 尺寸合格条件：实际尺寸在极限尺寸的范围内。

3. 有关"公差与偏差"的小结见表 2-1。

4. "极限与配合图解"简称"公差带图解"，其画法见本章相关内容。公差带有大小和位置两个参数。国家标准将这两个参数标准化，得到标准公差系列和基本偏差系列。

5. 按孔和轴的公差带之间关系的不同，配合分为：间隙配合、过盈配合和过渡配合。国家标准配合制规定有基孔制（基准孔基本偏差代号为 H）和基轴制（基准轴基本偏差代号为 h）两种基准制配合。

6. 标准公差系列（标准公差值不分孔、轴，按公称尺寸和公差等级查表 2-2）

（1）公差等级是确定尺寸精确程度的等级，国家标准对公称尺寸 ≤500mm 的孔、轴规定了 20 个标准公差等级：IT01，IT0，IT1，…，IT18。只要公差等级相同，加工难易程度就相同（孔和孔比，轴和轴比）。

（2）公称尺寸 ≤500mm，IT5 ~ IT18 时，$IT = ai$，a 是公差等级系数。从 IT6 开始，a 按优先数系 R5 取值，即公差等级每增加 5 级，公差数值增加 10 倍，如 IT12 = 10IT7。

7. 基本偏差系列

国家标准分别规定了 28 个孔、轴基本偏差代号（孔：A ~ ZC；轴：a ~ zc），如图 2-11 所示。数值可查表 2-5 和表 2-6。

8. 同名配合

A～H 与 h，a～h 与 H 组成的基孔制和基轴制的同名配合（基准制同名的间隙配合），配合性质相同。基孔制和基轴制的同名的过渡和过盈配合只有公差等级组合符合国家标准在换算孔的基本偏差时的规定，配合性质才能相同。具体规定见本章有关内容。

9. 尺寸公差、配合的标注以及线性尺寸一般公差的规定和在图样上的表示方法，见本章有关内容。

10. 公差与配合的选择主要包括确定基准制、公差等级以及配合的种类。

应优先选用基孔制。

确定公差等级的基本原则是，在满足使用要求的前提下，尽量选取较低的公差等级；配合的选择应尽可能地选用优先配合，其次是常用配合。如果优先和常用配合不能满足要求时，可选标准推荐的一般用途的孔、轴公差带，按使用要求组成需要的配合。如果仍不能满足要求，可以选择任一公差带组成的配合。确定公差等级及配合（确定与基准件配合的非基准件的基本偏差代号）的方法主要是类比法。选择时可参见《公差与配合》手册或教材的表 2-11～表 2-17。

习题与思考题

2-1 图样上给定的轴直径为 $\phi45n6$ $\binom{+0.033}{+0.017}$。根据此要求加工了一批轴，实测后得其中最大直径（即最大实际尺寸）为 $\phi45.033$mm，最小直径（即最小实际尺寸）为 $\phi45.000$mm。问加工后的这批轴是否全部合格（写出不合格零件的尺寸范围）？为什么？这批轴的尺寸公差是多少？

2-2 在同一加工条件下，加工 $\phi30H6$ 孔与加工 $\phi100H6$ 孔，应理解为前者加工困难？还是后者加工困难或者两者加工的难易程度相当？加工 $\phi50h7$ 轴与加工 $\phi50m7$ 轴，应理解为前者加工困难？还是后者加工困难或者两者加工的难易程度相当？

2-3 什么是基准制？选择基准制的根据是什么？在哪些情况下采用基轴制？

2-4 按给定的尺寸 $\phi60^{+0.046}_{0}$mm（孔）和 $\phi60^{+0.041}_{+0.011}$mm（轴）加工孔和轴，现取出一对孔、轴，经实测后得孔的尺寸为 $\phi60.033$mm，轴的尺寸为 $\phi60.037$mm。试求该孔、轴的实际偏差以及该对孔、轴配合的实际盈、隙；并说明它们的配合类别。

2-5 某一配合的配合公差 $T_f = 0.050$mm，最大间隙 $X_{max} = +0.030$mm，问该配合属于什么配合类别？

2-6 什么是一般公差？线性尺寸一般公差规定几级精度？在图样上如何表示？

2-7 写出与下列基孔制配合同名的基轴制配合，并从配合性质是否相同的角度，说明它们能否相互替换？

（1）$\phi50\dfrac{H6}{m5}$；（2）$\phi50\dfrac{H8}{m8}$；（3）$\phi30\dfrac{H8}{r8}$；（4）$\phi30\dfrac{H7}{s7}$；（5）$\phi30\dfrac{H7}{e7}$；（6）$\phi30\dfrac{H8}{f7}$

2-8 已知 $\phi20H7/m6$ 的尺寸偏差为 $\phi20^{+0.021}_{0}/\phi20^{+0.021}_{+0.008}$，按配合性质不变，改换成基轴制配合，则 $\phi20M7/h6$ 中孔、轴尺寸的极限偏差为多少？

2-9 已知配合 $\phi40H8/f7$，孔的公差为 0.039mm，轴的公差为 0.025mm，最大间隙 $X_{max} = +0.089$mm。试求：

（1）配合的最小间隙 X_{min}、孔与轴的极限尺寸、配合公差并画公差带图解。

（2）$\phi40JS7$、$\phi40H7$、$\phi40F7$、$\phi40H12$ 的极限偏差（注：按题目已知条件计算，不要查有关表格）。

2-10 查表并计算下列四种配合的孔、轴极限偏差；配合的极限盈、隙；配合公差 T_f；并说明基准制及配合性质。

（1）$\phi60\dfrac{H9\ (\quad)}{h9\ (\quad)}$；（2）$\phi50\dfrac{U7\ (\quad)}{h6\ (\quad)}$；（3）$\phi50\dfrac{H7\ (\quad)}{k6\ (\quad)}$；（4）$\phi40\dfrac{P7\ (\quad)}{m6\ (\quad)}$。

2-11 有下列三组孔与轴相配合，根据给定的数值，试分别确定它们的公差等级，并选用适当的配合。

（1）配合的公称尺寸为 $\phi25$mm，$X_{max}=+0.086$mm，$X_{min}=+0.020$mm。

（2）配合的公称尺寸为 $\phi40$mm，$Y_{max}=-0.076$mm，$Y_{min}=-0.035$mm。

（3）配合的公称尺寸为 $\phi60$mm，$Y_{max}=-0.032$mm，$X_{max}=+0.046$mm。

2-12   试验确定活塞与气缸壁之间在工作时应有 $0.04\sim0.097$mm 的间隙量。假设在工作时要求活塞工作温度 $t_d=150$℃，气缸工作温度 $t_D=100$℃，装配温度 $t=20$℃，活塞的线膨胀系数 $\alpha_d=22\times10^{-6}$/℃，气缸的线膨胀系数 $\alpha_D=12\times10^{-6}$/℃，活塞与气缸的公称尺寸为 $\phi95$mm，试确定常温下装配时的间隙变动范围，并选择适当的配合。

2-13   某孔、轴配合，图样上标注为 $\phi30H8(^{+0.033}_{0})$/f7$(^{-0.020}_{-0.041})$，现有一孔已加工成 $\phi30.050$mm。为保证原配合性质（即保证得到 $\phi30H8/f7$ 的极限盈、隙），试确定与该孔配合的（非标准）轴的上、下极限偏差。

2-14   图 2-25 为钻床的钻模夹具简图。夹具由定位套 3、钻模板 1 和钻套 4 组成，安装在工件 5 上。钻头 2 的直径为 $\phi10$mm。

已知：

（1）钻模板 1 的中心孔与定位套 3 上端的圆柱面的配合有定心要求，公称尺寸为 $\phi50$mm。

（2）钻模板 1 上圆周均布的四个孔分别与对应四个钻套 4 的外圆柱面的配合有定心要求，公称尺寸分别为 $\phi18$mm，它们皆采用过盈不大的固定连接。

（3）定位套 3 下端的圆柱面的公称尺寸为 $\phi80$mm，它与工件 5 的 $\phi80$mm 定位孔的配合有定心要求，在安装和取出定位套 3 时，它需要轴向移动。

（4）钻套 4 的 $\phi10$mm 导向孔与钻头 2 的配合有导向要求，且钻头应能在它转动状态下进出该导向孔。试选择上述四个配合部位的配合种类，并简述其理由。

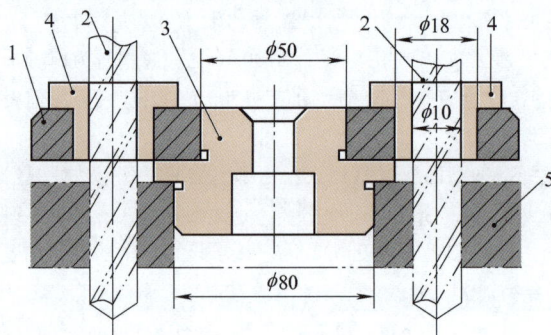

图 2-25   习题 2-14 图

1—钻模板   2—钻头   3—定位套   4—钻套   5—工件

第三章

测量技术的基础知识及光滑工件尺寸的检测

学习指导

学习目的：了解测量技术的基础知识；

掌握工件验收极限的确定方法、通用计量器具的选择方法及光滑极限量规的设计方法。

学习要求：了解长度和角度量值的传递及量块的使用；

了解计量器具的分类及其主要技术指标；

了解各种测量方法的基本特征；

通过对随机误差分布规律及特点的分析，掌握测量结果的数据处理方法；

了解工件在验收时产生误收和误废的原因，掌握工件验收极限的确定及计量器具的选择方法；

掌握光滑极限量规公差带分布的特征、光滑极限量规工作尺寸的计算方法及光滑极限量规型式的选择。

第一节　测量的基本概念

在生产和科学试验中，经常遇到各种量的测量。所谓"测量"就是将被测的量与作为单位或标准的量，在量值上进行比较，从而确定两者比值的实验过程。若被测量为 L，标准量为 E，那么测量就是确定 L 是 E 的多少倍，即确定比值 $q = L/E$，最后获得被测量 L 的量值，即 $L = qE$。

一个完整的测量过程应包含测量对象（如各种几何参数）、计量单位、测量方法（指在进行测量时所采用的计量器具与测量条件的综合）、测量精确度（或准确度）（指测量结果与真值的一致程度）四个要素。

在机械制造业中所说的技术测量，主要指几何参数的测量，包括长度、角度、表面粗糙度、几何误差等的测量。

在我国，习惯上常将以保持量值统一和传递为目的的专门测量称为计量。

第二节　长度和角度计量单位与尺寸传递

一、长度和角度的计量单位

为了保证测量过程中标准量的统一，国务院于 1984 年 2 月 27 日颁布了《关于在我国统一实行法定计量单位的命令》。国际单位制是我国法定计量单位的基础，一切属于国际单位制的单位都是我国法定计量单位。在几何量测量中，规定长度的基本单位是米（m），同时使用米的十进倍数和分数的单位，如毫米（mm）、微米（μm）等；平面角的角度单位为弧度（rad）及度（°）、分（′）、秒（″）。

二、长度和角度量值传递系统

米是光在真空中于 1/299 792 458s 时间间隔内的行程长度，米定义的复现主要采用稳频激光。1985 年，我国用自行研制的碘吸收稳定的 0.633μm 氦氖激光辐射来复现我国的国家长度基准。显然，这个长度基准无法直接用于生产。为了使生产中使用的计量器具和工件的量值统一，就需要有一个统一的量值传递系统，即将米的定义长度一级一级地、准确地传递到生产中所使用的计量器具上，再用其测量工件尺寸，从而保证量值的统一。我国长度量值通过两个平行的系统向下传递（见图 3-1）。其中一个是端面量具（量块）系统，另一个是刻线量具（线纹尺）系统。

角度也是机械制造中的重要几何量之一，由于圆周角定义为 360°，因此角度不需要与长度一样再建立一个自然基准。但是计量部门在实际应用中，为了常用特定角度的测量方便和便于对测角仪器进行检定，仍然需要建立角度量的基准。实际用作角度量基准的标准器具是标准多面棱体和标准度盘。机械制造中的一般角度标准是角度量块、测角仪或分度头等。

目前生产的多面棱体是用特殊合金钢或石英玻璃精细加工而成。常见的有 4 面、6 面、8 面、12 面、24 面、36 面以及 72 面等。图 3-2 所示为正 8 面棱体，在该棱体的同一横切面上，其相邻两面法线间的夹角为 45°。用它作基准可以测量 $n \times 45°$ 的角度（$n = 1$, 2, 3, …）。

以多面棱体作角度基准的量值传递系统如图 3-3 所示。

三、量块

量块是没有刻度的、形状为长方形六面体的端面量具，如图 3-4 所示。它由特殊合金钢制成，具有线膨胀系数小、不易变形、硬度高、耐磨性好、工作面表面粗糙度值小以及研合性好等特点。它有两个测量面和四个非测量面。两相互平行的测量面之间的距离即为量块的工作长度，称为标称长度（量块上标出的长度）。从量块一个测量面上任意点到与此量块另一个测量面相研合的面的垂直距离称为量块长度 L_i。从量块一个测量面中心点到与此量块另一个测量面相研合的面的垂直距离称为量块的中心长度（图 3-4a 中的尺寸 L）。标称长度到 10mm 的量块，其截面尺寸为 30mm×9mm；标称长度>10~1000mm 的量块，其截面尺寸为 35mm×9mm。

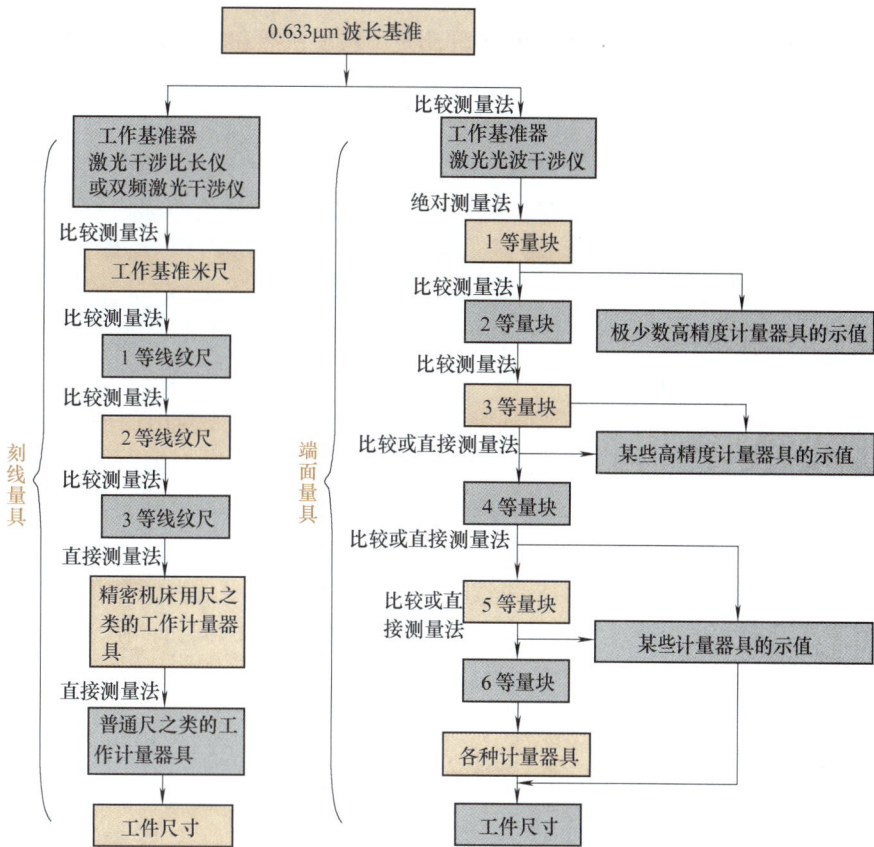

图 3-1 长度量值传递系统

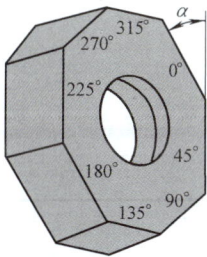

图 3-2 正 8 面棱体

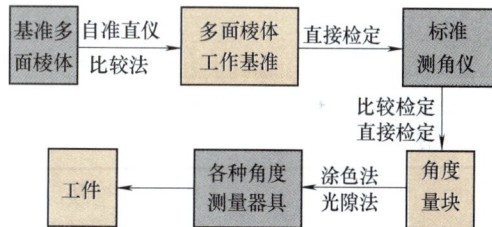

图 3-3 角度量值传递系统

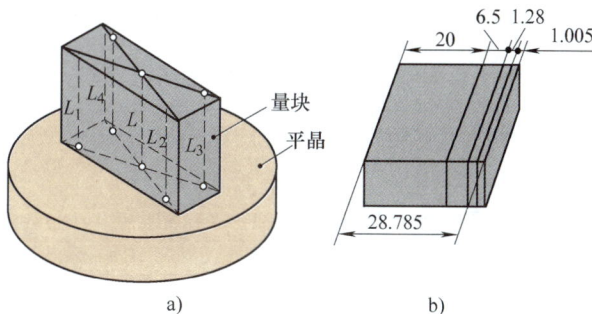

a)

b)

图 3-4 量块

量块在机械制造厂和各级计量部门中应用较广，常作为尺寸传递的长度标准和计量仪器示值误差的检定标准，也可作为精密机械零件测量、精密机床和夹具调整时的尺寸基准。

根据不同的使用要求，量块做成不同的精度等级。划分量块精度有两种规定：按"级"和按"等"。

GB/T 6093—2001 按制造精度将量块分为 0，1，2，3 和 K 级共 5 级，其中 0 级精度最高，3 级精度最低，K 级为校准级。量块按"级"使用时，以量块的标称长度为工作尺寸，该尺寸包含了量块的制造误差，并将被引入测量结果中。由于不需要加修正值，故使用较方便。

国家现行标准 JJG 146—2011《量块》按检定精度将量块分为 1~5 等，精度依次降低。量块按"等"使用时，不再以标称长度作为工作尺寸，而是用量块经检定后所给出的实测中心长度作为工作尺寸，该尺寸排除了量块的制造误差，仅包含检定时的测量误差。

量块在使用时，常用几个量块组合使用，如图 3-4b 所示。为了能用较少的块数组合成所需要的尺寸，量块应按一定的尺寸系列成套生产供应。国家标准共规定了 17 种系列的成套量块。表 3-1 列出了其中一套量块（总块数为 83 块）的尺寸系列。

组合量块时，为减少量块组合的累积误差，应力求使用最少的块数获得所需要的尺寸，一般不超过 4 块。可以从消去尺寸的最末位数开始，逐一选取。例如，使用 83 块一套的量块组，从中选取量块组成 28.785mm 尺寸的方法是：查表 3-1，按表中最后一栏中的步骤选择量块尺寸。

表 3-1　成套量块的尺寸及量块组合方法　　　　　　　　（单位：mm）

成套量块的尺寸（摘自 GB/T 6093—2001）						量块组合方法	
套别	总块数	级别	尺寸系列	间隔	块数		
1	83	0,1,2	0.5	—	1	28.785	量块组合尺寸
			1	—	1	−1.005	第一块量块尺寸
			1.005	—	1	27.78	
			1.01,1.02,…,1.49	0.01	49	−1.28	第二块量块尺寸
			1.5,1.6,…,1.9	0.1	5	26.50	
			2.0,2.5,…,9.5	0.5	16	−6.5	第三块量块尺寸
			10,20,…,100	10	10	20	第四块量块尺寸

在角度量值传递系统中，还用到角度量块，它是角度量值的传递媒介。角度量块的性能与长度量块类似，用于检定和调整普通精度的测角仪器，校正角度样板，也可直接用于检验工件。

第三节　计量器具的分类及其主要技术指标

一、计量器具的分类
计量器具按用途、结构特点可分为以下四类。

1. 标准量具

标准量具是指以固定的形式复现量值的测量器具，包括单值量具（如量块、角度块等）和多值量具（如线纹尺等）两类。

2. 极限量规

极限量规是一种没有刻度的专用检验量具。用这种量具不能得到被检验工件的具体尺寸，但能确定被检工件是否合格，如光滑极限量规、螺纹量规等。

3. 计量仪器

计量仪器是指能将被测量转换成可直接观察的示值或等效信息的计量器具。按构造上的特点和信号转换原理可分为以下几种：

（1）游标式量仪　如游标卡尺、游标高度卡尺及游标万能角度尺等。

（2）微动螺旋副式量仪　如外径千分尺、内径千分尺等。

（3）机械式量仪　指通过机械结构实现对被测量的感受、传递和放大的计量器具，如百分表、千分表、杠杆比较仪和扭簧比较仪等。这种量仪结构简单、性能稳定、使用方便。

（4）光学式量仪　指用光学方法实现对被测量的转换和放大的计量器具，如光学比较仪、自准直仪、投影仪、工具显微镜、干涉仪等。这种量仪精度高、性能稳定。

（5）电动式量仪　指将被测量通过传感器转变为电量，再经过变换获得读数的计量器具，如电感测微仪、电动轮廓仪等。这种量仪精度高、易于实现数据自动处理和显示，还可以实现计算机辅助测量和自动化。

（6）气动式量仪　指靠压缩空气通过气动系统时的状态（流量或压力）变化来实现对被测量的转换的计量器具，如水柱式和浮标式气动量仪等。这种量仪结构简单，可以进行远距离测量，也可对难以用其他转换原理测量的部位（如深孔部位）进行测量，但示值范围小，对不同的被测参数需要不同的测头。

（7）光电式量仪　指利用光学方法放大或瞄准，再通过光电元件转换为电量进行检测的计量器具，如光电显微镜、光电测长仪等。

4. 计量装置

计量装置是指为确定被测几何量所必需的计量器具和辅助设备的总体。它能够测量较多的几何量和较复杂的零件，有助于实现检测自动化或半自动化，如连杆、滚动轴承中的零件的测量。

二、计量器具的主要技术指标

计量器具的技术指标是用来说明计量器具的性能和功用的。它是选择和使用计量器具，研究和判别测量方法正确性的依据。其主要技术指标有以下几项。

1. 标尺间距

标尺间距是指计量器具标尺或度盘上相邻两刻线中心的距离（一般取 $0.75 \sim 2.5$mm）。

2. 分度值

分度值又称刻度值，是指标尺或度盘上相邻两刻线所代表的量值，即一个标尺间距所代表的被测量量值，其单位与标在标尺上的单位一致。如千分表的分度值为 0.001mm，百分表的分度值为 0.01mm。对于数显式仪器，其分度值称为分辨率。一般来说，分度值越小，计量器具的精度越高。

3. 示值范围

示值范围是指计量器具所显示或指示的最小值到最大值的范围。图 3-5 所示计量器具的示值范围为 ± 0.1mm。

4. 测量范围

测量范围是指计量器具所能测量零件的最小值到最大值的范围。图 3-5 所示计量器具的测量范围为 $0 \sim 180$mm。

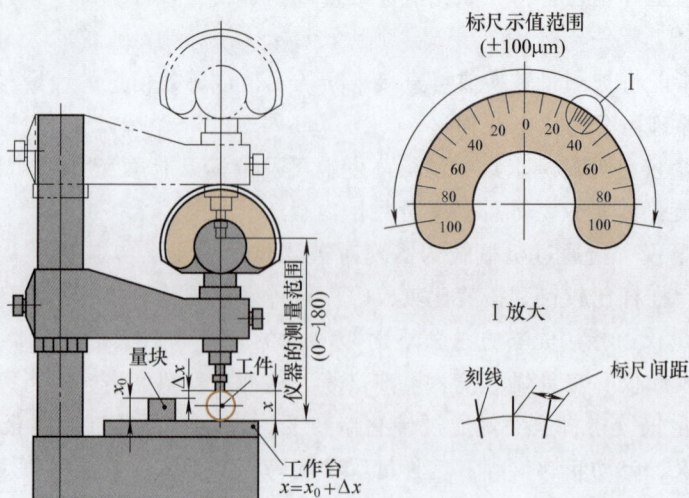

图 3-5　示值范围与测量范围

5. 灵敏度

灵敏度是指计量器具对被测量变化的反应能力。若被测量变化为 ΔL，计量器具上相应变化为 Δx，则灵敏度 S 为

$$S = \Delta x / \Delta L \tag{3-1}$$

当 Δx 和 ΔL 为同一类量时，灵敏度又称放大倍数，其值为常数。放大倍数 K 可用下式来表示

$$K = c / i \tag{3-2}$$

式中　c——计量器具的标尺间距；

　　　i——计量器具的分度值。

6. 测量力

测量力是指计量器具的测头与被测表面之间的接触力。在接触测量中，要求有一定的恒定测量力。

7. 示值误差

示值误差是指计量器具上的示值与被测量真值的代数差。

8. 示值变动

示值变动是指在测量条件不变的情况下，用计量器具对被测量测量多次（一般 5～10 次）所得示值中的最大差值。

9. 回程误差（滞后误差）

回程误差是指在相同条件下，对同一被测量进行往返两个方向测量时，计量器具示值的最大变动量。

10. 不确定度

不确定度是指由于测量误差的存在而对被测量值不能肯定的程度。不确定度用极限误差表示，它是一个综合指标，包括示值误差、回程误差等。

第四节　测量方法

测量方法是测量过程的四要素之一，是测量过程的核心部分。一个好的测量方法，必须依据被测对象的特性和精度要求，采用相应的标准量，遵循一定的测量原则，选择相应的计量器具，并考虑测量条件、测量力等的影响，实现被测量与标准量的比较过程，并能使测量结果的测量误差不超过一定范围。

一、测量方法的分类

测量方法可以从不同角度进行分类。

1. 按获得测量结果的方法，分为直接测量和间接测量

（1）直接测量　不需对被测量与其他实测量进行函数关系的辅助计算而直接得到被测量值的测量。

（2）间接测量　通过直接测量与被测量有已知关系的其他量而得到该被测量量值的测量。如测量大的圆柱形零件的直径 D 时，可以先量出其周长 L，然后通过 $D = L/\pi$ 求得零件的直径。

为了减少测量误差，一般都采用直接测量，必要时才采用间接测量。

2. 按示值是否为被测量的整个量值，分为绝对测量和相对测量

（1）绝对测量　计量器具显示或指示的示值是被测量的整个量值。例如，用游标卡尺、千分尺测量轴径或孔径。

（2）相对测量　又称比较测量。由计量器具读数装置上得到的示值仅为被测量相对标准量的偏差值的一种测量。例如，用比较仪测量时，先用量块调整仪器零位，然后测量被测量，所获得的示值就是被测量相对于量块尺寸的偏差。

3. 按测量时被测表面与计量器具的测头是否接触，分为接触测量和非接触测量

（1）接触测量　测量时计量器具的测头与被测表面接触的测量。如用卡尺、千分尺测量工件。

（2）非接触测量　测量时计量器具的测头不与被测表面接触的测量。例如，用光切显微镜测量表面粗糙度。

接触测量会引起被测表面和计量器具有关部分产生弹性变形，因而影响测量精度。非接触测量则无此影响。

4. 按工件上同时测量被测量的多少，分为单项测量和综合测量

（1）单项测量　指对工件上的每一参数分别进行测量。例如，用工具显微镜分别测量螺纹单一中径、螺距和牙型半角的实际值，并分别判断它们各自是否合格。

（2）综合测量　指同时测量工件上几个有关几何量的综合结果，以判断综合结果是否合格，而不要求知道有关单项值。例如，用螺纹量规检验螺纹的单一中径、螺距和牙型半角的实际值的综合结果（作用中径）是否合格。

单项测量的效率比综合测量低，但单项测量结果便于工艺分析。综合测量适用于只要求判断是否合格，而不需要得到具体的误差值的场合。

5. 按测量在加工过程中所起作用，分为主动测量和被动测量

（1）主动测量　也称在线测量，是指在零件加工过程中进行的测量。其测量结果可直接用以控制加工过程，及时防止废品产生。

（2）被动测量　也称离线测量，是指在零件加工完毕后进行的测量。它主要用来发现并剔除废品。

主动测量使检验与加工过程紧密结合，充分发挥检测的作用。因此，它是检测技术的发展方向。

6. 按被测工件在测量时所处的状态，分为等精度测量和不等精度测量

（1）等精度测量　指决定测量精度的全部因素或条件都不变的测量。例如，由同一人员，使用同一台仪器，在同样的条件下，以同样的方法和测量次数，同样仔细地进行同一个量的测量。

（2）不等精度测量　指在测量过程中决定测量精度的全部因素或条件可能完全改变或部分改变的测量。

一般情况下都采用等精度测量。不等精度测量数据处理比较麻烦，只用于重要科研实验中的高精度测量。

二、测量的基本原则

为了减少测量误差，提高测量精度，在进行精密测量时常要求遵循一些测量原则，以下介绍几个常用原则。

1. 阿贝原则

长度测量时需要计量器具的测头或量臂移动，如游标卡尺、千分尺，其活动部件移动方向的正确性通常靠导轨保证。导轨的制造与安装误差（如直线度误差及配合处的间隙）会造成移动方向的偏斜。为了减少其对测量结果的影响，1890 年德国人艾恩斯特·阿贝（Ernst Abbe）提出了以下指导性原则：在长度测量中，应将标准长度量（标准线）安放在被测长度量（被测线）的延长线上。这就是阿贝测长原则。也就是说，量具或仪器的标准量系统和被测尺寸应成串联形式。

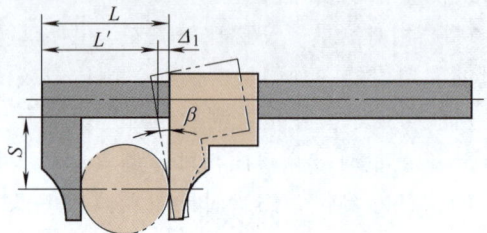

图 3-6　游标卡尺不符合阿贝原则

如图 3-6 所示，用游标卡尺测量轴径。由于轴径与读数刻度尺的基准长度平行配置（相距 S），不在一条直线上，则因尺身和游标尺间隙的影响，将使量爪发生倾斜，倾斜角为 β，由此产生的测量误差 Δ_1 为

$$\Delta_1 = S\tan\beta \approx S\beta$$

设 $S = 30\text{mm}$，$\beta = 1' = 0.0003\text{rad}$，则 $\Delta_1 = 30\text{mm} \times 0.0003 = 0.009\text{mm} = 9\mu\text{m}$。

图 3-7 所示为千分尺测量轴径，被测工件的尺寸线和千分尺的读数线在一条直线上，符合阿贝原则。如果由于安装等原因，测微丝杠轴线的偏移方向与尺寸线有一夹角，则测量误差 Δ_2 为

$$\Delta_2 = d\ (1-\cos\beta)\ \approx d\beta^2/2$$

设 $d = \phi30\text{mm}$，$\beta = 1' = 0.0003\text{rad}$，则

$\Delta_2 = 30\text{mm} \times 0.0003^2/2 = 1.35 \times 10^{-6}\text{mm} = 1.35 \times 10^{-3}\mu\text{m}$

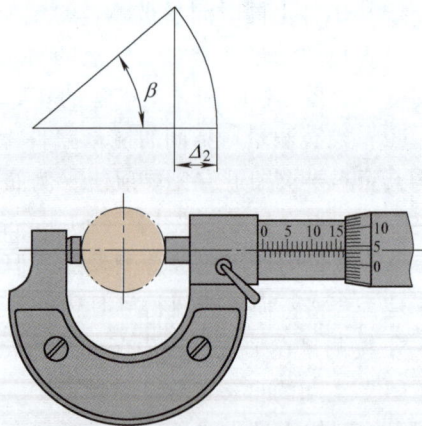

图 3-7　千分尺符合阿贝原则

遵循阿贝原则，测量误差较小。其意义在于它避免了因导轨存在误差而引起测量的一次放大误差。

有时在量仪设计时也采用违背阿贝原则的方案，但为了保证仪器精度，必须采取措施消

除阿贝一次放大误差。例如 1m 光学补偿式测长机上采取了光学补偿措施。

2. 圆周封闭原则

圆周封闭原则是指圆周分度首尾相接的间隔误差总和为 0。在圆周分度器件（如刻度盘、圆柱齿轮等）的测量中，应用这一原则，即利用在同一圆周上所有夹角之和等于 360°，也就是利用所有夹角误差之和等于零的这一自然封闭性，在不需要高精度角度基准器具的情况下可实现对被测角度的高精度测量（自检法）。圆柱齿轮齿距偏差的测量便是一例，齿距的公称值正是对应于用齿数等分 360° 所得圆心角，测得整个齿轮的全部实际齿距，其平均值即为其公称值，而每一实际齿距与它的差值便是各个齿的齿距偏差。

3. 最短尺寸链原则

测量时，测量链中各组成环节的误差对测量结果有直接的影响，即测量链的最终测量误差是各组成环节误差的累积值。因此，尽量减少测量链的组成环节可以减小测量误差，这就是最短尺寸链原则。例如，在用量块组合尺寸时，应使量块数量尽可能减少；在用指示表测量时，在测头与被测工件及工作台之间，应不垫或尽量少垫量块，表架的悬伸支臂与立柱应尽量缩短等都是应用了这一原则。

第五节　测量误差与数据处理

一、测量误差的概述

1. 测量误差的基本概念

任何测量过程，由于受到计量器具和测量条件的影响，不可避免地会产生测量误差。所谓测量误差 δ，是指测得值 x 与真值 Q 之差，即

$$\delta = x - Q \tag{3-3}$$

由式（3-3）所表达的测量误差，反映了测得值偏离真值的程度，也称绝对误差。由于 x 可能大于或小于 Q，因此 δ 可能是正值或负值，即

$$Q = x \pm |\delta| \tag{3-4}$$

式（3-4）表明，可用测量误差来说明测量的精确度。测量误差的绝对值越小，说明测得值越接近于真值，测量精确度也越高；反之，测量精确度则越低。但这一结论只适用于测量尺寸相同的情况。因为测量精度不仅与绝对误差的大小有关，而且与被测量的尺寸大小有关。为了比较不同尺寸的测量精度，可应用相对误差的概念。

相对误差 ε 是指绝对误差的绝对值 $|\delta|$ 与被测量真值（通常以测得值 x 代替）之比，即

$$\varepsilon = \frac{|\delta|}{Q} \approx \frac{|\delta|}{x} \tag{3-5}$$

相对误差是一个无量纲的数值，通常用百分数（%）表示。例如，某两个轴颈的测得值分别为 $x_1 = 500\text{mm}$，$x_2 = 50\text{mm}$；$\delta_1 = \delta_2 = 0.005\text{mm}$，则其相对误差分别为 $\varepsilon_1 = 0.005/500 \times 100\% = 0.001\%$，$\varepsilon_2 = 0.005/50 \times 100\% = 0.01\%$，由此可看出前者的测量精度要比后者高。

2. 测量误差的来源

产生测量误差的原因很多，通常可归纳为以下几个方面。

（1）计量器具误差　计量器具误差是指计量器具本身在设计、制造和使用过程中造成的各项误差。

设计计量器具时，为了简化结构而采用近似设计（例如，杠杆齿轮比较仪中测杆的直

线位移与指针的角位移不成正比，而表盘标尺却采用等分刻度），或者设计的计量器具不符合"阿贝原则"等因素，都会产生测量误差。

计量器具零件的制造和装配误差也会产生测量误差。如游标卡尺刻线不准确、指示盘刻度线与指针的回转轴的安装有偏心等。

计量器具的零件在使用过程中的变形、滑动表面的磨损等，也会产生测量误差。

此外，相对测量时使用的标准器，如量块、线纹尺等的误差，也会产生测量误差。

（2）测量方法误差　测量方法误差是指测量方法不完善所引起的误差。包括计算公式不准确、测量方法选择不当、测量基准不统一、工件安装不合理以及测量力等引起的误差。

（3）测量环境误差　测量环境误差是指测量时的环境条件不符合标准条件所引起的误差。环境条件是指湿度、温度、振动、气压和灰尘等。其中，温度对测量结果的影响最大。在长度计量中，规定标准温度为20℃。若不能保证在标准温度20℃条件下进行测量，则引起的测量误差为

$$\delta = L\left[\,\alpha_2(t_2 - 20℃) - \alpha_1(t_1 - 20℃)\,\right] \tag{3-6}$$

式中　　δ——测量误差；

　　　　L——被测尺寸；

t_1，t_2——计量器具和被测工件的温度（℃）；

α_1，α_2——计量器具和被测工件的线膨胀系数。

（4）人员误差　人员误差是指测量人员的主观因素（如技术熟练程度、分辨能力、思想情绪等）引起的误差。例如，测量人员眼睛的最小分辨能力和调整能力、量值估读错误等。

总之，造成测量误差的因素很多，有些误差是不可避免的，有些误差是可以避免的。测量时应采取相应的措施。设法减小或消除它们对测量结果的影响，以保证测量的精度。

3. 测量误差的种类

测量误差按其性质分为随机误差、系统误差和粗大误差（过失或反常误差）。

（1）随机误差　随机误差是指在一定测量条件下，多次测量同一量值时，其数值大小和符号以不可预定的方式变化的误差。它是由测量中的不稳定因素综合形成的，是不可避免的。例如，测量过程中温度的波动、振动、测量力的不稳定等所造成的误差，均属于随机误差。对于某一次测量结果的随机误差无规律可循，但如果进行大量、多次重复测量，随机误差分布则服从统计规律，因此常用概率论和统计原理来处理。

（2）系统误差　系统误差是指在同一测量条件下，多次测量同一量值时，误差的大小和符号均不变（如千分尺的零位不正确而引起的测量误差）；或在条件改变时，按某一确定的规律变化的误差。前者称为定值（或常值）系统误差，后者称为变值系统误差。所谓规律，是指这种误差可以归结为某一因素或某几个因素的函数。这种函数一般可用解析式、曲线或数表来表示。例如，刻度盘偏心引起的角度测量误差（按正弦规律变化）；长度测量中，由于温度变化引起的测量误差（按线性变化）等。当测量条件一定时，系统误差就获得一个客观上的定值，采用多次测量的平均也不能减弱它的影响。

（3）粗大误差　粗大误差是指由于主观疏忽大意或客观条件发生突然变化而产生的误差，在正常情况下，一般不会产生这类误差。例如，由于操作者的粗心大意，在测量过程中看错、读错、记错以及突然的冲击振动而引起的测量误差。通常情况下，这类误差的数值都比较大。一个正确的测量，不应包含粗大误差。所以在进行误差分析时，主要分析系统误差和随机误差，并应剔除粗大误差。

4. 关于测量精度的几个概念

测量精度是指测得值与其真值的接近程度。精度是和误差相对的概念，而误差则是不准确、不精确的意思，即指测量结果偏离真值的程度。由于误差分系统误差和随机误差，因此笼统的精度概念已不能反映上述误差的差异，故测量精度引用以下概念加以说明：

（1）正确度　表示测量结果中的系统误差大小的程度。理论上可用修正值来消除。

（2）精密度　表示测量结果中的随机分散的特性。它是指在规定的测量条件下连续多次测量时，所有测得值之间互相接近的程度。若随机误差小，则精密度高。

（3）准确度　准确度是指测量的精密和正确程度的综合反映，说明测量结果与真值的一致程度。

一般来说，精密度高而正确度不一定高，但准确度高的，则精密度和正确度都高。现以射击打靶为例加以说明，如图 3-8a 所示，随机误差小而系统误差大，表示打靶精密度高而正确度低；图 3-8b 中，系统误差小而随机误差大，表示打靶正确度高而精密度低；图 3-8c 中，系统误差和随机误差都小，表示打靶准确度高；图 3-8d 中，系统误差和随机误差都大，表示打靶准确度低。

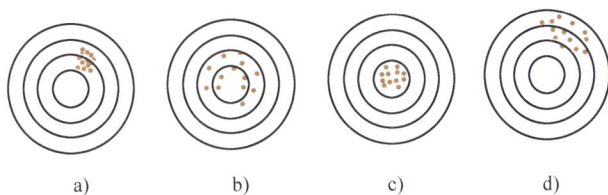

图 3-8　精密度、正确度和准确度

a）精密度高　b）正确度高　c）准确度高　d）准确度低

二、随机误差

1. 随机误差的分布规律及其特性

随机误差可用试验方法来确定。实践表明，大多数情况下，随机误差符合正态分布。为便于理解，现举例说明。

例如，对一圆柱销轴，用同样的方法在同样条件下重复测量销轴的同一部位尺寸 200 次，得到 200 个数据（这一系列的测得值，常称为测量列），将测得值从最小值 19.990mm 到最大值 20.012mm，每间隔 0.002mm 为一组，共分 11 组，有关数据见表 3-2。

表 3-2　测量数据统计表

尺寸分组区间/mm	组号	区间中心值/mm	每组出现的次数（频数 n_i）	频率（n_i/n）
19.990～19.992	1	19.991	2	0.01
19.992～19.994	2	19.993	4	0.02
19.994～19.996	3	19.995	10	0.05
19.996～19.998	4	19.997	24	0.12
19.998～20.000	5	19.999	37	0.185
20.000～20.002	6	20.001	45	0.225
20.002～20.004	7	20.003	39	0.195
20.004～20.006	8	20.005	23	0.115
20.006～20.008	9	20.007	12	0.06
20.008～20.010	10	20.009	3	0.015
20.010～20.012	11	20.011	1	0.005

根据表 3-2 所统计的数据，以尺寸为横坐标，以相对出现次数 n_i/n （频率）为纵坐标，画出频率直方图（见图 3-9a）。连接直方图各顶线中点，得到一条折线，称为实际分布曲线。如果将上述测量次数无限增大（$n\to\infty$），再将分组间隔无限缩小（$\Delta x\to 0$），则实际分布曲线就会变成一条光滑的曲线（见图 3-9b），即随机误差的正态分布曲线，也称为高斯曲线。

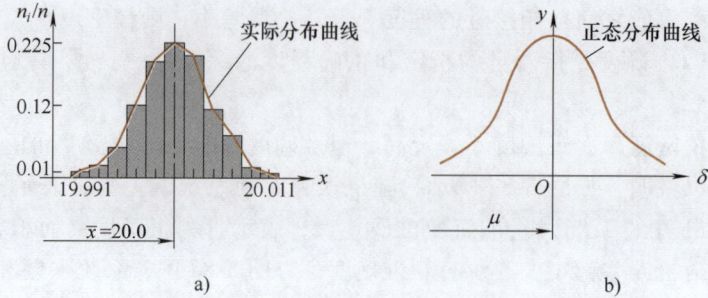

图 3-9 频率直方图和正态分布曲线
a）频率直方图 b）正态分布曲线

根据概率论，正态分布曲线的数学表达式为

$$y=f(\delta)=\frac{1}{\sigma\sqrt{2\pi}}e^{-\frac{\delta^2}{2\sigma^2}} \tag{3-7}$$

式中 y——概率密度函数；

δ——随机误差；

σ——标准偏差（均方根误差）；

e——自然对数的底，e = 2.71828。

从式（3-7）可以看出，概率密度函数 y 与随机误差 δ 及标准偏差 σ 有关。

当 $\delta=0$ 时，y 最大，$y_{max}=1/(\sigma\sqrt{2\pi})$。不同的 σ 对应不同形状的正态分布曲线。σ 越小，y_{max} 值越大，曲线越陡，随机误差越集中，即测得值分布越集中，测量精密度越高；σ 越大，y_{max} 值越小，曲线越平坦，随机误差越分散，即测得值分布越分散，测量精密度越低。图 3-10 所示为 $\sigma_1<\sigma_2<\sigma_3$ 时三种正态分布曲线，因此，σ 可作为表征各测得值的精度指标。

从理论上讲，正态分布中心位置的均值 μ 代表被测量的真值 Q，标准偏差 σ 代表测得值的集中与分散程度。

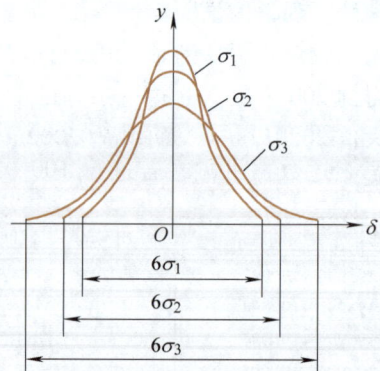

图 3-10 总体标准偏差对随机误差分布特性的影响

根据误差理论，等精度测量列中单次测量的标准偏差 σ 是各随机误差 δ 平方和的平均值的正平方根，即

$$\sigma = \sqrt{\frac{\delta_1^2 + \delta_2^2 + \cdots + \delta_n^2}{n}} = \sqrt{\frac{\sum\limits_{i=1}^{n} \delta_i^2}{n}} \tag{3-8}$$

式中　n——测量次数；

　　　δ_i——测量列中各测得值相应的随机误差。

2. 随机误差的极限值

根据随机误差的有界性可知，随机误差不会超过某一范围。

随机误差的极限值就是指测量极限误差。由于正态分布曲线和横坐标轴间所包含的面积等于所有随机误差出现的概率总和，故对（$-\infty \sim +\infty$）之间的随机误差的概率 P 为

$$P_{(-\infty, +\infty)} = \int_{-\infty}^{+\infty} y \mathrm{d}\delta = \int_{-\infty}^{+\infty} \frac{1}{\sigma\sqrt{2\pi}} e^{-\frac{\delta^2}{2\sigma^2}} \mathrm{d}\delta = 1 \tag{3-9}$$

如果随机误差落在（$-\delta \sim +\delta$）之间时，则其概率为

$$P_{(-\delta, +\delta)} = \int_{-\delta}^{+\delta} y \mathrm{d}\delta = \int_{-\delta}^{+\delta} \frac{1}{\sigma\sqrt{2\pi}} e^{-\frac{\delta^2}{2\sigma^2}} \mathrm{d}\delta \tag{3-10}$$

为计算方便，令 $t = \delta/\sigma$，则 $\mathrm{d}t = \mathrm{d}\delta/\sigma$，将其代入式（3-10），得

$$P = \frac{1}{\sqrt{2\pi}} \int_{-t}^{+t} e^{-\frac{t^2}{2}} \mathrm{d}t = \frac{2}{\sqrt{2\pi}} \int_0^{+t} e^{-\frac{t^2}{2}} \mathrm{d}t \tag{3-11}$$

令 $P = 2\phi(t)$，则

$$\phi(t) = \frac{1}{\sqrt{2\pi}} \int_0^{+t} e^{-\frac{t^2}{2}} \mathrm{d}t \tag{3-12}$$

式（3-12）是将所求概率转化为变量 t 的函数，该函数称为拉普拉斯（Laplace）函数，也称概率函数积分。只要确定了 t 值，就可由式（3-12）计算出 $2\phi(t)$ 值。实际使用时，可直接查取有关表格。下面列出几个特殊区间的概率值：

当 $t=1$ 时，$\delta = \pm\sigma$，$\phi(t) = 0.3413$，$P = 0.6826 = 68.26\%$

当 $t=2$ 时，$\delta = \pm2\sigma$，$\phi(t) = 0.4772$，$P = 0.9544 = 95.44\%$

当 $t=3$ 时，$\delta = \pm3\sigma$，$\phi(t) = 0.49865$，$P = 0.9973 = 99.73\%$

当 $t=4$ 时，$\delta = \pm4\sigma$，$\phi(t) = 0.49997$，$P = 0.9999 = 99.99\%$

从上述数据可见，若进行 100 次等精度测量，当 $\delta = \pm\sigma$ 时，可能有 32 次测得值超出 $|\delta|$ 的范围；当 $\delta = \pm2\sigma$ 时，可能有 4.5 次测得值超出 $|\delta|$ 的范围；当 $\delta = \pm3\sigma$ 时，可能有 0.27 次测得值超出 $|\delta|$ 的范围；当 $\delta = \pm4\sigma$ 时，可能有 0.0064 次测得值超出 $|\delta|$ 的范围。由于超出 $\delta = \pm3\sigma$ 的概率已很小，故在实践中常认为 $\delta = \pm3\sigma$ 的概率 $P \approx 1$。从而将 $\pm3\sigma$ 看作是单次测量的随机误差的极限值，将此值称为极限误差，记作

$$\delta_{\mathrm{lim}} = \pm3\sigma = \pm3\sqrt{\frac{\sum\limits_{i=1}^{n} \delta_i^2}{n}} \tag{3-13}$$

然而 $\pm3\sigma$ 不是唯一的极限误差估算式。选择不同的 t 值，就对应不同的概率，可得到不同的极限误差，其可信度也不一样。例如，选 $t=2$，则 $P = 95.44\%$，可信度达 95.44\%；如果选 $t=3$，则 $P = 99.73\%$，可信度达 99.73\%。为了反映这种可信度，将这些百分比称为置

信概率。在几何量测量时，一般取 $t=3$，所以把式（3-13）作为极限误差的估算式，其置信概率为99.73%。例如，某次测量的测得值为50.002mm，若已知标准偏差 $\sigma=0.0003$mm，置信概率取99.73%，则此测得值的极限误差为 $\pm3\times0.0003$mm $=\pm0.0009$mm，即被测量的真值有99.73%的可能性在 50.0011~50.0029mm 之间，写作 50.002mm ±0.0009mm。即单次测量的测量结果为

$$x=x_i\pm\delta_{\text{lim}}=x_i\pm3\sigma \tag{3-14}$$

式中　x_i——某次测得值。

3. 测量列中随机误差的处理

从前面的分析可知，随机误差的出现是不规则的，也是不可避免和无法消除的，可用数理统计的方法将多次测量同一量的各测得值进行统计处理，来估计和评定测量结果。

（1）测量列的算术平均值 $\bar{x}$　在评定有限测量次数测量列的随机误差时，必须获得真值，但真值是不知道的，因此只能从测量列中找到一个接近真值的数值加以代替，这就是测量列的算术平均值。

若测量列为 x_1，x_2，$\cdots$，x_n，则算术平均值为

$$\bar{x}=\frac{1}{n}\sum_{i=1}^{n}x_i \tag{3-15}$$

式中　n——测量次数。

（2）残差（剩余误差）及其应用　残差是指用算术平均值 $\bar{x}$ 代替真值 Q 后计算得到的误差，即测量列中的一个测得值 x_i 和该测量列的算术平均值 $\bar{x}$ 之差，记为 ν_i

$$\nu_i=x_i-\bar{x} \tag{3-16}$$

由符合正态曲线分布规律的随机误差的分布特性可知，残差具有下述两个特性：

1）当测量次数 n 足够多时，残差的代数和趋近于零，即 $\sum\limits_{i=1}^{n}\nu_i\approx0$。

2）残差的平方和为最小，即 $\sum\limits_{i=1}^{n}\nu_i^2=\min$。

实际应用中，常用 $\sum\limits_{i=1}^{n}\nu_i\approx0$ 来验证数据处理中求得的 $\bar{x}$ 与 ν_i 是否正确。

前面已经讲到，随机误差的集中与分散程度可用标准偏差 σ 这一指标来描述。对于有限测量次数的测量列，由于真值未知，所以随机误差 δ_i 也是未知的。为了方便评定随机误差，在实际应用中，不能直接用式（3-8）求得 σ，而常用 ν_i 代替 δ_i 计算标准偏差 σ，此时所得之值称为单次测量的标准偏差 σ 的估计值（用 S 表示）。S 可用下式表示为

$$S=\sqrt{\frac{1}{n-1}\sum_{i=1}^{n}\nu_i^2} \tag{3-17}$$

由式（3-17），算出 S 后，便可取 $\pm3S$ 代替作为单次测量的极限误差。即

$$\delta_{\text{lim}}=\pm3S \tag{3-18}$$

（3）测量列算术平均值的标准偏差 $\sigma_{\bar{x}}$　相同条件下，对同一被测量，将测量列分为若干组，每组进行 n 次的测量称为多次测量。

标准偏差 σ 代表一组测得值中任一测得值的精密程度，但在多次重复测量中是以算术平均值作为测量结果的。因此，更重要的是要知道算术平均值的精密程度，可用算术平均值

的标准偏差表示。根据误差理论，测量列算术平均值的标准偏差 $\sigma_{\bar{x}}$ 用下式计算

$$\sigma_{\bar{x}} = S/\sqrt{n} \tag{3-19}$$

由式（3-19）可知，多次测量的总体算术平均值的标准偏差 $\sigma_{\bar{x}}$ 为单次测量值的标准差的 $1/\sqrt{n}$。这说明随着测量次数的增多，$\sigma_{\bar{x}}$ 越小，测量的精密度就越高。但当 S 一定时，$n >$ 20 以后，$\sigma_{\bar{x}}$ 减小缓慢，即用增加测量次数的方法来提高测量精密度，收效不大，故在生产中，一般取 $n = 5 \sim 20$，通常取 ≤ 10 次为宜。故测量列的算术平均值的测量极限误差为

$$\delta_{\lim(\bar{x})} = \pm 3\sigma_{\bar{x}} \tag{3-20}$$

这样，测量列的测量结果可表示为

$$Q = \bar{x} \pm \delta_{\lim(\bar{x})} = \bar{x} \pm 3\sigma_{\bar{x}} \tag{3-21}$$

这时的置信概率 $P = 99.73\%$。

三、系统误差

系统误差以一定的规律对测量结果产生较显著的影响。因此，分析处理系统误差的关键，首先在于发现系统误差，进而设法消除或减少系统误差，以便有效地提高测量精度。

1. 系统误差的发现

（1）定值系统误差的发现　定值系统误差可以用实验对比的方法发现，即通过改变测量条件进行不等精度的测量来揭示系统误差。例如，量块按标称尺寸使用时，由于量块的尺寸偏差，测量结果中存在着定值系统误差。这时可用高精度仪器对量块的实际尺寸进行鉴定来发现，或用另一块高一级精度的量块进行对比测量。

（2）变值系统误差的发现　变值系统误差可以从测得值的处理和分析观察中揭示。常用的方法是残差观察法，即将测量列按测量顺序排列（或绘图）观察各残差的变化规律，若各残差大体上正负相间，无明显的变化规律，如图 3-11a 所示，则不存在变值系统误差；若各残差有规律地递增或递减，且在测量开始与结束时符号相反，如图 3-11b 所示，则存在线性系统误差；若各残差的符号有规律地周期变化，如图 3-11c 所示，则存在周期性系统误差；若残差按某种特定的规律变化，如图 3-11d 所示，则存在复杂变化的系统误差。显然在应用残差观察法时，必须有足够的重复测量次数以及按各测得值的先后顺序，否则变化规律不明显，判断的可靠性就差。

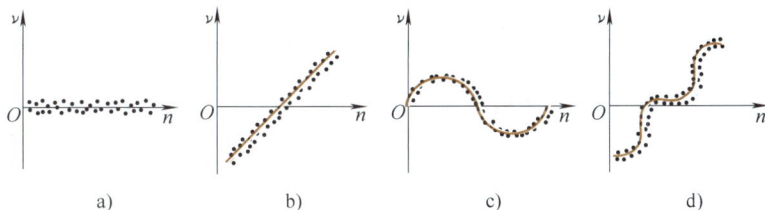

图 3-11　用残差图来判断系统误差

2. 系统误差的消除

（1）从产生误差根源上消除　这是消除系统误差最根本的方法，因此，在测量前，应对测量过程中可能产生系统误差的环节做仔细分析，将误差从产生根源上加以消除。例如，在测量前仔细调整仪器工作台，调准零位，测量器具和被测工件应处于标准温度状态，测量人员要正对仪器指针读数和正确估读等。

（2）用加修正值的方法消除　这种方法是预先检定出测量器具的系统误差，将其数值

反号后作为修正值，用代数法加到实测值上，即可得到不包含该系统误差的测量结果。例如，量块的实际尺寸不等于标称尺寸，若按标称尺寸使用，就要产生系统误差，而按经过检定的实际尺寸使用，就可避免此项误差的产生。

（3）用两次读数方法消除 若两次测量所产生的系统误差大小相等（或相近）、符号相反，则取两次测量的平均值作为测量结果，就可消除系统误差。例如，在工具显微镜上测量螺纹的螺距时，由于零件安装时其轴线与仪器工作台纵向移动的方向不重合，测量产生误差。

从图 3-12 可以看出，实测左螺距比实际左螺距大，实测右螺距比实际右螺距小。为了减小安装误差对测量结果的影响，必须分别测出左右螺距，取两者的平均值作为测得值，从而减小安装不正确而引起的系统误差。

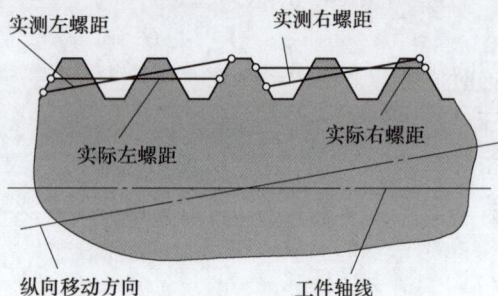

图 3-12 用两次读数消除系统误差

（4）用对称法消除 对于线性系统误差，可采用对称测量法消除。例如，用比较法测量时，温度均匀变化，存在随时间呈线性变化的系统误差，可安排等时间间隔的测量步骤：①测工件；②测标准件；③测标准件；④测工件。取①、④读数的平均值与②、③读数的平均值之差作为实测偏差。

（5）用半波法消除 对于周期变化的系统误差，可采用半波法消除，即取相隔半个周期的两测量值的平均值作为测量结果。

系统误差从理论上讲是可以完全消除的，但由于许多因素的影响，实际上只能消除到一定程度。若能将系统误差减小到使其影响相当于随机误差的程度，则可认为已被消除。

四、粗大误差

粗大误差对测量结果产生明显的歪曲，应从测量数据中将其剔除。剔除粗大误差不能凭主观臆断，应根据判断粗大误差的准则予以确定。判断粗大误差常用 3σ 准则。

该准则的依据主要来自随机误差的正态分布规律。从随机误差的特性中可知，测量误差越大，出现的概率越小，误差的绝对值超过 $\pm 3\sigma$ 的概率仅为 0.27%，即在连续 370 次测量中只有一次测量的残差超出 $\pm 3\sigma$（370 次 $\times 0.0027 \approx 1$ 次），而连续测量的次数绝不会超过 370 次，测量列中就不应该有超出 $\pm 3\sigma$ 的残差。因此，凡绝对值大于 3σ 的残差，就看作粗大误差而予以剔除。在有限次测量时，其判断式为

$$|v_i| > 3S \tag{3-22}$$

剔除具有粗大误差的测量值后，应根据剩下的测量值重新计算 S，然后再根据 3σ 准则去判断剩下的测量值中是否还存在粗大误差。每次只能剔除一个，直到剔除完为止。

应该指出，3σ 准则是以测量次数充分大为前提的，当测量次数小于或等于 10 次时，用 3σ 准则是不够可靠的。因此，在测量次数较少的情况下，最好不用 3σ 准则，而用其他准则。

五、等精度测量列的数据处理

1. 等精度直接测量列的数据处理

对同一被测量进行多次重复测量获得的一系列测得值中，可能同时存在系统误差、随机

误差和粗大误差，或者只含其中某一类或某两类误差。为了得到正确的测量结果，应对各类误差分别进行处理。对于定值系统误差，应在测量过程中予以判别处理，用修正值法消除或减小，而后得到的测量列的数据处理按以下步骤进行：①计算测量列的算术平均值；②计算测量列的残差；③判断变值系统误差；④计算任一测得值的标准偏差；⑤判断有无粗大误差，若有则应予剔除，并重新组成测量列，重复上述计算，直到剔除完为止；⑥计算测量列算术平均值的标准偏差和极限误差；⑦确定测量结果。

例 3-1　对某一轴径等精度测量14 次，测得值列于表 3-3，假设已消除了定值系统误差，试求其测量结果。

解　（1）求出算术平均值

$$\bar{x} = \frac{1}{n} \sum_{i=1}^{n} x_i = 24.957\text{mm}$$

（2）计算残差

用式（3-16）进行计算，计算值列入表 3-3 中，同时计算出 $\sum_{i=1}^{n} \nu_i = 0$ 及 $\sum_{i=1}^{n} \nu_i^2 = 68$，见表 3-3。

（3）判断变值系统误差

根据"残差观察法"判断，由于该测量列中的残差大体上正负相间，无明显的变化规律，所以认为无变值系统误差。

（4）计算测量列单次测量的标准偏差

由式（3-17）得

$$S = \sqrt{\frac{1}{n-1} \sum_{i=1}^{n} \nu_i^2} \approx 2.287 \mu\text{m}$$

单次测量的极限误差由式（3-18）得

$$\delta_{\lim} = \pm 3S = (\pm 3 \times 2.287)\mu\text{m} = \pm 6.86\mu\text{m}$$

表 3-3　测量数据计算表

测量序号	测得值 x_i/mm	残差 $\nu_i = x_i - \bar{x}$/μm	残差的平方 ν_i^2/(μm)^2
1	24.956	−1	1
2	24.955	−2	4
3	24.956	−1	1
4	24.958	+1	1
5	24.956	−1	1
6	24.955	−2	4
7	24.958	+1	1
8	24.956	−1	1
9	24.958	+1	1
10	24.956	−1	1
11	24.956	−1	1
12	24.964	+7	49
13	24.956	−1	1
14	24.958	+1	1
算术平均值 $\bar{x} = 24.957$mm		$\sum_{i=1}^{n} \nu_i = 0$	$\sum_{i=1}^{n} \nu_i^2 = 68$

（5）判断粗大误差

用 3σ 准则判断式（3-22），由测量列残差（表 3-3）可知，测量序号为 12 的测得值的残差的绝对值已大于 $6.86\mu m$，故 12 序号的测得值存在粗大误差，应将 12 序号的测得值剔除后重新计算单次测量值的标准偏差。

重新计算平均值

$$\bar{x} = \frac{1}{n}\sum_{i=1}^{n} x_i = 24.9565mm \approx 24.957mm$$

$$\sum_{i=1}^{13} v_i^2 = 19\mu m^2（除去序号 12 的测量值）$$

$$S = \sqrt{\frac{19}{13-1}}\mu m = 1.258\mu m$$

（6）计算测量列算术平均值的标准偏差和极限误差

由式（3-19）得

$$\sigma_{\bar{x}} = S/\sqrt{n} = 1.258/\sqrt{13}\mu m \approx 0.35\mu m$$

测量列算术平均值的极限误差 $\delta_{\lim(\bar{x})} = \pm 3\sigma_{\bar{x}} = \pm 3 \times 0.35\mu m \approx \pm 1\mu m$

（7）确定测量结果

由式（3-21）得单次测量结果（如以第 8 次测得值 $x_8 = 24.956mm$ 为例）$Q = \bar{x} \pm 3\sigma_{\bar{x}} = (24.957 \pm 0.001)mm$。

2. 等精度间接测量列的数据处理

间接测量的被测量是测量所得到的各个实测量的函数，而间接测量的误差则是各个实测量误差的函数，故称这种误差为函数误差。

（1）函数及其微分表达式　间接测量中，被测量 y 通常是实测量 x_i 的多元函数，它表示为

$$y = f(x_1, x_2, \cdots, x_n) \tag{3-23}$$

式（3-23）的全微分表达式为

$$dy = \frac{\partial f}{\partial x_1}dx_1 + \frac{\partial f}{\partial x_2}dx_2 + \cdots + \frac{\partial f}{\partial x_n}dx_n \tag{3-24}$$

式中　dy——欲测量（函数）的测量误差；

　　　dx_i——实测量的测量误差，x_i 代表 x_1、x_2、$\cdots$、x_n；

　　　$\dfrac{\partial f}{\partial x_i}$——实测量的测量误差传递系数，$x_i$ 代表 x_1、x_2、$\cdots$、x_n。

（2）函数的系统误差计算式　由各个实测量测得值的系统误差，可近似得到被测量（函数）的系统误差表达式为

$$\Delta y = \frac{\partial f}{\partial x_1}\Delta x_1 + \frac{\partial f}{\partial x_2}\Delta x_2 + \cdots + \frac{\partial f}{\partial x_n}\Delta x_n \tag{3-25}$$

式中　Δy——欲测量（函数）的系统误差；

　　　Δx_i——实测量的系统误差，x_i 代表 x_1、x_2、$\cdots$、x_n。

（3）函数的随机误差计算式　由于各实测量的测得值中存在着随机误差，因此被测几

何量（函数）也存在着随机误差。根据误差理论，函数的标准偏差 σ_y 与各实测几何量的标准偏差 σ_{x_i} 的关系为

$$\sigma_y = \sqrt{\left(\frac{\partial f}{\partial x_1}\right)^2 \sigma_{x_1}^2 + \left(\frac{\partial f}{\partial x_2}\right)^2 \sigma_{x_2}^2 + \cdots + \left(\frac{\partial f}{\partial x_n}\right)^2 \sigma_{x_n}^2} \tag{3-26}$$

式中　σ_y——欲测量（函数）的标准偏差；

　　　σ_{x_i}——实测量的标准偏差，x_i 代表 x_1、x_2、$\cdots$、x_n。

同理，函数的测量极限误差公式为

$$\delta_{\lim(y)} = \pm \sqrt{\left(\frac{\partial f}{\partial x_1}\right)^2 \delta_{\lim(x_1)}^2 + \left(\frac{\partial f}{\partial x_2}\right)^2 \delta_{\lim(x_2)}^2 + \cdots + \left(\frac{\partial f}{\partial x_n}\right)^2 \delta_{\lim(x_n)}^2} \tag{3-27}$$

式中　$\delta_{\lim(y)}$——欲测量（函数）的测量极限误差；

　　　$\delta_{\lim(x_i)}$——实测量的测量极限误差，x_i 代表 x_1、x_2、$\cdots$、x_n。

（4）间接测量列数据处理的步骤

1）找出函数表达式 $y = f(x_1, x_2, \cdots, x_n)$。

2）求出欲测量（函数）值 y。

3）计算函数的系统误差 Δy。

4）计算函数的标准偏差值 σ_y 和函数的测量极限误差值 $\delta_{\lim(y)}$。

5）给出欲测量（函数）的结果表达式

$$y_e = (y - \Delta y) \pm \delta_{\lim(y)} \tag{3-28}$$

最后说明置信概率为 99.73%。

第六节　光滑工件尺寸的检测

为了最终保证产品质量，除了必须在图样上规定尺寸公差与配合、形状、位置、表面粗糙度等要求以外，还必须规定相应的检验原则作为技术保证。只有按测量检验标准规定的方法确认合格的零件，才能满足设计要求。

由于被测工件的形状、大小、精度要求和使用场合不同，采用的计量器具也不同。单件或小批量生产常采用通用计量器具（如游标卡尺、千分尺等）来测量；对于大批量生产，为提高检测效率，多采用光滑极限量规检验。为了克服这些检测方法上存在的问题，国家标准中测量与检验部分规定了这两种检测方法的国家标准 GB/T 3177—2009《产品几何技术规范（GPS）光滑工件尺寸的检验》和 GB/T 1957—2006《光滑极限量规　技术条件》。

一、用通用计量器具测量工件

1. 计量器具的选择原则

机械制造中计量器具的选择主要决定于计量器具的技术指标和经济指标。综合考虑这些指标时，主要有以下两点要求：

1）按被测工件的部位、外形及尺寸来选择计量器具，使所选择的计量器具的测量范围满足工件的要求。

2）按被测工件的公差来选择计量器具。考虑到计量器具的误差将会带入工件的测量结果中，因此选择的计量器具其允许的极限误差应当小。但计量器具的极限误差越小，其价格

就越高，对使用的环境条件和操作者的要求也越高。因此，在选择计量器具时，应将技术指标和经济指标综合进行考虑。

通常计量器具的选择可根据标准进行。对没有标准的其他工件检验用的计量器具，应使所选用的计量器具的极限误差占被测工件公差的 $1/10 \sim 1/3$，其中对精度低的工件采用 $1/10$，对精度高的工件采用 $1/3$ 甚至 $1/2$。工件精度越高，对计量器具的精度要求也越高。高精度的计量器具因制造困难，所以使其极限误差占工件公差的比例增大是合理的。

表 3-4 列出了一些计量器具的极限误差。

表 3-4　计量器具的极限误差

计量器具名　称	分度值/mm	所用量块		尺寸范围/mm							
		检定等别	精度级别	1～10	10～50	50～80	80～120	120～180	180～260	260～360	360～500
				测　量　极　限　误　差/±μm							
立式卧式光学计测外尺寸	0.001	4	1	0.4	0.6	0.8	1.0	1.2	1.8	2.5	3.0
		5	2	0.7	1.0	1.3	1.6	1.8	2.5	3.5	4.5
立式卧式测长仪测外尺寸	0.001	绝对测量		1.1	1.5	1.9	2.0	2.3	2.3	3.0	3.5
卧式测长仪测内尺寸	0.001	绝对测量		2.5	3.0	3.3	3.5	3.8	4.2	4.8	—
测长机	0.001	绝对测量		1.0	1.3	1.6	2.0	2.5	4.0	5.0	6.0
万能工具显微镜	0.001	绝对测量		1.5	2	2.5	2.5	3	3.5	—	—
大型工具显微镜	0.01	绝对测量		5	5						
接触式干涉仪				$\Delta \leqslant 0.1\mu m$							

2. 误废和误收的概念

通过测量，可以测得工件的实际尺寸，由于存在着各种测量误差，测量所得到的实际尺寸并非真值。尤其在车间生产现场，一般不可能采用多次测量取平均值的办法减小随机误差的影响，也不对温度、湿度等环境因素引起的测量误差进行修正，通常只进行一次测量来判断工件的合格与否。因此，当测得值在工件上、下极限尺寸附近时，就有可能产生两种错误判断：一种是将本来处在公差带之内的合格品判为废品而给予报废，称为误废；另一种是将本来处在公差带之外的废品判为合格品而接收，称为误收。

例如，用极限误差 Δ 为 $\pm 4\mu m$ 的一级千分尺测轴 $\phi 20_{-0.013}^{0}$ mm，其公差带图如图 3-13 所示。由于测量器具极限误差 $\Delta = \pm 4\mu m$ 的存在，当工件的实际偏差在 $0 \sim +4\mu m$ 或 $-13 \sim -17\mu m$ 时，有可能将这些废品判为合格品；当工件的实际偏差在 $0 \sim -4\mu m$ 或 $-9 \sim -13\mu m$ 时，又有可能将这些合格品判为废品，即产生了误收或误废，如图 3-13 所示。

前者会影响零件原定的配合性能，满足不了设计的功能要求；后者提高了加工精度，造成经

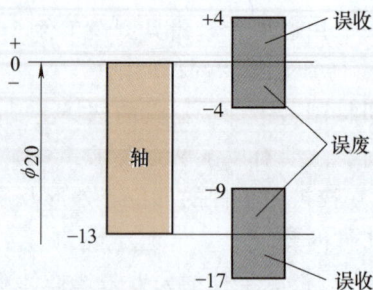

图 3-13　误收或误废

济损失。

3. 光滑工件尺寸的检验

为了保证产品质量，GB/T 3177—2009 对验收原则、验收极限和计量器具的选择等做了规定。该标准适用于车间使用的普通计量器具（如游标卡尺、千分尺及比较仪等）对图样上注出的公差等级为 IT6～IT18、公称尺寸至 500mm 的光滑工件尺寸的检验，也适用于对一般公差尺寸的检验。

（1）验收极限的确定　验收极限是检测工件尺寸时判断合格与否的尺寸极限。为了适当控制误废，尽量减少误收，根据我国的生产实际，GB/T 3177—2009 中规定："应只接收位于规定的尺寸极限之内的工件"。根据这一原则，国家标准规定了两种确定验收极限的方式。

1）内缩方式。由于规定验收极限时的检测条件是在符合车间实际检测的情况下进行的，对温度、测量力引起的误差以及计量器具和标准器的系统误差，一般不予修正。这些误差都在规定验收极限时加以考虑。规定验收极限是从图样上标注的上极限尺寸和下极限尺寸分别向工件公差带内移动一个安全裕度 A 来确定，如图 3-14 所示。A 的数值按工件公差的 1/10 确定，其数值可从标

图 3-14　内缩方式

准规定的表中查得，见表 3-5。规定安全裕度 A 是为了避免在测量工件时，由于测量误差的存在，而造成误收。

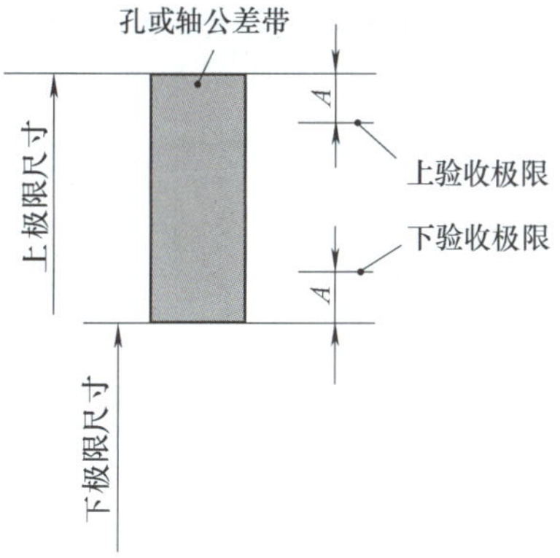

表 3-5　安全裕度 A 与计量器具的测量不确定度允许值 u_1 （单位：μm）

公差等级		IT6					IT7					IT8					IT9				
公称尺寸/mm		T	A	u_1			T	A	u_1			T	A	u_1			T	A	u_1		
大于	至			Ⅰ	Ⅱ	Ⅲ			Ⅰ	Ⅱ	Ⅲ			Ⅰ	Ⅱ	Ⅲ			Ⅰ	Ⅱ	Ⅲ
—	3	6	0.6	0.5	0.9	1.4	10	1.0	0.9	1.5	2.3	14	1.4	1.3	2.1	3.2	25	2.5	2.3	3.8	5.6
3	6	8	0.8	4	1.2	1.8	12	1.2	1.1	1.8	2.7	18	1.8	1.6	2.7	4.1	30	3.0	2.7	4.5	6.8
6	10	9	0.9	0.7	1.4	2.0	15	1.5	1.4	2.3	3.4	22	2.2	2.0	3.3	5.0	36	3.6	3.3	5.4	8.1
10	18	11	1.1	2	1.7	2.5	18	1.8	1.7	2.7	4.1	27	2.7	2.4	4.1	6.1	43	4.3	3.9	6.5	9.7
18	30	13	1.3	0.8	2.0	2.9	21	2.1	1.9	3.2	4.7	33	3.3	3.0	5.0	7.4	52	5.2	4.7	7.8	12
30	50	16	1.6	1	2.4	3.6	25	2.5	2.3	3.8	5.6	39	3.9	3.5	5.9	8.8	62	6.2	5.6	9.3	14
50	80	19	1.9	1.0	2.9	4.3	30	3.0	2.7	4.5	6.8	46	4.6	4.1	6.9	10	74	7.4	6.7	11	17
80	120	22	2.2	1.2	3.3	5.0	35	3.5	3.2	5.3	7.9	54	5.4	4.9	8.1	12	87	8.7	7.8	13	20
120	180	25	2.5	1.4	3.8	5.6	40	4.0	3.6	6.0	9.0	63	6.3	5.7	9.5	14	100	10	9.0	15	23
180	250	29	2.9	1.7	4.4	6.5	46	4.6	4.1	6.9	10	72	7.2	6.5	11	16	115	12	10	17	26
250	315	32	3.2	2.0	4.8	7.2	52	5.2	4.7	7.8	12	81	8.1	7.3	12	18	130	13	12	19	29
315	400	36	3.6	2.3	5.4	8.1	57	5.7	5.1	8.4	13	89	8.9	8.0	13	20	140	14	13	21	32
400	500	40	4.0	2.6	6.0	9.0	63	6.3	5.7	9.5	14	97	9.7	8.7	15	22	155	16	14	23	35
				2.9																	
				3.2																	
				3.6																	

（续）

公差等级	IT10					IT11					IT12				IT13			
公称尺寸/mm			u_1					u_1					u_1				u_1	
大于	至	T	A	I	II	III	T	A	I	II	III	T	A	I	II	T	A	I	II
—	3	40	4.0	3.6	6.0	9.0	60	6.0	5.4	9.0	14	100	10	9.0	15	140	14	13	21
3	6	48	4.8	4.3	7.2	11	75	7.5	6.8	11	17	120	12	11	18	180	18	16	27
6	10	58	5.8	5.2	8.7	13	90	9.0	8.1	14	20	150	15	14	23	220	22	20	33
10	18	70	7.0	6.3	11	16	110	11	10	17	25	180	18	16	27	270	27	24	41
18	30	84	8.4	7.6	13	19	130	13	12	21	29	210	21	19	32	330	33	30	50
30	50	100	10	9.0	15	23	160	16	14	24	36	250	25	23	38	390	39	35	59
50	80	120	12	11	18	27	190	19	17	29	43	300	30	27	45	460	46	41	69
80	120	140	14	13	21	32	220	22	20	33	50	350	35	32	53	540	54	49	81
120	180	160	16	15	24	36	250	25	23	38	56	400	40	36	60	630	63	57	95
180	250	185	18	17	28	42	290	29	26	44	65	460	46	41	69	720	72	65	110
250	315	210	21	19	32	47	320	32	29	48	72	520	52	47	78	810	81	73	120
315	400	230	23	21	35	52	360	36	32	54	81	570	57	51	86	890	89	80	130
400	500	250	25	23	38	56	400	40	36	60	90	630	63	57	95	970	97	87	150

注：u_1 分 I、II、III 档，一般情况下应优先选用 I 档，其次选用 II 档、III 档。

按此规定，尺寸的验收极限应为：

$$上验收极限尺寸 = 上极限尺寸 - A$$
$$下验收极限尺寸 = 下极限尺寸 + A$$

显然，这种方式可以减少误收，但增加了误废，从保证产品质量着眼是必要的。

2）不内缩方式。验收极限等于图样上标注的上极限尺寸和下极限尺寸，即 A 等于零，如图 3-15 所示。

上述两种验收方式的选择应综合考虑尺寸的功能要求及重要程度、尺寸公差等级、测量不确定度和工艺能力等因素。

（2）验收极限的适用性　验收极限一般可按下述原则选定：

1）对采用包容要求的尺寸及公差等级较高的尺寸，应选用内缩方式确定验收极限。

2）当工艺能力指数 $C_p > 1$（$C_p = T/(6\sigma)$）时，其验收极限可以按不内缩的方式确定；但当采用包容要求时，在最大实体尺寸一侧仍应按内缩方式确定验收极限，如图 3-16 所示。

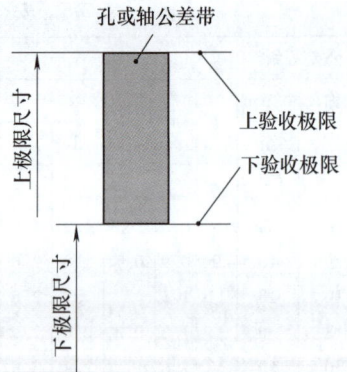

图 3-15　不内缩方式

3）当工件的实际尺寸服从偏态分布时，可以只对尺寸偏向的一侧（如生产批量不大，用试切法获得尺寸时，尺寸会偏向 MMS 一边）按内缩方式确定验收极限，如图 3-17 所示。

4）对于非配合尺寸和一般公差尺寸，可按不内缩的方式确定验收极限。

（3）计量器具的选择　标准规定计量器具的选择，应按测量不确定度的允许值 U 来进行。

计量器具在误差（如随机误差、未定系统误差）、测量条件（如温度、压陷效应）及工件形状误差等综合作用下，会引起测量结果对其真值的分散，其分散程度可由测量不确定度

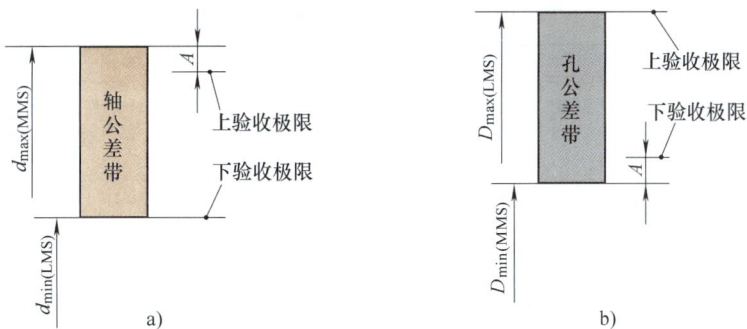

图 3-16　$C_p>1$ 采用包容要求时的验收极限

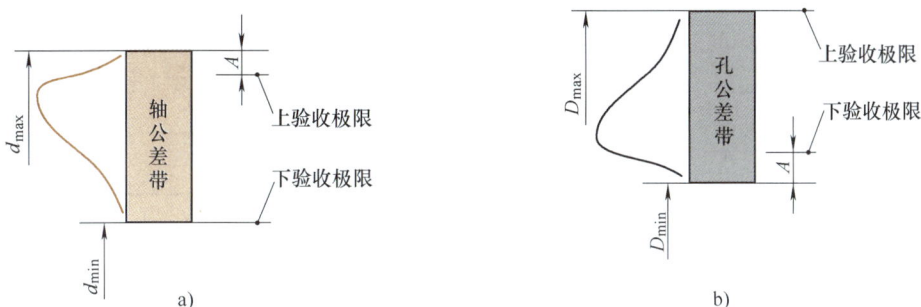

图 3-17　偏态分布时的验收极限

来评定。显然，测量不确定度的允许值 U 由计量器具不确定度的允许值 u_1 和温度、压陷效应及工件形状误差等因素影响所引起的不确定度允许值 u_2 两部分组成。据统计分析，$u_2 = 0.45U$，$u_1 = 0.9U$，测量不确定度的允许值 $U = \sqrt{u_1^2 + u_2^2}$。

测量检验工件时，要达到不误收，单靠内缩验收极限还是不够可靠，因为若计量器具的测量不确定度足够大时，还是会产生误收现象。为此，标准对其做出如下规定：

按计量器具所引起的测量不确定度的允许值 u_1 选择计量器具，要求所选择的计量器具不确定度 $u_计$ 不大于允许值 u_1（u_1 可查表 3-5），考虑到计量器具的经济性，$u_计$ 还应尽可能地接近 u_1。表 3-6、表 3-7、表 3-8 列出了有关计量器具不确定度的允许值。

表 3-6　**千分尺和游标卡尺的不确定度**（摘要）　　　　（单位：mm）

尺寸范围	计 量 器 具 类 型			
	分度值为 0.01 的外径千分尺	分度值为 0.01 的内径千分尺	分度值为 0.02 的游标卡尺	分度值为 0.05 的游标卡尺
	不　确　定　度			
0~50	0.004			
50~100	0.005	0.008		0.05
100~150	0.006		0.020	
150~200	0.007			
200~250	0.008	0.013		
250~300	0.009			
300~350	0.010			0.100
350~400	0.011	0.020		
400~450	0.012			
450~500	0.013	0.025		

注：当采用比较测量时，千分尺的不确定度可小于本表规定的数值，一般可减小 40%。

表 3-7　比较仪的不确定度　　　　　　　　　　　　　　（单位：mm）

尺寸范围		所使用的计量器具			
		分度值为 0.0005（相当于放大倍数 2000 倍）的比较仪	分度值为 0.001（相当于放大倍数 1000 倍）的比较仪	分度值为 0.002（相当于放大倍数 500 倍）的比较仪	分度值为 0.005（相当于放大倍数 200 倍）的比较仪
大于	至		不　　确　　定　　度		
	25	0.0006	0.0010	0.0017	0.0030
25	40	0.0007			
40	65	0.0008	0.0011	0.0018	
65	90	0.0008			
90	115	0.0009	0.0012	0.0019	
115	165	0.0010	0.0013		
165	215	0.0012	0.0014	0.0020	0.0035
215	265	0.0014	0.0016	0.0021	
265	315	0.0016	0.0017	0.0022	

注：测量时，使用的标准器由 4 块 1 级（或 4 等）量块组成。

表 3-8　指示表的不确定度　　　　　　　　　　　　　　（单位：mm）

尺寸范围		所使用的计量器具			
		分度值为 0.001 的千分表（0 级在全程范围内，1 级在 0.2mm 内）　分度值为 0.002 的千分表（在 1 转范围内）	分度值为 0.001、0.002、0.005 的千分表（1 级在全程范围内）　分度值为 0.01 的百分表（0 级在任意 1mm 内）	分度值为 0.01 的百分表（0 级在全程范围内，1 级在任意 1mm 内）	分度值为 0.01 的百分表（1 级在全程范围内）
大于	至		不　　确　　定　　度		
	25	0.005	0.010	0.018	0.030
25	40				
40	65				
65	90				
90	115				
115	165	0.006			
165	215				
215	265				
265	315				

例 3-2　试确定 $\phi140H11$ Ⓔ（即采用的是包容要求）的验收极限，并选择计量器具。

解　（1）确定安全裕度 A 和验收极限

查表确定 $\phi140H11$ 公差带的上、下极限偏差应为 $\phi140^{+0.250}_{0}$mm，再根据表 3-5 查得 $A = 0.025$mm，$u_1 = 0.023$mm（Ⅰ档）。

工件尺寸采用包容要求，应按内缩方式确定验收极限，则

上验收极限尺寸 $= D_{max} - A = (140 + 0.25 - 0.025)$mm $= 140.225$mm

下验收极限尺寸 $= D_{min} + A = 140 + 0.025$mm $= 140.025$mm

（2）选择计量器具

由表 3-6 查得分度值为 0.02mm 的游标卡尺，它的测量不确定度为 0.020mm ＜ u_1 = 0.023mm，且数值最为接近，可以满足要求。

二、用光滑极限量规检验工件

量规是一种无刻度（不可读数）的定值专用检验工具。用量规检验零件，只能判断零件是否在规定的检验极限范围内，而不能得出零件实际尺寸、几何误差的具体数值。它结构简单，使用方便、可靠，检验效率高，因此，在大批量生产中被广泛应用。

量规的种类根据检验对象不同可分为光滑极限量规、光滑圆锥量规、位置量规、花键量规及螺纹量规等。这里仅介绍光滑极限量规。

1. 光滑极限量规的作用、种类及公差带

（1）量规的作用　光滑极限量规是检验光滑工件尺寸的一种量规。它是用模拟装配状态的方法来检验工件的，因此检验孔径的光滑极限量规可做得像轴一样，称为塞规；检验轴径的光滑极限量规可做得像孔一样，称为环规或卡规。量规有通规（或通端）和止规（或止端），其中一个按被测孔或轴的上极限尺寸制造，另一个按被测孔或轴的下极限尺寸制造，如图 3-18 所示，应成对使用。

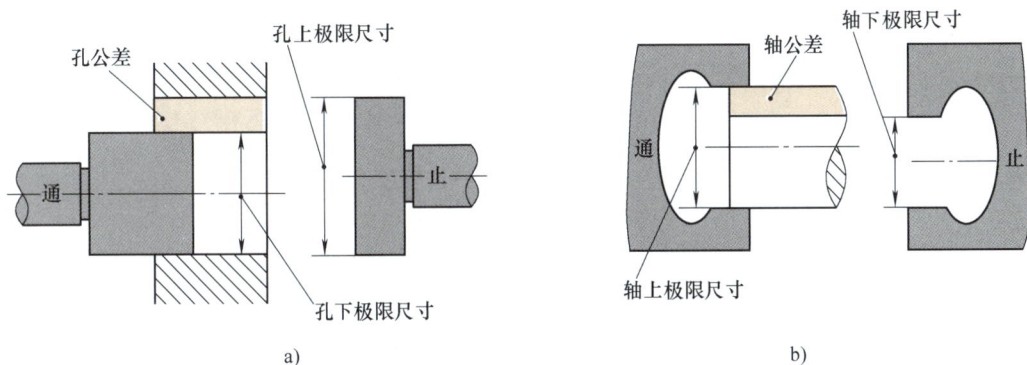

图 3-18　光滑极限量规

a）塞规　b）卡规

能被合格品通过的量规称为通规。因此孔用量规的通规的理想尺寸为孔的下极限尺寸 D_{min}（$D_{min} = D_M$），合格品都应该被该量规通过；轴用量规的通规的理想尺寸为轴的上极限尺寸 d_{max}（$d_{max} = d_M$），合格品也应该被该量规通过。由此得出，通规的理想尺寸就是孔或轴的最大实体尺寸（MMS）。

不能被合格品通过的量规称为止规。因此孔用量规的止规的理想尺寸为孔的上极限尺寸 D_{max}（$D_{max} = D_L$），合格品应该不被该量规通过；轴用量规的止规的理想尺寸为轴的下极限尺寸 d_{min}（$d_{min} = d_L$），合格品也应该不被该量规通过。由此得出，止规的理想尺寸就是孔或轴的最小实体尺寸（LMS）。

用光滑极限量规检验零件时，只要通规通过，止规不通过，就说明被测件尺寸是合格的。

这种检验方法较用通用计量器具方便快捷，一般用于检验大批量生产有配合要求的零件。

（2）量规的种类　光滑极限量规国家标准（GB/T 1957—2006）将光滑极限量规按用

途分为以下几种：

1）工作量规。工人在制造过程中，用来检验工件时使用的量规。工作量规的"通规"用代号"T"表示，"止规"用代号"Z"表示。

2）验收量规。检验部门和用户代表验收产品时使用的量规。验收量规的通规应该是旧的但不报废的（磨损较多的量规）。

3）校对量规。用来检验轴用量规（卡规或环规）在制造中是否符合制造公差，在使用中是否已达到磨损极限时所使用的量规。它分为三种：

① 检验轴用量规通规的校对量规，校验时要求通过，称为"校通—通"量规，用代号"TT"表示。

② 检验轴用量规止规的校对量规，校验时要求通过，称为"校止—通"量规，用代号"ZT"表示。

③ 检验轴用量规通规磨损极限的校对量规，校验时要求不通过，若通过则磨损已超过极限，称为"校通—损"量规，用代号"TS"表示。

在制造工作量规时，由于对轴用工作量规（通常为卡规）的测量比较困难，使用过程中这种量规又易于磨损和变形，所以必须用校对量规对其进行检验和校对；而孔用工作量规（通常为塞规）是轴状的外尺寸，便于用通用计量仪器进行检验，所以孔用工作量规没有校对量规。

光滑极限量规国家标准（GB/T 1957—2006）没有规定验收量规标准，但标准推荐：制造厂检验工件时，生产工人应该使用新的或磨损较少的工作量规"通规"；检验部门应该使用与生产工人相同形式且已磨损较多的工作量规"通规"。这样，由生产工人用工作量规自检合格的工件，检验人员用验收量规验收时也一定合格。

用户代表在用量规验收工件时，通规应接近工件最大实体尺寸，止规应接近工件最小实体尺寸。

上述规定的量规检验工件时，如果判断有争议，应使用下述尺寸的量规来仲裁：通规应等于或接近工件最大实体尺寸；止规应等于或接近工件最小实体尺寸。

（3）量规的公差带　量规是一种精密检验工具，制造量规和制造工件一样，不可避免地会产生误差，尺寸不可能恰好等于被检工件的极限尺寸，故必须规定制造公差。量规制造公差的大小决定了量规制造的难易程度。

为了保证量规验收工件的质量，防止误收，国家标准规定量规公差带位于被检工件尺寸公差带之内，采用内缩方案，如图3-19所示。由于通规要经常通过被检工件，造成磨损，因而除规定制造公差外，还规定了磨损公差和磨损极限。通规的公差带的中线由工件的最大

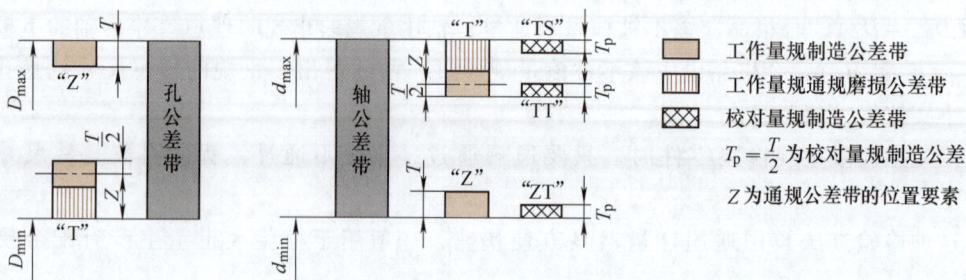

图 3-19　工作量规及轴用校对量规的公差带图解

实体尺寸向工件公差带内缩一个距离 Z（位置要素）；通规的磨损极限与被检工件的最大实体尺寸重合。由于止规很少通过工件，磨损较少，因此不留磨损公差。

为了不使量规占用过多的工件公差，并考虑到量规的制造工艺水平及使用寿命，国家标准按被检工件的公称尺寸和公差等级规定了工作量规的制造公差 T 和通规公差带的位置要素 Z 的数值，见表 3-9。

表 3-9　工作量规制造公差和通规公差带的位置要素值（摘要）　　（单位：μm）

工件公称尺寸/mm	IT6			IT7			IT8			IT9			IT10			IT11			IT12		
	IT6	T	Z	IT7	T	Z	IT8	T	Z	IT9	T	Z	IT10	T	Z	IT11	T	Z	IT12	T	Z
≤3	6	1	1	10	1.2	1.6	14	1.6	2	25	2	3	40	2.4	4	60	3	6	100	4	9
3~6	8	1.2	1.4	12	1.4	2	18	2	2.6	30	2.4	4	48	3	5	75	4	8	120	5	11
6~10	9	1.4	1.6	15	1.8	2.4	22	2.4	3.2	36	2.8	5	58	3.6	6	90	5	9	150	6	13
10~18	11	1.6	2	18	2	2.8	27	2.8	4	43	3.4	6	70	4	8	110	6	11	180	7	15
18~30	13	2	2.4	21	2.4	3.4	33	3.4	5	52	4	7	84	5	9	130	7	13	210	8	18
30~50	16	2.4	2.8	25	3	4	39	4	6	62	5	8	100	6	11	160	8	16	250	10	22
50~80	19	2.8	3.4	30	3.6	4.6	46	4.6	7	74	6	9	120	7	13	190	9	19	300	12	26
80~120	22	3.2	3.8	35	4.2	5.4	54	5.4	8	87	7	10	140	8	15	220	10	22	350	14	30

2. 量规的设计

（1）量规的形状

1）符合量规设计原则（泰勒原则[○-]）的量规形状。对有配合要求的零件不但实际尺寸要合格，为保证配合性质，它的形状误差和实际尺寸综合作用形成的作用尺寸也必须合格。国家标准用极限尺寸判断原则（泰勒原则）对孔和轴的作用尺寸和实际尺寸加以控制。为了确保孔和轴能满足装配要求，光滑极限量规设计应遵循泰勒原则。

泰勒原则要求工件的体外作用尺寸不允许超过最大实体尺寸；任何部位的实际尺寸不允许超过最小实体尺寸，可表示为

$$D_{\min(M)} \leq D_{fe} \leq D_a \leq D_{\max(L)}$$

$$d_{\min(L)} \leq d_a \leq d_{fe} \leq d_{\max(M)}$$

如何才能满足泰勒原则对尺寸的要求呢？由于通规的尺寸就是孔或轴的最大实体尺寸（MMS），将通规做成一个完整的圆柱形，被检孔如果被通规通过，则说明该孔的体外作用尺寸 $D_{fe} \geq D_{\min(M)}$；被检轴被通规通过，则说明该轴的体外作用尺寸 $d_{fe} \leq d_{\max(M)}$。将止规做成不全形的，被检孔如果被止规不通过，则说明该孔的实际尺寸 $D_a \leq D_{\max(L)}$；被检轴被止规不通过，则说明该轴的实际尺寸 $d_a \geq d_{\min(L)}$。通规和止规联合使用来检验工件，就可知被检工件的作用尺寸和实际尺寸是否在极限尺寸范围内，从而可按泰勒原则判断出工件是否合格。

由于通规用来控制工件的作用尺寸，止规用来控制工件的实际尺寸，因此符合泰勒原则的形状应为：通规的测量面应是与孔或轴形状相对应的完整表面（即全形量规），且量规长度等于配合长度；止规的测量面应是点状的（即不全形量规）。

○-　泰勒原则：是在 1905 年由 W. 泰勒（William Taylor）提出，见 1905 英国专利 6900。

量规尺寸和形状如果背离泰勒原则，将造成误判，如图 3-20 所示。图 3-20a 中被检孔的最大实际尺寸 D_{amax} 已经超出了上极限尺寸（D_{max}），为不合格品，应被止规通过。但其最小实际尺寸 D_{amin} 小于上极限尺寸（D_{max}），由于止规是全形的，不能被该不合格品通过，可能造成误收；图 3-20b 被检孔的体外作用尺寸 D_{fe} 小于下极限尺寸（D_{min}），为不合格品，应不被通规通过。但其 D_{amax} 大于 D_{min}，由于通规是不全形的，能被该不合格品通过，可能造成误收。

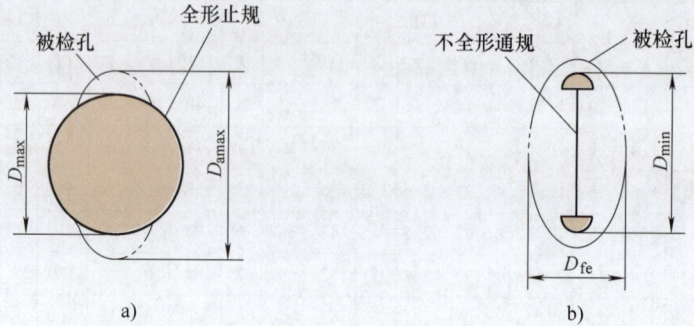

图 3-20 量规形状背离泰勒原则对测量结果的影响（示意图）

a）全形止规的影响 b）不全形通规的影响

2）实际生产中量规的形状。在实际生产中，由于量规的制造和使用等，光滑极限量规常常偏离泰勒原则。国家标准规定，允许在被检工件的形状误差不影响配合性质的条件下，使用偏离泰勒原则的量规。例如，为了量规的标准化，量规厂供应的标准通规的长度，常不等于工件的配合长度，对大尺寸的孔和轴通常使用非全形的塞规（或杆规）和卡规检验，以代替笨重的全形通规；由于环规不能检验曲轴，允许通规用卡规；为了减少磨损，止规也可不用点接触工件，一般做成小平面、圆柱面或球面；检验小孔时，止规常常制成全形塞规。

为了尽量避免在使用偏离泰勒原则的量规检验时造成的误判，操作时一定要注意。例如，使用非全形的通端塞规时，应在被检孔的全长上沿圆周的几个位置上检验；使用卡规时，应在被检轴的配合长度内的几个部位并围绕被检轴的圆周的几个位置上检验。

（2）量规型式的选择 光滑极限量规的型式很多。合理地选择和使用，对正确判断测量结果影响很大。按照国家标准推荐，测孔时，如图 3-21a 所示；测轴时，如图 3-21b 所示。

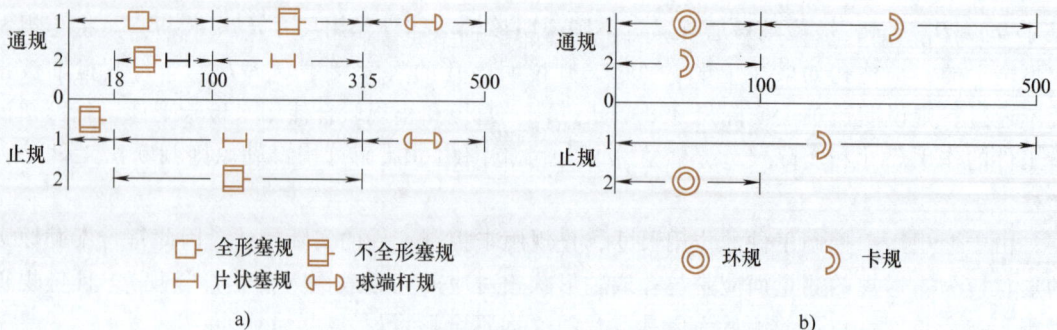

图 3-21 量规型式及应用范围

a）测孔量规的型式及应用范围 b）测轴量规的型式及应用范围

它们的具体结构可参看 GB/T 10920—2008《螺纹量规和光滑极限量规　型式与尺寸》。

（3）量规工作尺寸的计算　光滑极限量规工作尺寸计算的一般步骤如下：

1）由 GB/T 1800.1—2020 查出孔与轴的上、下极限偏差。

2）由表 3-9 查出工作量规制造公差 T 和位置要素 Z。

按工作量规制造公差 T，确定工作量规形状公差和校对量规的制造公差。

3）计算各种量规的极限偏差和工作尺寸。

例 3-3　计算 $\phi25H8/f7$ 孔与轴用量规的工作尺寸。

解　1）由表 2-2 和表 2-5 确定出孔与轴的上、下极限偏差为 $\phi25\dfrac{H8\left(^{+0.033}_{\ \ \ 0}\right)}{f7\left(^{-0.020}_{-0.041}\right)}$。

2）由表 3-9 查出工作量规制造公差 T 和位置要素 Z，见表 3-10。

表 3-10　例 3-3 工作量规制造公差和位置要素

工作量规	制造公差	位置要素
孔用量规（塞规）	$T = 3.4\mu m$	$Z = 5\mu m$
轴用量规（卡规）	$T = 2.4\mu m$	$Z = 3.4\mu m$

3）画公差带图解，如图 3-22 所示。

4）量规工作尺寸计算。

$\phi25H8$ 孔用塞规工作尺寸计算，见表 3-11。

$\phi25f7$ 轴用卡规工作尺寸计算，见表 3-12。

$\phi25f7$ 轴用卡规的校对量规工作尺寸计算，见表 3-13。

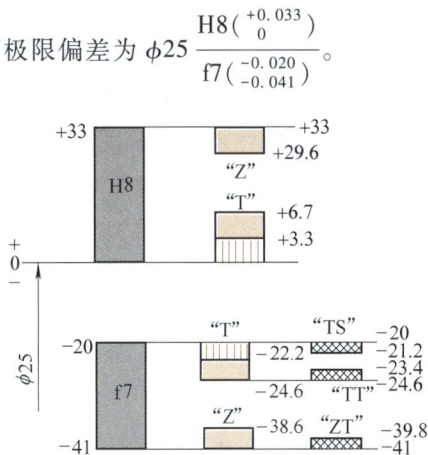

图 3-22　例 3-3 量规公差带图解

表 3-11　$\phi25H8$ 孔用塞规工作尺寸计算

$\phi25H8$ 孔用塞规		量规的极限偏差计算公式及其数值/μm		量规工作尺寸 /mm	通规的磨损极限尺寸/mm
通规（T）	上极限偏差	$EI+Z\pm T/2=0+5\pm1.7$	$+6.7$	$\phi25^{+0.0067}_{+0.0033}$	$D_M = 25$
	下极限偏差		$+3.3$		
止规（Z）	上极限偏差	ES	$+33$	$\phi25^{+0.0330}_{+0.0296}$	
	下极限偏差	$ES-T=33-3.4$	$+29.6$		

表 3-12　$\phi25f7$ 轴用卡规工作尺寸计算

$\phi25f7$ 轴用卡规		量规的极限偏差计算公式及其数值/μm		量规工作尺寸 /mm	通规的磨损极限尺寸/mm
通规（T）	上极限偏差	$es-Z\pm T/2=-20-3.4\pm1.2$	-22.2	$\phi25^{-0.0222}_{-0.0246}$	$d_M = d+es$ $= 24.980$
	下极限偏差		-24.6		
止规（Z）	上极限偏差	$ei+T=-41+2.4$	-38.6	$\phi25^{-0.0386}_{-0.0410}$	
	下极限偏差	ei	-41		

表 3-13 $\phi25f7$ 轴用卡规的校对量规工作尺寸计算

校对量规		校对量规的极限偏差计算公式及其数值/μm	量规工作尺寸/mm
"校通—通"量规（TT）	上极限偏差	$es-Z-T/2+T_p=-20-3.4-1.2+1.2=-23.4$	TT $=\phi25^{-0.0234}_{-0.0246}$
	下极限偏差	$es-Z-T/2=-20-3.4-1.2=-24.6$	
"校通—损"量规（TS）	上极限偏差	$es=-20$	TS $=\phi25^{-0.0200}_{-0.0212}$
	下极限偏差	$es-T_p=-20-1.2=-21.2$	
"校止—通"量规（ZT）	上极限偏差	$ei+T_p=-41+1.2=-39.8$	ZT $=\phi25^{-0.0398}_{-0.0410}$
	下极限偏差	$ei=-41$	

（4）量规的技术要求 量规测量面一般用淬硬钢（合金工具钢、碳素工具钢、渗碳钢）和硬质合金等材料制造，通常用淬硬钢制造的量规，其测量面的硬度应为 58~65HRC，以保证其耐磨性。

国家标准规定工作量规的几何误差，应在工作量规的制造公差范围内，其公差为量规制造公差的 50%，当量规制造公差小于或等于 0.002mm 时，其几何公差为 0.001mm。

校对量规的制造公差，为被校对的轴用量规制造公差的 50%。其形状公差应在校对量规的制造公差范围内。

量规测量面的表面粗糙度，取决于被检验工件的公称尺寸、公差等级和表面粗糙度以及量规的制造工艺水平。量规表面粗糙度值，随上述因素和量规结构型式的变化而异，一般不大于光滑极限量规国家标准推荐的表面粗糙度数值，见表 3-14。

工作量规工作尺寸的标注如图 3-23 所示。

表 3-14 量规测量面的表面粗糙度

工 作 量 规	量 规 公 称 尺 寸/mm		
	至 120	>120~315	>315~500
	表面粗糙度 Ra 值（不大于）/μm		
IT6 孔用量规	0.05	0.10	0.20
IT6~IT9 轴用量规 IT7~IT9 孔用量规	0.10	0.20	0.40
IT10~IT12 孔、轴用量规	0.20	0.40	0.80
IT13~IT16 孔、轴用量规	0.40	0.80	0.80

注：校对量规测量面的表面粗糙度数值比被校对的轴用量规测量面的表面粗糙度数值略小一点。

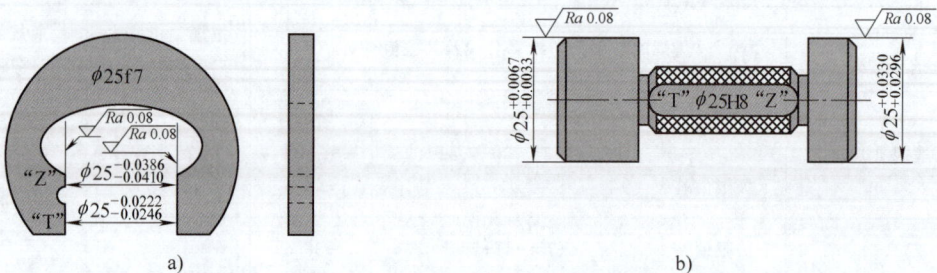

图 3-23 工作量规工作尺寸的标注

a）卡规 b）塞规

本 章 小 结

1. 测量技术的基础知识

主要内容包括量值传递系统，量块基本知识，测量器具的分类及其主要技术指标，测量误差的特点及分类，测量误差的处理方法，测量结果的数据处理。

2. 光滑工件尺寸的检测

（1）用通用计量器具测量工件（GB/T 3177—2009）

通常车间使用的普通计量器具在选用时，应使所选择的计量器具不确定度 $u_{计}$ 不大于且接近于计量器具不确定度的允许值 u_1；验收极限可采用内缩和不内缩两种方式来确定，见表 3-15。

表 3-15　验收极限的确定

确定验收极限的方式		验 收 极 限	应 用
内缩方式	将工件的验收极限从工件的极限尺寸向工件的公差带内缩一个安全裕度 A	上验收极限尺寸＝上极限尺寸-A 下验收极限尺寸＝下极限尺寸+A	主要用于采用包容要求的尺寸和公差等级较高的尺寸
不内缩方式	安全裕度 A＝0	上验收极限尺寸＝上极限尺寸 下验收极限尺寸＝下极限尺寸	主要用于非配合尺寸和一般公差尺寸

（2）用光滑极限量规检验工件（GB/T 1957—2006）

光滑极限量规是一种无刻度的专用检验量具，较通用计量器具方便快捷，一般用于大批量生产有配合要求的零件。它分为工作量规、验收量规和校对量规三种。孔用量规称为塞规，轴用量规称为卡规或环规。轴用量规才有校对量规。光滑极限量规的设计应遵循泰勒原则，但实际生产中，由于制造和使用上的原因，往往偏离泰勒原则。符合泰勒原则的量规，通规应是全形的，止规应是不全形（两点式）的。工作量规小结见表 3-16。

表 3-16　工作量规小结

工作量规的尺寸及作用	通规、止规的理想尺寸分别为 MMS 和 LMS。它们分别控制被检工件的作用尺寸和实际尺寸
工作量规的公差带	为了防止误收，量规的公差带必须由工件的尺寸公差带内缩，见图 3-19
工作量规的工作尺寸计算	见例 3-3
被检工件的合格条件	被检工件应能被通规通过，止规不通过

习题与思考题

3-1　测量的实质是什么？一个完整的测量过程包括哪几个要素？

3-2　什么是尺寸传递系统？为什么要建立尺寸传递系统？

3-3　量块的"级"和"等"是根据什么划分的？按"级"和按"等"使用有何不同？

3-4　计量器具的基本度量指标有哪些？

3-5　说明分度值、标尺间距、灵敏度三者有何区别。

3-6　举例说明测量范围与示值范围的区别。

3-7　什么是测量误差？其主要来源有哪些？

3-8　什么是随机误差、系统误差和粗大误差？三者有何区别？如何进行处理？

3-9　为什么要用多次重复测量的算术平均值表示测量结果？以它表示测量结果可减少哪一类测量误差对测量结果的影响？

3-10　试从 83 块一套的量块中，同时组合下列尺寸：48.98mm，33.625mm，10.56mm。

3-11　用比较仪对某尺寸进行了 15 次等精度测量，测得值如下（单位为 mm）：20.216，20.213，20.215，20.214，20.215，20.215，20.217，20.216，20.213，20.215，20.216，20.214，20.217，20.215，20.214。假设已消除了定值系统误差，试求其测量结果。

3-12　在尺寸检测时，误收与误废是怎样产生的？检测标准中是如何解决这个问题的？

3-13　设有如下工件尺寸，试按 GB/T 3177—2009 标准选择计量器具，并确定验收极限。

（1）$\phi 200h9$（2）$\phi 30K7$（3）一般公差尺寸（GB/T 1804—f）的孔 $\phi 120$。

3-14　有一配合 $\phi 50 \dfrac{H8\binom{+0.039}{0}}{f7\binom{-0.025}{-0.050}}$，试按泰勒原则分别写出孔、轴尺寸合格条件。在实际测量中如何体现这一合格条件？

3-15　计算检验 $\phi 50H7/f6$ 用工作量规及轴用校对量规的工作尺寸，并画出量规公差带图。

两弹一星
功勋科学家：王希季

第四章

几何公差及检测

学习指导

学习目的： 掌握几何公差和几何误差的基本概念；

熟悉几何公差国家标准的基本内容；

为合理选择几何公差打下基础。

学习要求： 掌握几何公差带的特征（形状、大小、方向和位置）以及几何公差在图样上的标注；

掌握几何误差的确定方法；

掌握几何公差的选用原则；

了解公差原则（独立原则、相关要求）的特点和应用；

了解几何误差的检测原则。

第一节　概　　述

在零件的加工过程中，由于机床—夹具—刀具—工件所组成的工艺系统本身的制造、调整误差及受力变形、热变形、振动和磨损等影响，加工后的零件不仅有尺寸误差，还不可避免地产生几何误差。几何误差包括形状误差、方向误差、位置误差和跳动误差。

几何误差对机器或仪器的使用功能影响很大。仅控制尺寸误差往往难以保证零件的工作精度、连接强度、密封性、耐磨性和互换性等方面的要求，特别对精密、高温、高压、高速、重载等条件下工作的机械影响更大。例如，孔与轴的结合，由于存在形状误差，在间隙配合中，会使间隙大小分布不均，加快局部磨损，从而降低零件的工作寿命；在过盈配合中，则造成各处过盈量不一致，影响连接强度；平面的形状误差会减小相互配合零件的实际支承面积，增大单位面积压力，使接触表面的变形增大；齿轮箱上各轴承孔的位置误差将影响齿面的接触均匀性和齿侧间隙等。因此，几何误差的大小是衡量产品质量的一项重要指标，为了满足零件装配后的功能要求，保证零件的互换性和经济性，必须对零件的几何误差加以限制，即对零件的几何要素规定相应的几何公差。零件的几何公差在旧的公差标准体系中称为形位公差。

我国已将几何公差标准化，参照国际标准，重新修订并颁布实施的现行国家标准主要有：GB/T 1182—2018《产品几何技术规范（GPS）几何公差　形状、方向、位置和跳动公差标注》、GB/T 1184—1996《形状和位置公差　未注公差值》、GB/T 4249—2018《产品几何技术规范（GPS）基础概念、原则和规则》、GB/T 16671—2018《产品几何技术规范（GPS）几何公差　最大实体要求（MMR）、最小实体要求（LMR）和可逆要求（RPR）》以及 GB/T 13319—2020《产品几何技术规范（GPS）几何公差　成组（要素）与组合几何规范》。在几何误差的检测方面，我国也颁布了一系列国家和行业标准，如 GB/T 1958—2017《产品几何技术规范（GPS）几何公差　检测与验证》，以便按零件图上给出的几何公差来检测几何误差。

一、几何公差的研究对象

任何机械零件都是由点、线、面组合而成，构成零件几何特征的点、线、面统称为几何要素（简称要素）。这些几何要素便是几何公差的研究对象。图 4-1 所示的零件便是由多种要素组成的。为了正确理解几何公差，应了解以下术语及定义。

1. 拟合要素与实际要素

（1）拟合要素　具有几何学意义的、没有任何误差的要素。可分为组成要素和导出要素。它是按设计要求，由图样上给定的点、线、面的理想状态，即没有任何误差的纯几何的点、线、面。在机械图样上表示的要素，均为拟合要素。由于加工误差的客观存在，所以生产中拟合要素是不可能得到的。

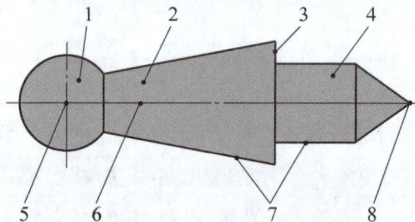

图 4-1　零件的几何要素

1—球面　2—圆锥面　3—端平面　4—圆柱面
5—球心　6—轴线　7—素线　8—锥顶

（2）实际要素　对应于工件实际表面部分的几何要素，零件上实际存在的要素，即加工后得到的要素。因为加工误差不可避免，所以实际要素总是偏离其理想要素，通常用提取要素来代替。由于测量误差总是客观存在的，故提取要素并非是该实际要素的真实状态。

2. 组成要素与导出要素

（1）组成要素　属于工件的实际表面或表面模型的几何要素。如图 4-1 中的球面、圆锥面、端平面、圆柱面、素线等都属于组成要素。

（2）导出要素　对组成要素或滤波要素进行一系列操作而产生的中心的、偏移的、一致的或镜像的几何要素。它随着组成要素的存在而存在。如图 4-1 中的球心、轴线均为导出要素。

3. 被测要素与基准要素

（1）被测要素　给出了形状、方向、跳动或（和）位置公差的要素，即需要研究和测量的要素。可分为单一要素和关联要素。

（2）基准要素　用来确定被测要素方向或（和）位置的要素。理想的基准要素称为基准。

4. 单一要素和关联要素

（1）单一要素 仅对要素本身给出形状公差要求的要素。单一要素仅对本身有要求，而与其他要素没有功能关系。

（2）关联要素 对其他要素有功能关系的要素。关联要素多是具有位置公差要求的点、线或面，它对其他某些要素有图样上给定的功能关系要求。

二、几何公差的特征和符号

根据国家标准 GB/T 1182—2018《产品几何技术规范（GPS）几何公差 形状、方向、位置和跳动公差标注》的规定，几何公差包括形状公差、方向公差、位置公差和跳动公差。几何公差的几何特征和符号见表 4-1。

表 4-1 几何公差的几何特征和符号（摘自 GB/T 1182—2018）

公差类型	几何特征	符号	有无基准
形状公差	直线度	—	无
	平面度	▱	无
	圆度	○	无
	圆柱度	⌭	无
	线轮廓度	⌒	无
	面轮廓度	⌓	无
方向公差	平行度	∥	有
	垂直度	⊥	有
	倾斜度	∠	有
	线轮廓度	⌒	有
	面轮廓度	⌓	有
位置公差	位置度	⊕	有或无
	同心度（用于中心点）	◎	有
	同轴度（用于轴线）	◎	有
	对称度	═	有
	线轮廓度	⌒	有
	面轮廓度	⌓	有
跳动公差	圆跳动	↗	有
	全跳动	↗↗	有

三、几何公差和几何公差带的特征

几何公差是指实际被测要素对图样上给定的理想形状、理想位置的允许变动量。几何公差带是用来限制实际被测要素变动的区域，是几何误差的最大允许值。这个区域可以是平面区域或空间区域。只要被测要素全部落在给定的公差带内，就表示该被测要素合格。

几何公差带具有形状、大小、方向和位置四个特征要素。几何公差带的形状取决于被测要素的理想形状和给定的公差特征，根据几何公差特征可分为9种主要形式，见表4-2。它们都是按几何概念定义的（跳动公差带除外），与测量方法无关。在生产中可采用不同的测量方法来测量和评定某一被测要素是否满足设计要求。跳动公差带是按特定的测量方法定义的，其特征与测量方法有关。几何公差带的大小由图样上给定的公差值 t 来确定，它指的是公差带的宽度或直径等。如公差带为圆形或圆柱形的，在公差值 t 前应加注 "ϕ"，如是球形的，则应加注 "$S\phi$"。几何公差带的方向为公差带的宽度方向或垂直于被测要素的方向，通常为指引线箭头所指方向。几何公差带的位置有固定和浮动两种：所谓固定是指公差带的位置是由图样上给定的基准来确定的，不随实际形状、尺寸或位置的变动而变化，如导出要素的公差带位置均是固定的；所谓浮动是指公差带的位置随着零件实际尺寸在尺寸公差带内的变动而变化，如一般组成要素的公差带位置都是浮动的。

表 4-2　公差带的主要形状

平 面 区 域		空 间 区 域	
两平行直线		球	
两等距曲线		圆柱面	
两同心圆		两同轴圆柱面	
圆		两平行平面	
		两等距曲面	

第二节　形　状　公　差

形状公差是指单一实际要素的形状所允许的变动全量。

形状公差用形状公差带表达。形状公差带是限制单一实际被测要素变动的区域，零件实际要素在该区域内为合格。

一、形状公差与公差带

形状公差有直线度、平面度、圆度、圆柱度、线轮廓度和面轮廓度。被测要素为直线、平面、圆、圆柱面、曲线和曲面。形状公差带的特点是不涉及基准，它的方向和位置均是浮动的，只能控制被测要素形状误差的大小。

直线度公差用于控制直线、轴线的形状误差。根据零件功能要求，直线度可分为在给定平面内、在给定方向上和在任意方向上 3 种情况。

圆度公差是控制圆柱形、圆锥形等回转体横截面形状误差的；圆柱度公差则控制了横剖面和轴剖面内的各项形状误差（圆度、素线直线度、轴线直线度等），是圆柱体各项形状误差的综合指标，也是国际上推广的一项评定圆柱面误差的先进指标。

典型形状公差带定义及其标注示例和解释见表 4-3 ~ 表 4-6。

表 4-3　直线度公差带定义及其标注示例和解释　　　　　（单位：mm）

符号	特征	公 差 带 定 义	标 注 示 例 和 解 释
一	在给定平面内	公差带是距离为公差值 t 的两条平行直线之间的区域 	上平面的提取（实际）线，必须位于平行于图样所示投影面且距离为公差值 0.1 的两平行直线之间
	在给定方向上	公差带是距离为公差值 t 的两平行平面之间的区域 	棱线必须位于箭头所指方向距离为公差值 0.02 的两平行平面之间
	在任意方向上	在公差值前加注 ϕ，公差带是直径为公差值 ϕt 的圆柱面内的区域 	被测圆柱体 ϕd 的轴线必须位于直径为公差值 $\phi 0.04$ 的圆柱面内

表 4-4　平面度公差带定义及其标注示例和解释　　　　　　（单位：mm）

符号	公差带定义	标注示例和解释
▱	公差带是距离为公差值 t 的两平行平面之间的区域	a）提取（实际）表面必须位于距离为公差值 0.1 的两平行平面之间 b）提取（实际）表面上任意 100×100 的范围，必须位于距离为公差值 0.1 的两平行平面之间

表 4-5　圆度公差带定义及其标注示例和解释　　　　　　（单位：mm）

符号	公差带定义	标注示例和解释
○	公差带是在同一正截面上，半径差为公差值 t 的两同心圆之间的区域	在垂直于轴线的任一正截面上，该圆必须位于半径差为公差值 0.02 的两同心圆之间 在通过被测球心的任一截面上，截圆必须位于该截面上半径差为公差值 0.03 的两同心圆之间

表 4-6　圆柱度公差带定义及其标注示例和解释　　（单位：mm）

符号	公差带定义	标注示例和解释
$\not\!\!\!\!\!\!\!\!$	公差带是半径差为公差值 t 的两同轴圆柱面之间的区域 	提取（实际）圆柱面必须位于半径差为公差值 0.02 的两同轴圆柱面之间

二、轮廓度公差与公差带

轮廓度公差特征有线轮廓度和面轮廓度（合称轮廓度）。

线轮廓度公差是用以限制平面曲线（或曲面的截面轮廓）的形状误差。面轮廓度公差是用以限制曲面的形状误差。

轮廓度公差带有两种情况，一种是无基准要求的，属于形状公差；另一种是有基准要求的，属于方向公差或位置公差。轮廓度的公差带具有如下特点：

1）无基准要求的轮廓度，其公差带的形状只由理论正确尺寸决定。

2）有基准要求的轮廓度，其公差带的位置需由理论正确尺寸和基准来决定。

所谓"理论正确尺寸"是用以确定被测要素的理想形状、方向、位置的尺寸。它仅表达设计时对被测要素的理想要求，故该尺寸不附带公差，标注时应围以框格，而该要素的形状、方向和位置误差则由给定的几何公差来控制。

轮廓度公差带定义及其标注示例和解释见表 4-7。

表 4-7　轮廓度公差带定义及其标注示例和解释　　（单位：mm）

符号	特征	公差带定义	标注示例和解释
$\frown$	线轮廓度	公差带是包络一系列直径为公差值 t 的圆的两包络线之间的区域，诸圆圆心应位于理想轮廓线上 注：当被测轮廓线相对基准有位置要求时，其理想轮廓线是指相对于基准为理想位置的理想轮廓线 有基准要求的线轮廓度为方向公差或位置公差 	在平行于图样所示投影面的任一截面上，提取（实际）轮廓线必须位于包络一系列直径为公差值 0.04，且圆心位于具有理论正确几何形状的线上的圆的两包络线之间 a）无基准要求 b）有基准要求

（续）

符号	特征	公差带定义	标注示例和解释
⌓	面轮廓度	公差带是包络一系列直径为公差值 t 的球的两包络面之间的区域,诸球球心应位于理想轮廓面上 注:当被测轮廓面相对基准有位置要求时,其理想轮廓面是指相对于基准为理想位置的理想轮廓面 有基准要求的面轮廓度为方向公差或位置公差 $S\phi t$　t	提取(实际)轮廓面必须位于包络一系列球的两包络面之间,诸球的直径为公差值 0.02,且球心位于具有理论正确几何形状的面上 ⌓ 0.02 SR a) 无基准要求 ⌓ 0.02 A A　SR b) 有基准要求

第三节　方向公差、位置公差和跳动公差

国家标准 GB/T 1182—2018 规定除了形状公差外还有方向公差、位置公差和跳动公差,而这三项公差都是有基准要求的。

一、基准

对于形状公差,仅研究要素本身的实际形状与其理想形状的偏离即可。但对于方向公差、位置公差和跳动公差,则要研究要素相对于基准的实际位置。

基准是确定被测要素的方向、位置的参考对象。设计时,在图样上标出的基准一般可分为三种:

(1) 单一基准　由一个要素建立的基准称为单一基准。如由一个平面或一根轴线均可建立基准。如图 4-2 所示为由一个平面要素建立的基准。

(2) 组合基准(公共基准)　由两个或两个以上的要素所建立的一个独立基准称为组合基准或公共基准。如图 4-3 所示,由两段轴线 A、B 建立起公共基准轴线 $A—B$,它是包容两个实际轴线的理想圆柱的轴线,并作为一个独立基准使用。

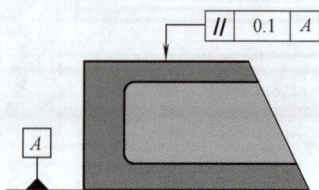

图 4-2　单一基准　　　　　图 4-3　组合基准

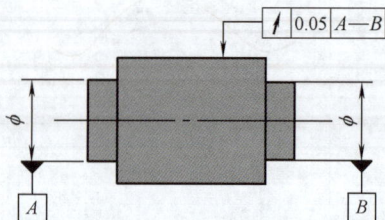

（3）基准体系（三基面体系）　由三个相互垂直的平面所构成的基准体系，称为三基面体系。如图 4-4 所示，A、B 和 C 三个平面互相垂直，分别被称作第一、第二和第三基准平面。每两个基准平面的交线构成基准轴线，三轴线的交点构成基准点。由此可见，单一基准或基准轴线均可从三基面体系中得到。应用三基面体系标注图样时，要特别注意基准的顺序。

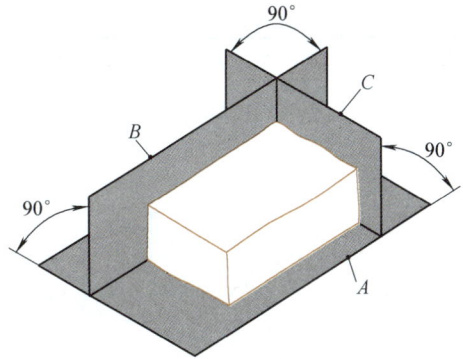

图 4-4　三基面体系

二、方向公差与公差带

方向公差是指关联实际要素对基准在方向上允许的变动全量。 方向公差包括平行度、垂直度和倾斜度 3 项，它们的被测要素和基准要素都有直线和平面之分（线轮廓度和面轮廓度见表 4-7）。因此，被测要素相对基准要素都有面对面、线对面、面对线和线对线 4 种情况。根据要素的几何特征及功能要求，方向公差中被测要素相对基准要素为线对线或线对面时，可分为给定一个方向、给定相互垂直的两个方向和任意方向 3 种。

典型的方向公差的公差带定义及其标注示例和解释见表 4-8~表 4-10。

表 4-8　平行度公差带定义及其标注示例和解释　　（单位：mm）

符号	特征	公差带定义	标注示例和解释
//	面对面	公差带是距离为公差值 t，且平行于基准平面的两平行平面之间的区域 	提取（实际）表面必须位于距离为公差值 0.05，且平行于基准平面（基准面 A）的两平行平面之间
	线对面	公差带是距离为公差值 t，且平行于基准平面的两平行平面之间的区域 	提取（实际）中心线必须位于距离为公差值 0.03，且平行于基准平面（基准面 A）的两平行平面之间

（续）

符号	特征	公差带定义	标注示例和解释
//	面对线	公差带是距离为公差值 t，且平行于基准线的两平行平面之间的区域	提取（实际）表面必须位于距离为公差值 0.1，且平行于基准线（基准轴线 A）的两平行平面之间
	线对线	（1）一个方向　公差带是距离为公差值 t，且平行于基准线，并位于给定方向上的两平行平面之间的区域	ϕD 孔的轴线必须位于距离为公差值 0.1，且在给定方向上平行于基准轴线 A 的两平行平面之间
		（2）相互垂直的两个方向　公差带是两对相互垂直的距离分别为 t_1 和 t_2，且平行于基准线的平行平面之间的区域	提取（实际）中心线必须位于距离分别为公差值 0.2 和 0.1 的在给定的相互垂直方向上，且平行基准轴线 A 的两组平行平面之间
		（3）任意方向　在公差值前加注 ϕ，公差带是直径为公差值 ϕt，且平行于基准线的圆柱面内的区域	提取（实际）中心线必须位于直径为公差值 $\phi 0.1$，且平行于基准轴线 A 的圆柱面内

表 4-9　垂直度公差带定义及其标注示例和解释　　　　　　　（单位：mm）

符号	特征	公差带定义	标注示例和解释
⊥	面对面	公差带是距离为公差值 t，且垂直于基准平面的两平行平面之间的区域	提取（实际）表面必须位于距离为公差值 0.05，且垂直于基准平面 A 的两平行平面之间
	线对面	（1）一个方向　在给定方向上，公差带是距离为公差值 t，且垂直于基准平面的两平行平面之间的区域	ϕd 的轴线必须在给定的投影方向上，位于距离为公差值 0.1，且垂直于基准平面的两平行平面之间
		（2）任意方向　在公差值前加注 ϕ，公差带是直径为公差值 ϕt，且垂直于基准平面的圆柱面内的区域	ϕd 的轴线必须位于直径为公差值 $\phi 0.05$，且垂直于基准平面 A 的圆柱面内
	线对线	公差带是距离为公差值 t，且垂直于基准线的两平行平面之间的区域	ϕD 的轴线必须位于距离为公差值 0.05，且垂直于 $2\times\phi D_1$ 孔公共轴线的两平行平面之间

表 4-10　倾斜度公差带定义及其标注示例和解释 　　　　　　　　（单位：mm）

符号	特征	公 差 带 定 义	标 注 示 例 和 解 释
	面对线	公差带是距离为公差值 t，且与基准线成一给定角度的两平行平面之间的区域 	斜表面必须位于距离为公差值 0.06，且与基准轴线成理论正确角度 $60°$ 的两平行平面之间
	线对面	在公差值前加注 ϕ，公差带是直径为公差值 ϕt 的圆柱面内的区域，该圆柱面的轴线应与基准平面 A 成一给定的角度，并平行于基准平面 B 	ϕD 的轴线必须位于直径为公差值 $\phi 0.05$，且与基准平面 A 成理论正确角度 $45°$，并平行于基准平面 B 的圆柱面内

注：线轮廓度和面轮廓度公差带定义及其标注参见表 4-7 有基准要求的示例。

方向公差具有如下特点：

1）方向公差带相对于基准有确定的方向，而其位置往往是浮动的。

2）方向公差带具有综合控制被测要素的方向和形状的功能。如平面的平行度公差，可以控制该平面的平面度和直线度误差；轴线的垂直度公差可以控制该轴线的直线度误差。因此在保证功能要求的前提下，规定了方向公差的要素，一般不再规定形状公差，只有需要对该要素的形状有进一步要求时，才可同时给出形状公差，但其公差数值应小于方向公差值。

三、位置公差与公差带

位置公差是关联实际要素对基准在位置上允许的变动全量。它包括同轴度、同心度、对称度、位置度、线轮廓度和面轮廓度。

同轴度用于控制轴类零件的被测轴线对基准轴线的同轴度误差。当被测要素为点时，称为同心度。

对称度用于控制被测要素中心平面（或轴线）的共面（或共线）性误差。被测要素相对基准要素有线对线、线对面、面对线和面对面 4 种情况。

位置度用于控制被测要素（点、线、面）对基准要素的位置误差。根据零件的功能要求，位置度公差可分为给定一个方向、给定相互垂直的两个方向和任意方向 3 种。后者用得最多。

标注基准的线轮廓度公差用于控制平面曲线或曲面截面轮廓的方向或位置误差。

标注基准的面轮廓度公差用于控制空间曲面的方向或位置误差。

典型的位置公差的公差带定义及其标注示例和解释见表 4-11～表 4-13。

表 4-11　同轴度公差带定义及其标注示例和解释　　　　（单位：mm）

符号	特征	公　差　带　定　义	标　注　示　例　和　解　释
◎	点的同心度公差	公差带是直径为公差值 ϕt，且与基准圆心同心的圆内的区域 基准点	ϕd 的圆心必须位于直径为公差值 $\phi 0.1$，且与基准圆心 A 同心的圆内 ACS ◎ $\phi 0.1$ A
	轴线的同轴度公差	公差带是直径为公差值 ϕt 的圆柱面内的区域，该圆柱面的轴线与基准轴线同轴 基准轴线	ϕd 的轴线必须位于直径为公差值 $\phi 0.1$，且与公共基准轴线 $A—B$ 同轴的圆柱面内 ϕd ◎ $\phi 0.1$ $A—B$ A　　　B

表 4-12　对称度公差带定义及其标注示例和解释　　　　（单位：mm）

符号	特征	公　差　带　定　义	标　注　示　例　和　解　释
=	面对线	公差带是距离为公差值 t，且相对基准中心平面（或中心线、轴线）对称配置的两平行平面（或直线）之间的区域	键槽的中心面必须位于距离为公差值 0.1 的两平行平面之间，该两平面对称配置在通过基准轴线 D 的辅助平面两侧 = 0.1 D A A D $A—A$ ϕ
	面对面	基准平面	槽的中心面必须位于距离为公差值 0.1，且相对基准中心平面 A 对称配置的两平行平面之间 = 0.1 A A

表 4-13　位置度公差带定义及其标注示例和解释　　　　　　　（单位：mm）

符号	特征	公差带定义	标注示例和解释
⊕	点的位置度	公差带是直径为公差值 ϕt，且以点的理想位置为中心的圆或球的区域 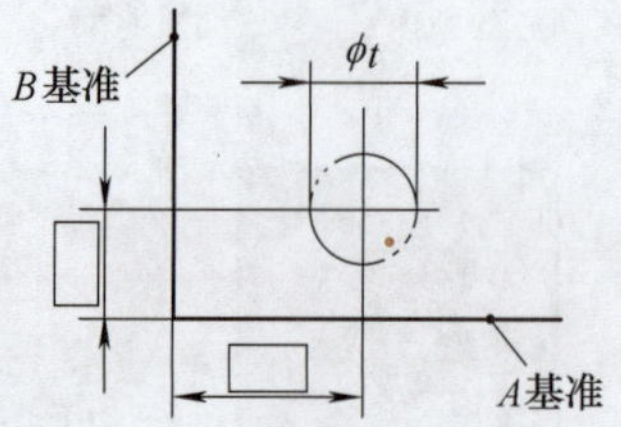	该点必须位于直径为公差值 $\phi0.3$ 的圆内，该圆的圆心位于相对基准 A、B 所确定的点的理想位置上 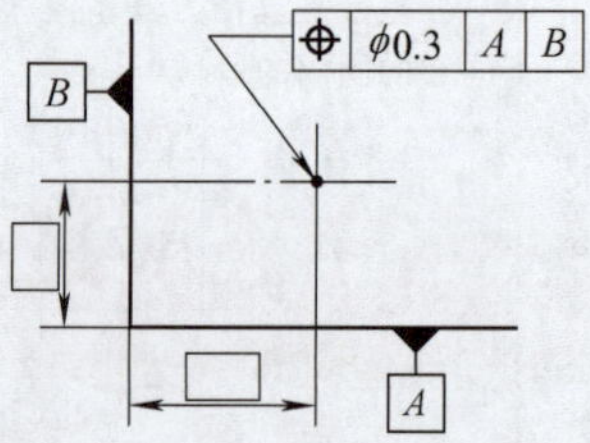
	线的位置度	任意方向时，公差值前加注 ϕ，公差带是直径为公差值 ϕt 的圆柱面内的区域。公差带的轴线的位置由相对于三基面体系的理论正确尺寸决定	ϕD 的轴线必须位于直径为公差值 $\phi0.1$，且以相对于基准平面 A、B、C 的理论正确尺寸所确定的理论位置为轴线的圆柱面内
			3 个 ϕD 的轴线必须分别位于直径为公差值 $\phi0.05$，且以理想位置为轴线的诸圆柱面内
	面的位置度	公差带是距离为公差值 t，且以面的理想位置为中心对称配置的两平行平面之间的区域，面的理想位置由相对于三基面体系的理论正确尺寸确定 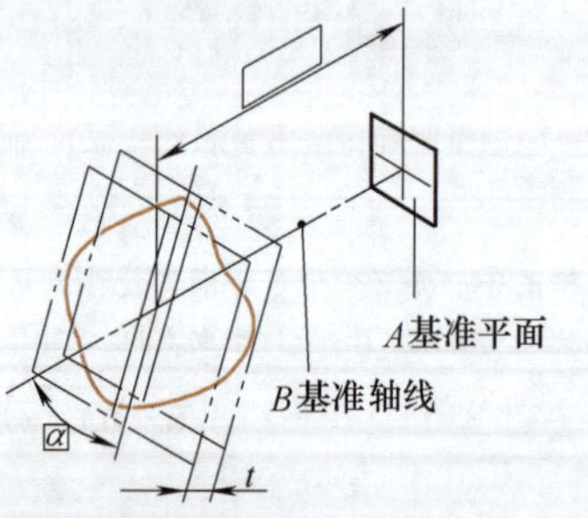	斜表面必须位于距离为公差值 0.05mm，且以相对基准轴线 A 和基准平面 B 的理论正确尺寸所确定的理想位置对称配置的两平行平面之间 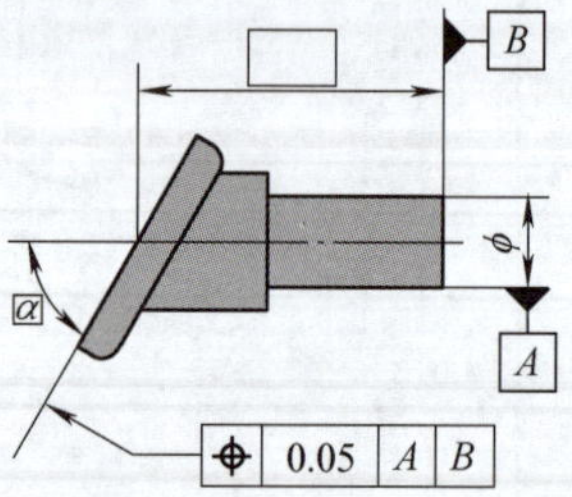

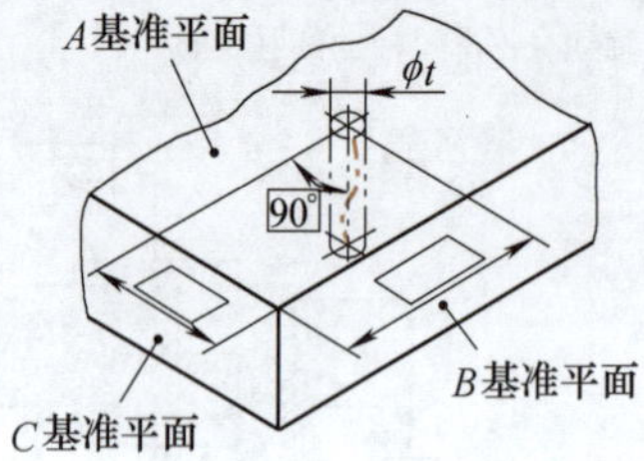

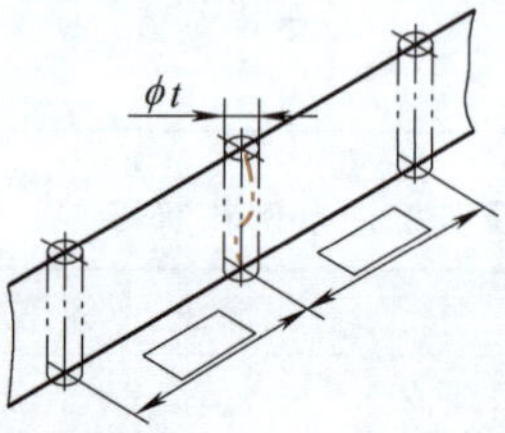

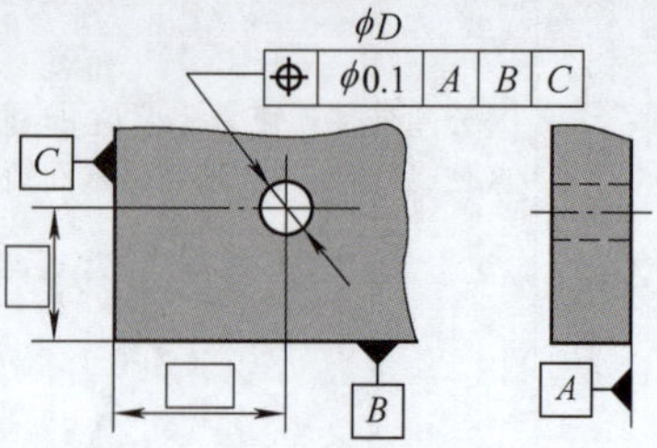

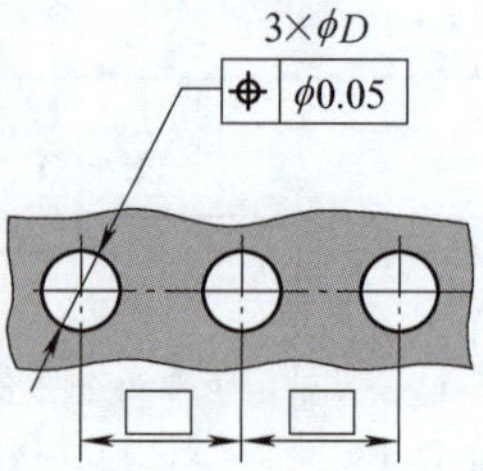

注：轮廓度公差带定义及其标注参见表 4-7 有基准要求的示例。

位置公差带的特点如下：

1）位置公差相对于基准具有确定位置。其中，位置度公差带的位置由理论正确尺寸确定，同轴度和对称度的理论正确尺寸为零，图上可省略不注。

2）位置公差带具有综合控制被测要素的位置、方向和形状的功能。如平面的位置度公差，可以控制该平面的平面度误差和相对于基准的方向误差；同轴度公差可以控制被测轴线的直线度误差和相对于基准轴线的平行度误差。在满足使用要求的前提下，对被测要素给出位置公差后，通常对该要素不再给出方向公差和形状公差。如果需要对方向和形状有进一步要求时，则可另行给出方向或形状公差，但其数值应小于位置公差值。

四、跳动公差与公差带

跳动公差是关联实际要素绕基准轴线回转一周或连续回转时所允许的最大跳动量。

跳动公差带是按特定的测量方法定义的公差项目，测量方法简便。它的被测要素为圆柱面、端平面和圆锥面等组成要素，基准要素为轴线。

跳动是指实际被测要素在无轴向移动的条件下绕基准轴线回转的过程中（回转一周或连续回转），由指示计在给定的测量方向上对其测得的最大与最小示值之差。跳动可分为圆跳动和全跳动。

圆跳动是指被测要素在某个测量截面内相对于基准轴线的变动量。测量时被测要素回转一周，而指示计的位置固定。根据测量方向的不同，圆跳动分为径向圆跳动、轴向圆跳动和斜向圆跳动（应用较少）。

全跳动是指整个被测要素相对于基准轴线的变动量。测量时被测要素连续回转且指示计做直线移动。全跳动分为径向全跳动和轴向全跳动。典型的圆跳动、全跳动公差的公差带定义及其标注示例和解释见表 4-14、表 4-15。

表 4-14　圆跳动公差带定义及其标注示例和解释　　　　　　　（单位：mm）

符号	特征	公差带定义	标注示例和解释
↗	径向圆跳动	公差带是在垂直于基准轴线的任一测量平面内，半径差为公差值 t，且圆心在基准轴线上的两个同心圆之间的区域 （基准轴线、t、测量平面）	ϕd 圆柱面绕基准轴线做无轴向移动回转时，在任一测量平面内的径向圆跳动量均不得大于公差值 0.05 $\boxed{↗\ \|\ 0.05\ \|\ A}$
	轴向圆跳动	公差带是在与基准轴线同轴的任一半径位置的测量圆柱面上沿母线方向距离为公差值 t 的两圆之间的区域 （t、基准轴线、测量圆柱面）	当被测件绕基准轴线无轴向移动旋转一周时，在被测面上任一测量直径处的轴向跳动量均不得大于公差值 0.05 $\boxed{↗\ \|\ 0.05\ \|\ A}$

（续）

符号	特征	公差带定义	标注示例和解释
↗	斜向圆跳动	公差带是在与基准轴线同轴,且母线垂直于被测表面的任一测量圆锥面上,沿母线方向距离为公差值 t 的两圆之间的区域,除特殊规定外,其测量方向是被测表面的法线方向	当被测件绕基准轴线无轴向移动旋转一周时,任一测量圆锥面上的跳动量均不得大于公差值 0.05

表 4-15　全跳动公差带定义及其标注示例和解释　　　（单位：mm）

符号	特征	公差带定义	标注示例和解释
↗↗	径向全跳动	公差带是半径差为公差值 t,且与基准轴线同轴的两圆柱面之间的区域	ϕd 表面绕基准轴线做无轴向移动的连续回转,同时,指示计做平行于基准轴线方向的直线移动,在 ϕd 整个表面上的跳动量不得大于公差值 0.2
	轴向全跳动	公差带是距离为公差值 t,且与基准轴线垂直的两平行平面之间的区域	端面绕基准轴线做无轴向移动的连续回转,同时,指示计做垂直于基准轴线方向的直线移动,此时,在整个端面上的跳动量不得大于公差值 0.05

　　跳动公差具有综合控制被测要素的位置、方向和形状的作用。例如,径向全跳动公差带可综合控制同轴度和圆柱度误差;轴向全跳动公差带可综合控制端面对基准轴线的垂直度误差和平面度误差（轴向全跳动公差带与端面对基准轴线的垂直度公差带是相同的,两者控制位置误差的效果也一样）。因此,采用跳动公差时,若综合控制被测要素能够满足功能要求,一般不再标注相应的位置公差和形状公差;若不能够满足功能要求,则可进一步给出相应的位置公差和形状公差,但其数值应小于跳动公差值。

第四节　几何公差与尺寸公差的关系

在设计零件时，根据零件的功能要求，对零件上重要的几何要素，常常需要同时给定尺寸公差、几何公差等。那么，零件上几何要素的实际状态是由要素的尺寸误差和几何误差综合作用的结果，两者都会影响零件的配合性能，因此在设计和检测时需要明确几何公差与尺寸公差之间的关系。确定这种相互关系的原则称为公差原则。公差原则分为独立原则和相关要求两大类。

一、有关术语及定义

1. 提取组成要素的局部尺寸（简称提取要素的局部尺寸 d_a、D_a）

在实际要素的任意截面上，两测量点之间测得的距离（见图 4-5）。对同一要素在不同部位测量，得到的提取要素的局部尺寸不同。

2. 作用尺寸

（1）体外作用尺寸（d_{fe}、D_{fe}）　在被测要素的给定长度上，与实际外表面体外相接的最小理想面或与实际内表面体外相接的最大理想面的直径或宽度。对于关联要素，该理想面的轴线或中心平面必须与基准保持图样给定的几何关系。

外表面（轴）的体外作用尺寸和内表面（孔）的体外作用尺寸分别用 d_{fe} 和 D_{fe} 表示，如图 4-5 所示。

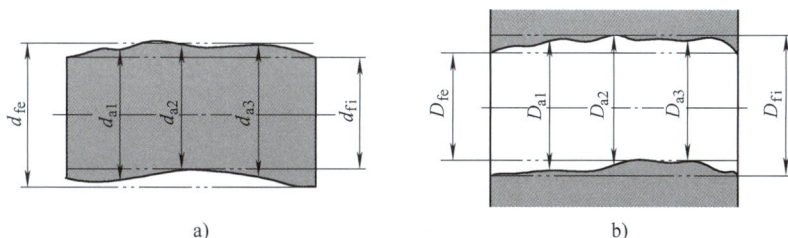

图 4-5　实际尺寸和作用尺寸
a）外表面（轴）　b）内表面（孔）

（2）体内作用尺寸（d_{fi}、D_{fi}）　在被测要素的给定长度上，与实际外表面体内相接的最大理想面或与实际内表面体内相接的最小理想面的直径或宽度。对于关联要素，该理想面的轴线或中心平面必须保持图样给定的几何关系。

外表面（轴）的体内作用尺寸和内表面（孔）的体内作用尺寸分别用 d_{fi} 和 D_{fi} 表示，如图 4-5 所示。

3. 最大实体实效状态、尺寸

（1）最大实体实效状态（MMVC）　在给定长度上，实际要素处于最大实体状态且其导出要素的形状或位置误差等于给出的几何公差值时的综合极限状态。

（2）最大实体实效尺寸（D_{MV}、d_{MV}）　最大实体实效状态下的体外作用尺寸。对于外表面，它等于最大实体尺寸（d_M）与几何公差值（加注符号Ⓜ的）之和，用 d_{MV} 表示；对于内表面，它等于最大实体尺寸（D_M）与几何公差值（加注符号Ⓜ的）之差，用 D_{MV} 表示。即

$$d_{MV} = d_M + t \text{Ⓜ} = d_{max} + t \text{Ⓜ}$$

$$D_{MV} = D_M - t \text{Ⓜ} = D_{min} - t \text{Ⓜ}$$

4. 最小实体实效状态、尺寸

（1）最小实体实效状态（LMVC） 在给定长度上，实际要素处于最小实体状态且其导出要素的形状或位置误差等于给出的几何公差值时的综合极限状态。

（2）最小实体实效尺寸（d_{LV}、D_{LV}） 最小实体实效状态下的体内作用尺寸。对于外表面，它等于最小实体尺寸（d_L）与几何公差值（加注符号Ⓛ的）之差，用 d_{LV} 表示；对于内表面，它等于最小实体尺寸（D_L）与几何公差值（加注符号Ⓛ的）之和，用 D_{LV} 表示。即

$$d_{LV} = d_L - t \text{Ⓛ} = d_{min} - t \text{Ⓛ}$$

$$D_{LV} = D_L + t \text{Ⓛ} = D_{max} + t \text{Ⓛ}$$

作用尺寸与实效尺寸的区别：作用尺寸是由实际尺寸和几何误差综合形成的，一批零件中各不相同，是一个变量，但就每个实际的轴或孔而言，作用尺寸却是唯一的；实效尺寸是由实体尺寸和几何公差综合形成的，对一批零件而言是一定量。实效尺寸可以视为作用尺寸的允许极限值。

5. 边界

（1）边界 由设计给定的具有理想形状的极限包容面。

（2）最大实体边界（MMB） 尺寸为最大实体尺寸的边界。

（3）最小实体边界（LMB） 尺寸为最小实体尺寸的边界。

（4）最大实体实效边界（MMVB） 尺寸为最大实体实效尺寸的边界。

（5）最小实体实效边界（LMVB） 尺寸为最小实体实效尺寸的边界。

二、独立原则

独立原则是指图样上给定的几何公差与尺寸公差相互无关，应分别满足要求的公差原则。它是几何公差和尺寸公差相互关系所遵循的基本原则。

独立原则的适用范围较广，各种组成要素和导出要素均可采用。其具有以下特点：

1）尺寸公差仅控制提取要素的局部尺寸，不控制其几何误差。

2）给出的几何公差为定值，不随要素的实际尺寸变化而变化。

3）采用独立原则时，在图样上不附加任何标注。

图 4-6 为采用独立原则的示例，该轴的提取要素的局部尺寸必须位于 $\phi 19.967 \sim \phi 20mm$ 之间，而不论轴的提取要素的局部尺寸为何值，其轴线的直线度误差都不允许大于 $\phi 0.02mm$。

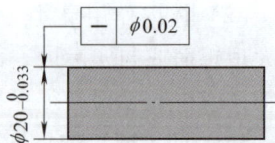

图 4-6 独立原则应用实例

三、相关要求

相关要求是指图样上给定的几何公差与尺寸公差相互有关的公差要求。根据被测提取要素所应遵守的边界不同，相关要求可分为包容要求、最大实体要求、最小实体要求和可逆要求。

1. 包容要求

包容要求是要求实际要素应遵守其最大实体边界（MMB），其提取要素的局部尺寸不得超出最小实体尺寸的一种公差要求。它仅适用于处理单一要素（如圆柱表面或两平行表面）

的尺寸公差与几何公差的相互关系。当采用包容要求时，应在被测要素的尺寸极限偏差或公差带代号后加注符号Ⓔ，如图4-7a所示。

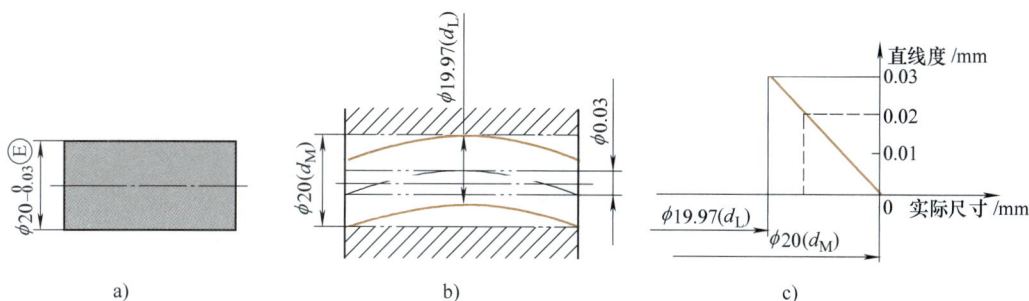

图4-7 包容要求

包容要求的实质是当要素的实际尺寸偏离最大实体尺寸时，允许其形状误差增大。它反映了尺寸公差与几何公差之间的补偿关系。因而包容要求具有如下特点：

1) 实际要素的体外作用尺寸不得超出最大实体尺寸（MMS）。

2) 当要素的实际尺寸处处为最大实体尺寸时，不允许有任何形状误差。

3) 当要素的实际尺寸偏离最大实体尺寸时，其偏离量可补偿给几何误差。补偿量的一般计算公式为

$$t_{补} = \left| MMS - d_a(D_a) \right|$$

4) 要素的提取要素的局部尺寸不得超出最小实体尺寸。

例如，图4-7a所示的轴采用了包容要求，其含义为：该轴的最大实体边界为直径等于 $\phi20mm$ 的理想圆柱面（孔），见图4-7b。当轴的实际尺寸处处为最大实体尺寸 $\phi20mm$ 时，轴的直线度误差应为零；当轴的实际尺寸偏离最大实体尺寸时，可以允许轴的直线度（形状误差）相应增加，增加量为实际尺寸与最大实体尺寸之差（绝对值），其最大增加量等于尺寸公差。此时轴的实际尺寸应处处为最小实体尺寸（见图4-7b），轴的直线度误差可增大到 $\phi0.03mm$。图4-7c为反映其补偿关系的动态公差图，表达了轴为不同实际尺寸时所允许的形状误差值。

表4-16列出了轴为不同实际尺寸时所允许的几何误差值，与图4-7c相对应。

由此可见，当采用包容要求时，尺寸公差不仅限制了要素的实际尺寸，还控制了要素的形状误差。包容要求主要用于有配合要求，且其极限间隙或极限过盈必须严格得到保证的场合，即用最大实体边界保证必要的最小间隙或最大过盈，用最小实体尺寸防止间隙过大或过盈过小。

表4-16 实际尺寸及允许的误差

（单位：mm）

被测要素实际尺寸	允许的直线度误差
$\phi20$	$\phi0$
$\phi19.99$	$\phi0.01$
$\phi19.98$	$\phi0.02$
$\phi19.97$	$\phi0.03$

2. 最大实体要求（MMR）

最大实体要求是要求被测要素的实际轮廓应遵守其最大实体实效边界，当其实际尺寸偏离最大实体尺寸时，允许其几何误差值超出在最大实体状态下给出的公差值的一种公差要求。

最大实体要求既可用于被测要素，也可用于基准要素。应用时，前者应在被测要素几何

公差框格中的公差值后标注符号"Ⓜ"，后者应在几何公差框格内的基准字母代号后标注符号"Ⓜ"。最大实体要求的特点如下：

1）被测要素遵守最大实体实效边界，即被测要素的体外作用尺寸不超过最大实体实效尺寸。

2）当被测要素的提取要素的局部尺寸处处均为最大实体尺寸时，允许的几何误差为图样上给定的几何公差值。

3）当被测要素的实际尺寸偏离最大实体尺寸后，其偏离量可补偿给几何公差，允许的几何误差为图样上给定的几何公差值与偏离量之和。

4）实际尺寸必须在最大实体尺寸和最小实体尺寸之间变化。

下面举一最大实体要求用于被测要素的例子加以分析。

如图 4-8a 所示，轴 $\phi 20_{-0.3}^{0}$mm 的轴线直线度公差采用最大实体要求给出，即当被测要素处于最大实体状态时，其轴线直线度公差为 $\phi 0.1$mm，则轴的最大实体实效尺寸为

$$d_{MV} = d_{max} + t\text{Ⓜ} = \phi(20 + 0.1)\text{mm} = \phi 20.1\text{mm}$$

d_{MV} 可确定的最大实体实效边界是一个直径为 $\phi 20.1$mm 的理想圆柱面（孔），如图 4-8b 所示。该轴应满足下列要求：

1）当轴处于最大实体状态（$d_M = \phi 20$mm）时，允许轴线的直线度误差为给定的公差值 $\phi 0.1$mm，如图 4-8b 所示。

2）当轴的尺寸偏离最大实体尺寸（计算偏离量的基准），如均为 $\phi 19.9$mm 时，这时偏离量 0.1mm 可补偿给直线度公差，允许轴线的直线度误差为 $\phi 0.2$mm，即为给定的直线度公差 $\phi 0.1$mm 与偏离量 0.1mm 之和。

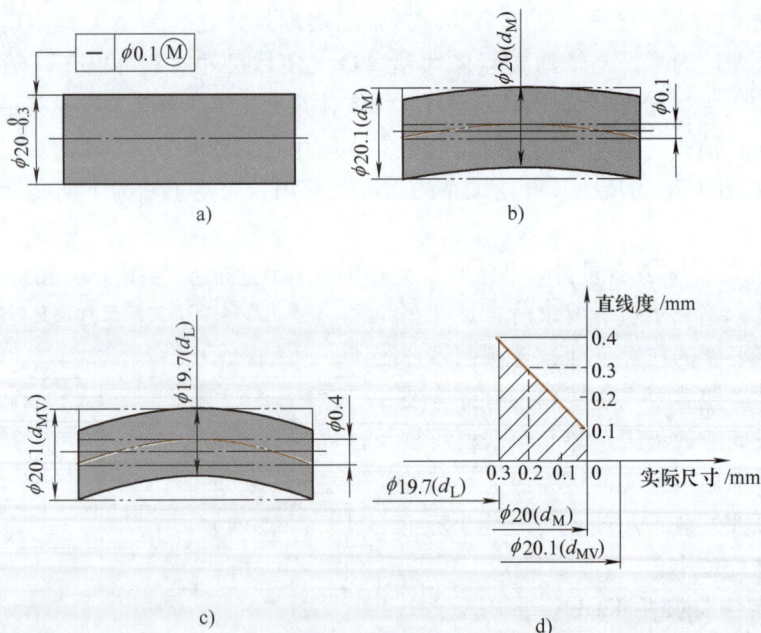

图 4-8　最大实体要求用于被测要素

3）当轴的尺寸为最小实体尺寸 $\phi 19.7$mm 时，偏离量达到最大值（等于尺寸公差 0.3mm），这时允许轴线的直线度误差为给定的直线度公差 $\phi 0.1$mm 与尺寸公差 0.3mm 之

和，即为 $\phi0.4$mm，如图 4-8c 所示。

4）轴的实际尺寸必须在 $\phi19.7 \sim \phi20$mm 之间变化。

表 4-17 列出了轴为不同实际尺寸时所允许的几何误差值。图 4-8d 为反映其补偿关系的动态公差图。

表 4-17　实际尺寸及允许的几何误差

（单位：mm）

被测要素实际尺寸	允许的直线度误差
	给定值+被测要素补偿值
$\phi20$	$\phi0.1(\phi0.1+0)$
$\phi19.9$	$\phi0.2(\phi0.1+0.1)$
$\phi19.8$	$\phi0.3(\phi0.1+0.2)$
$\phi19.7$	$\phi0.4(\phi0.1+0.3)$

最大实体要求与包容要求相比，由于实际要素的几何公差可以不分割尺寸公差值，因而在相同尺寸公差值的前提下，采用最大实体要求的实际尺寸精度更低些；对于几何公差而言，尺寸公差可以补偿几何公差，允许的最大几何误差等于图样给定的几何公差与尺寸公差之和。总之，与包容要求相比，可以得到较大的尺寸制造公差和几何制造公差，具有良好的工艺性和经济性。因此，最大实体要求主要用于保证装配的互换性的场合，一方面可用于零件尺寸精度和几何精度较低、配合性质要求不严的情况，另一方面也可用于要求保证自由装配的情况。

另外，应注意的是，最大实体要求仅用于导出要素。对于平面、直线等组成要素，由于不存在尺寸公差对几何公差的补偿问题，因而不具备应用条件。

最大实体要求用于基准要素的方法参见国家标准，这里不再赘述。

3. 最小实体要求（LMR）

最小实体要求是要求被测要素的实际轮廓应遵守其最小实体实效边界，当其实际尺寸偏离最小实体尺寸时，允许其几何误差值超出在最小实体状态下给出的公差值的一种公差要求。

采用最小实体要求时，要求被测要素的体内作用尺寸不超出最小实体实效尺寸；实际尺寸必须在最小实体尺寸和最大实体尺寸之间变化；当被测要素处于最小实体状态时，几何误差的允许值为图样上给定的几何公差值；当被测要素的实际尺寸偏离最小实体尺寸后，其偏离量可补偿给几何公差，补偿量为

$$t_{补} = \left| \text{LMS} - d_a(D_a) \right|$$

当被测要素处于最大实体状态时，几何误差达到最大值，等于给定的几何公差和尺寸公差之和。

最小实体要求可应用于被测要素（在其几何公差值后加注符号"Ⓛ"），也可用于基准要素（在几何公差框格中的基准字母代号后标注符号"Ⓛ"）。

图 4-9a 所示的轴采用了最小实体要求，当轴的实体尺寸为最小实体尺寸 $\phi19.7$mm 时，轴线的直线度公差为给定值 $\phi0.1$mm（见图 4-9b），轴的最小实体实效尺寸为

$$d_{\text{LV}} = d_{\min} - t_{Ⓛ} = \phi(19.7 - 0.1)\text{mm} = \phi19.6\text{mm}$$

当轴的实际尺寸偏离最小实体尺寸时，直线度误差允许增大，即尺寸公差补偿给几何公差。当轴的实际尺寸为最大实体尺寸 $\phi20$mm 时，直线度误差允许达到的最大值为 $\phi0.1$mm + $\phi0.3$mm = $\phi0.4$mm。图 4-9c 为其补偿的动态公差图。

最小实体要求仅用于导出要素，主要用于保证零件强度和最小壁厚。由于最小实体要求的被测要素不得超越最小实体实效边界，因而应用最小实体要求可以保证零件强度和最小壁厚尺寸。另外，当被测要素偏离最小实体状态时，可以扩大几何误差的允许值，以增加几何

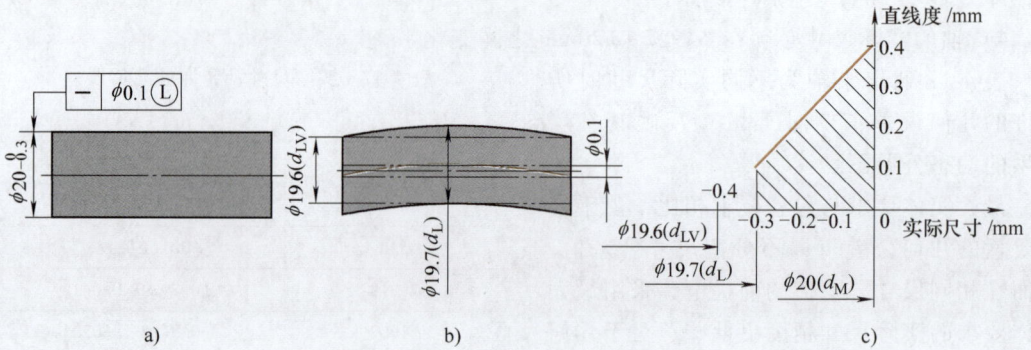

图 4-9　最小实体要求用于被测要素

误差的合格范围，获得良好的经济效益。

4. 可逆要求（RR）

可逆要求是当导出要素的几何误差小于给出的几何公差值时，允许在满足零件功能要求的前提下，扩大尺寸公差的一种公差要求。

可逆要求是一种反补偿要求。前面分析的最大实体要求与最小实体要求均是实体尺寸偏离最大实体尺寸或最小实体尺寸时，允许尺寸公差可以补偿给几何公差。而可逆要求反过来用几何公差补偿给尺寸公差，即允许相应的尺寸公差增大。

可逆要求不单独使用，应与最大实体要求或最小实体要求一起使用。当可逆要求用于最大实体要求或最小实体要求时，并没有改变它们原来所遵守的极限边界，只是在原有尺寸公差补偿几何公差关系的基础上，增加几何公差补偿尺寸公差的关系，为加工时根据需要分配尺寸公差和几何公差提供方便。

可逆要求的标注方法是：在图样上将表示可逆要求的符号Ⓡ置于采用最大实体要求或最小实体要求的被测要素的几何公差值后的符号Ⓜ或Ⓛ之后，变为Ⓜ Ⓡ或Ⓛ Ⓡ。

可逆要求用于只要求零件实际轮廓限定在某一控制边界内，不严格区分其尺寸和几何公差是否在允许范围内的情况。可逆要求用于最大实体要求主要应用于公差及配合无严格要求，仅要求保证装配互换的场合。可逆要求一般很少应用于最小实体要求。

第五节　几何公差的应用

一、几何公差的标注

国家标准 GB/T 1182—2008 规定，在技术图样中几何公差应采用框格代号标注。无法采用框格代号标注时，才允许在技术要求中用文字加以说明，但应做到内容完整，用词严谨。几何公差的标注包括：几何公差框格、指引线、几何公差特征的符号、公差数值和有关符号、基准符号和相关要求符号等，如图 4-10 所示。

1. 公差框格的标注

几何公差框格分成两格（见图 4-10a）和多格（见图 4-10b）形式，前者一般用于形状公差，后者一般用于方向公差、跳动公差或位置公差。在图样上，公差框格一般应水平绘制，当受到空间限制时允许将其垂直绘制，其线型为细实线。框格中从左到右（水平绘制时）或从下到上（垂直绘制时）按次序填写的内容有：

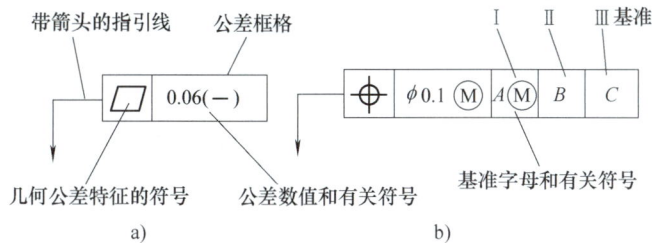

图 4-10　几何公差框格

a）形状公差　b）位置公差

（1）第一格　几何公差特征的符号。

（2）第二格　几何公差数值和有关符号。公差值的单位为 mm。公差带的形状是圆形或圆柱时，在公差值前加注"ϕ"，如是球形的，则加注"$S\phi$"；如果在公差带内需进一步限定被测要素的形状或者需采用一些公差要求等，则应在公差值后加注相关的附加符号，常用的附加符号见表 4-18。

表 4-18　几何公差标注中的部分附加符号

符号	含　义	符号	含　义
（+）	被测要素只许中间向材料外凸起	Ⓔ	包容要求
（-）	被测要素只许中间向材料内凹下	Ⓜ	最大实体要求
（▷）	被测要素只许按符号的方向从左至右减小	Ⓛ	最小实体要求
		Ⓡ	可逆要求
（◁）	被测要素只许按符号的方向从右至左减小	Ⓟ	延伸公差带
		Ⓕ	自由状态条件（非刚性）

（3）第三格和以后各格　基准字母和有关符号。代表基准的字母采用大写拉丁字母，为了不致引起误解，规定不得采用 E、F、I、J、L、M、O、P 和 R 等九个字母。基准的顺序在公差框格中是固定的，即从第三格起依次填写第一、第二和第三基准字母（见图 4-10），而与基准字母在拉丁字母表中的顺序无关。组合基准采用两个字母中间加一横线的填写方法，如"$A—B$"。

2. 被测要素的标注

用带箭头的指引线将公差框格与被测要素相连，指引线的箭头指向被测要素，箭头的方向为公差带的宽度方向。应特别注意指引线箭头所指的位置和方向，否则公差要求的解释可能不同。指引线可以自公差框格的任意一端引出，应垂直于框格，但不能自框格两端同时引出。引向被测要素时允许弯折，但不得多于两次，如图 4-11a 所示。为方便起见，允许自框格的侧边直接引出，如图 4-11b 所示。

被测要素的主要标注方法如下：

1）当被测要素为组成要素时，指引线的箭头应指在该要素的轮廓线或其延长线上，并应明显地与尺寸线错开（应与尺寸线至少错开 4mm），如图 4-12 所示。

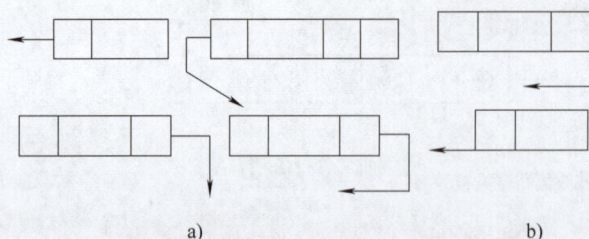

图 4-11　指引线的标注方法

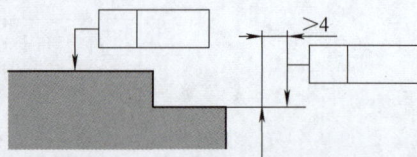

图 4-12　组成要素的标注

2）当被测要素为导出要素时，指引线的箭头应与被测要素的尺寸线对齐，如图 4-13a、b 所示；当箭头与尺寸线的箭头重叠时，可代替尺寸线箭头，如图 4-13b 所示；指引线的箭头不允许直接指向轴线或中心线，如图 4-13c 所示。

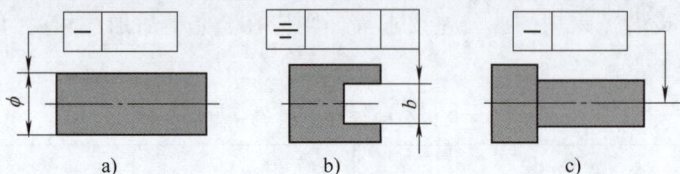

图 4-13　导出要素的标注

3）当被测要素为圆锥体的轴线时，指引线的箭头应与圆锥体直径尺寸线（大端或小端）对齐，如图 4-14a 所示；必要时也可在圆锥体内画出空白的尺寸线，并将指引线的箭头与该空白的尺寸线对齐，如图 4-14b 所示；如圆锥体采用角度尺寸标注，则指引线的箭头应对着该角度的尺寸线，如图 4-14c 所示。

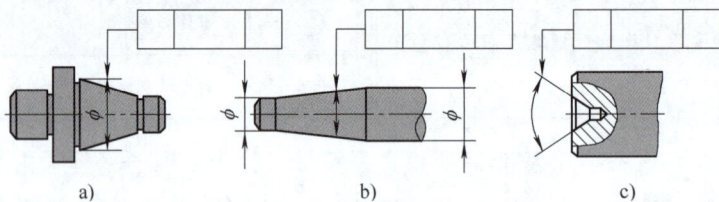

图 4-14　圆锥体轴线的标注

4）当多个被测要素有相同的几何公差（单项或多项）要求时，可以在从框格引出的指引线上绘制多个指示箭头，并分别与被测要素相连，如图 4-15 所示。用同一公差带控制几个被测要素，以保证这些要素共面或共线时，应在公差框格内公差值的后面加注公共公差带符号 CZ，如图 4-16 所示。

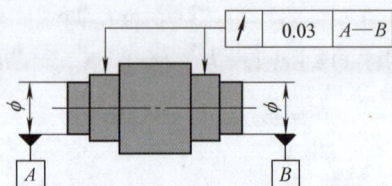

图 4-15　多要素同要求的简化标注

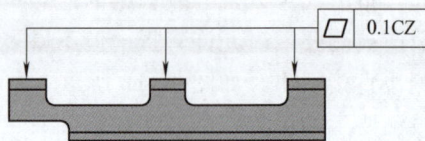

图 4-16　多处要素用同一公差带时的标注

5）当同一个被测要素有多项几何公差要求，其标注方法又是一致时，可以将这些框格绘制在一起，并引用一根指引线，如图 4-17 所示。

3. 基准要素的标注

GB/T 1182—2018 中规定，用带方框的大写字母表示基准，以细实线与涂黑的或空白的三角形相连，如图 4-18a、b 所示。涂黑的或空白的基准三角形含义相同。无论基准符号在图样上的方向如何，方框内的字母均应水平书写。

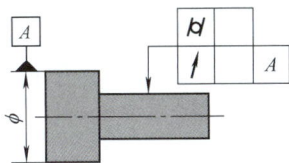

图 4-17 同一要素多项要求的简化标注

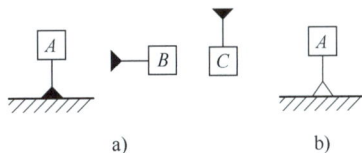

图 4-18 基准符号

1）当基准要素为轮廓线和表面时，基准符号应标注于该要素的轮廓线或其延长线上，并应明显地与尺寸线错开。基准符号标注在轮廓的延长线上时，可以放置在延长线的任一侧，但基准符号的三角形不能直接与公差框格相连，如图 4-19 所示。

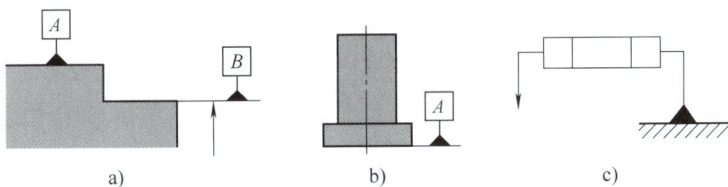

图 4-19 轮廓基准要素的标注

a)、b) 正确标注 c) 错误标注

2）当基准要素是轴线、中心平面或由带尺寸的要素确定的点时，基准符号的连线应与该要素的尺寸线对齐，如图 4-20a 所示；当基准符号与尺寸线的箭头重叠时，可代替尺寸线的一个箭头，如图 4-20b 所示；基准符号不允许直接标注在轴线或中心线上，如图 4-20c 所示。

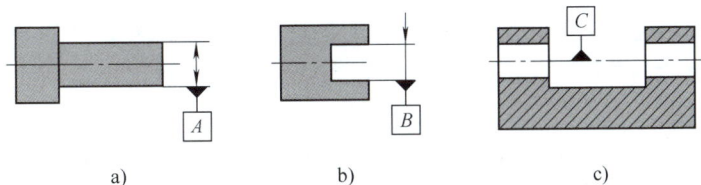

图 4-20 中心基准要素的标注

a)、b) 正确标注 c) 错误标注

3）当基准要素为中心孔或圆锥体的轴线时，则按图 4-21 所示方法标注。

4）任选基准的标注。对于具有对称形状的零件的两个相同要素的位置公差，或者不应指定哪一个面为基准，而应要求无论选哪一个表面都应符合设计要求的零件（如量块、方箱表面），常常标注为任选基准。此时，用指示箭头代替基准符号中的三角形，如图 4-22 所示。采用任选基准的实际要求比指定基准更加严，检测更复杂。

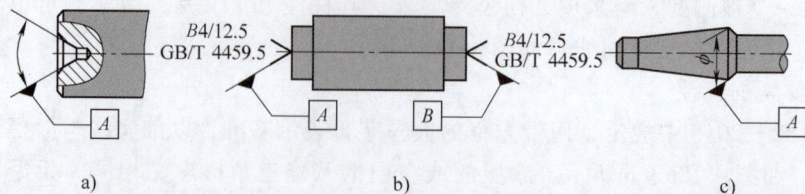

图 4-21 中心孔和圆锥体轴线为基准要素的标注

二、几何公差的选择

几何公差对零部件的使用性能有很大的影响，正确地选择几何公差对保证零件的功能要求以及提高经济效益都十分重要。几何公差的选择主要包括公差项目、基准要素、公差等级（公差值）和公差原则的选择等。

1. 几何公差特征的选择

几何公差特征一般是根据零件的几何特征、使用要求和经济性等方面因素，经综合分析后决定。在保证零件功能要求的前提下，应尽量使几何公差项目减少，检测方法简便，以获得较好的经济效益。具体应考虑以下几点：

（1）考虑零件的几何特征　几何公差项目主要是按要素的几何形状特征制订的，因此，要素的几何特征是选择被测要素公差项目的基本依据。例如，圆柱形零件的外圆会出现圆度、圆柱度误差，其轴线会出现直线度误差；平面零件会出现平面度误差；槽类零件会出现对称度误差；阶梯轴（孔）会出现同轴度误差；凸轮类零件会出现轮廓度误差等。因此，对上述零件可分别选择圆度公差或圆柱度公差、直线度公差、平面度公差、对称度公差、同轴度公差和轮廓度公差等。

（2）考虑零件的使用要求　可供选择的公差项目较多，没有必要全部注出。需要从要素的几何误差对零件在机器中使用性能的影响入手，确定所要控制的几何公差项目。例如，圆柱形零件，当仅需要顺利装配，或保证轴、孔之间的相对运动以减少磨损时，可选轴线的直线度公差；如果轴、孔之间既有相对运动，又要求密封性能好，为了保证在整个配合表面有均匀的小间隙，需要标注圆柱度公差，以综合控制圆度、素线直线度和轴线直线度（如柱塞与柱塞套、阀芯与阀体等）。又如减速箱上各轴承孔轴线间平行度误差会影响齿轮的接触精度和齿侧间隙的均匀性，为保证齿轮的正确啮合，需要对其规定轴线之间的平行度公差等。

（3）考虑几何公差的控制功能　各项几何公差的控制功能不尽相同，选择时应尽量发挥能综合控制的公差项目，以减少几何公差项目。例如，位置公差可以控制与之有关的方向误差和形状误差，方向公差可以控制与之有关的形状误差，跳动公差可以控制与之有关的位置、方向和形状误差等。这种几何公差之间的关系可作为优先选择公差项目的参考依据。

（4）考虑检测的方便性　确定公差项目必须与检测条件相结合，考虑现有条件检测的可能性与经济性。当同样满足零件的使用要求时，应选用检测简便的项目。例如，对轴类零件，可用径向圆跳动或径向全跳动代替圆度、圆柱度以及同轴度公差。因为跳动公差检测方便，且具有综合控制功能。

由于零件种类繁多，功能要求各异，设计者只有在充分明确所设计零件的功能要求、熟

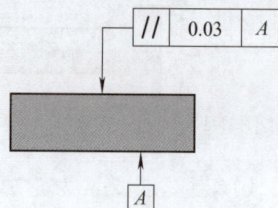

悉零件的加工工艺和具有一定的检测经验的情况下，才能对零件提出更合理、恰当的几何公差项目。

2. 基准要素的选择

基准要素的选择包括零件上基准部位的选择、基准数量的确定、基准顺序的合理安排等。

（1）基准部位的选择　选择基准部位时，主要应根据设计和使用要求、零件的结构特征，并兼顾基准统一等原则进行。具体应考虑以下几点：

1）选用零件在机器中定位的结合面作为基准部位。例如，箱体的底平面和侧面、盘类零件的轴线、回转零件的支承轴颈或支承孔等。

2）基准要素应具有足够的刚度和尺寸，以保证定位稳定可靠。

3）选用加工精度较高的表面作为基准部位。

4）尽量统一装配、加工和检验基准。这样，一是可以消除因基准不统一而产生的误差；二是可以简化夹具、量具的设计与制造，并使测量方便。

（2）基准数量的确定　一般来说，应根据公差项目的定向、定位几何功能要求来确定基准的数量。方向公差大多只需要一个基准，而位置公差则需要一个或多个基准。例如，平行度、垂直度、同轴度和对称度等，一般只用一个平面或一条轴线做基准要素；对于位置度，就可能要用到两个或三个基准要素。

（3）基准顺序的合理安排　当选用两个或三个基准要素时，就要明确基准要素的次序，并按顺序填入公差框格中。安排基准顺序时，必须考虑零件的结构特点以及装配和使用要求。所选基准顺序正确与否，将直接影响零件的装配质量和使用性能，还会影响零件的加工工艺以及工艺装备的设计等。

3. 几何公差等级（公差值）的选择

几何公差等级的选择原则与尺寸公差选用原则相同，即在满足零件使用要求的前提下，尽量选用低的公差等级。

选择方法常采用类比法，主要考虑以下几个问题：

（1）几何公差和尺寸公差的关系　通常，同一要素所给出的形状公差、位置公差和尺寸公差应满足关系式

$$t_{形状} < t_{位置} < t_{尺寸}$$

如同一平面上，平面度公差值应小于该平面对基准的平行度公差值，平行度公差值应小于其相应的距离公差值。

（2）有配合要求时形状公差与尺寸公差的关系　有配合要求并要严格保证其配合性质的要素，应采用包容要求。在工艺上，其形状公差大多按分割尺寸公差的百分比来确定，即

$$t_{形状} = Kt_{尺寸}$$

在常用尺寸公差等级 IT5～IT8 的范围内，通常取 $K = 25\% \sim 65\%$。K 值过小，会对工艺设备的精度要求过高；K 值过大，则会使尺寸的实际公差过小，给加工带来困难。

（3）形状公差与表面粗糙度的关系　一般情况下，表面粗糙度的 Ra 值约占形状公差值的 $20\% \sim 25\%$。

（4）考虑零件的结构特点　对于结构复杂、刚性较差（如细长轴、薄壁件等）或不易加工和测量的零件，在满足零件功能要求的前提下，可适当选用低一些的公差等级。如下列情况，可适当降低 1～2 级选用。

1）孔相对于轴。

2）细长比（长度与直径之比）较大的轴或孔。

3）距离较大的轴或孔。

4）宽度较大（一般大于 1/2 长度）的零件表面。

5）线对线和线对面相对于面对面的平行度或垂直度。

（5）凡有关国家标准已对几何公差做出规定的，如与滚动轴承相配的轴和壳体孔的圆柱度公差、机床导轨的直线度公差、齿轮箱体孔的轴线的平行度公差等，都应按相应的国家标准确定。

几何精度的高低是用公差等级数字的大小来表示的。按国家标准规定，除线轮廓度、面轮廓度以及位置度未规定公差等级外，其余几何公差特征项目均有规定。一般划分为 12 级，即 1~12 级，精度依次降低，仅圆度和圆柱度划分为 13 级，即增加了一个 0 级，以便适应精密零件的需要。见表 4-19~表 4-22（摘自 GB/T 1184—1996 附录 B）。

表 4-19　直线度、平面度的公差值（摘自 GB/T 1184—1996）

主参数 L/mm	公 差 等 级											
	1	2	3	4	5	6	7	8	9	10	11	12
	公 差 值/μm											
≤10	0.2	0.4	0.8	1.2	2	3	5	8	12	20	30	60
>10~16	0.25	0.5	1	1.5	2.5	4	6	10	15	25	40	80
>16~25	0.3	0.6	1.2	2	3	5	8	12	20	30	50	100
>25~40	0.4	0.8	1.5	2.5	4	6	10	15	25	40	60	120
>40~63	0.5	1	2	3	5	8	12	20	30	50	80	150
>63~100	0.6	1.2	2.5	4	6	10	15	25	40	60	100	200
>100~160	0.8	1.5	3	5	8	12	20	30	50	80	120	250

注：主参数 L 为轴、直线、平面的长度。

表 4-20　圆度、圆柱度的公差值（摘自 GB/T 1184—1996）

主参数 d(D)/mm	公 差 等 级												
	0	1	2	3	4	5	6	7	8	9	10	11	12
	公 差 值/μm												
≤3	0.1	0.2	0.3	0.5	0.8	1.2	2	3	4	6	10	14	25
>3~6	0.1	0.2	0.4	0.6	1	1.5	2.5	4	5	8	12	18	30
>6~10	0.12	0.25	0.4	0.6	1	1.5	2.5	4	6	9	15	22	36
>10~18	0.15	0.25	0.5	0.8	1.2	2	3	5	8	11	18	27	43
>18~30	0.2	0.3	0.6	1	1.5	2.5	4	6	9	13	21	33	52
>30~50	0.25	0.4	0.6	1	1.5	2.5	4	7	11	16	25	39	62
>50~80	0.3	0.5	0.8	1.2	2	3	5	8	13	19	30	46	74
>80~120	0.4	0.6	1	1.5	2.5	4	6	10	15	22	35	54	87

注：主参数 d(D) 为轴（孔）的直径。

表 4-21　平行度、垂直度、倾斜度的公差值（摘自 GB/T 1184—1996）

主参数 L,d(D)/mm	公 差 等 级											
	1	2	3	4	5	6	7	8	9	10	11	12
	公 差 值/μm											
≤10	0.4	0.8	1.5	3	5	8	12	20	30	50	80	120
>10~16	0.5	1	2	4	6	10	15	25	40	60	100	150
>16~25	0.6	1.2	2.5	5	8	12	20	30	50	80	120	200
>25~40	0.8	1.5	3	6	10	15	25	40	60	100	150	250
>40~63	1	2	4	8	12	20	30	50	80	120	200	300
>63~100	1.2	2.5	5	10	15	25	40	60	100	150	250	400
>100~160	1.5	3	6	12	20	30	50	80	120	200	300	500

注：1. 主参数 L 为给定平行度时轴线或平面的长度，或给定垂直度、倾斜度时被测要素的长度。

2. 主参数 d(D) 为给定面对线垂直度时，被测要素的轴（孔）直径。

表 4-22 同轴度、对称度、圆跳动、全跳动的公差值（摘自 GB/T 1184—1996）

主参数 $d(D)$、B、L /mm	公 差 等 级											
	1	2	3	4	5	6	7	8	9	10	11	12
	公 差 值/μm											
≤1	0.4	0.6	1.0	1.5	2.5	4	6	10	15	25	40	60
>1~3	0.4	0.6	1.0	1.5	2.5	4	6	10	20	40	60	120
>3~6	0.5	0.8	1.2	2	3	5	8	12	25	50	80	150
>6~10	0.6	1	1.5	2.5	4	6	10	15	30	60	100	200
>10~18	0.8	1.2	2	3	5	8	12	20	40	80	120	250
>18~30	1	1.5	2.5	4	6	10	15	25	50	100	150	300
>30~50	1.2	2	3	5	8	12	20	30	60	120	200	400
>50~120	1.5	2.5	4	6	10	15	25	40	80	150	250	500

注：1. 主参数 $d(D)$ 为给定同轴度的直径，或给定圆跳动、全跳动的轴（孔）直径。

　　2. 圆锥体斜向圆跳动公差的主参数为平均直径。

　　3. 主参数 B 为给定对称度的槽的宽度。

　　4. 主参数 L 为给定两孔对称度的孔心距。

对位置度，国家标准只规定了公差值数系，而未规定公差等级，见表 4-23。

位置度的公差值一般与被测要素的类型、连接方式等有关。

位置度常用于控制螺栓或螺钉连接中孔距的位置精度要求，其公差值取决于螺栓与光孔之间的间隙。位置度公差值 t（公差带的直径或宽度）按下式计算

螺栓连接：$\qquad\qquad\qquad\qquad t \leqslant KZ$

螺钉零件：$\qquad\qquad\qquad\qquad t \leqslant 0.5KZ$

式中　Z——孔与紧固件之间的间隙，$Z = D_{min} - d_{max}$；

　　　D_{min}——最小孔径（光孔的最小直径）；

　　　d_{max}——最大轴径（螺栓或螺钉的最大直径）；

　　　K——间隙利用系数。推荐值为：不需调整的固定连接，$K = 1$；需要调整的固定连接，$K = 0.6 \sim 0.8$。按上式算出的公差值，经圆整后应符合国家标准推荐的位置系数，见表 4-23。

表 4-23 位置度公差值数系（摘自 GB/T 1184—1996）　　　　　　（单位：μm）

优先数系	1	1.2	1.6	2	2.5	3	4	5	6	8
	1×10^n	1.2×10^n	1.5×10^n	2×10^n	2.5×10^n	3×10^n	4×10^n	5×10^n	6×10^n	8×10^n

注：n 为正整数。

公差等级具体选用时要考虑各种因素，表 4-24 ~ 表 4-27 列出了部分几何公差常用等级的应用举例，供选用时参考。

4. 公差原则的选择

选择公差原则应根据被测要素的功能要求，充分发挥公差的职能和采取该公差原则的可行性和经济性。

独立原则主要用于尺寸精度和几何精度要求都较严，且需要分别满足要求；或尺寸精度与几何精度要求相差较大。例如，平板尺寸精度要求较低，平面度要求较高，应分别提出要求；或用于保证运动精度、密封性等特殊要求，常提出与尺寸精度无关的几何公差要求，如气缸套内孔，为保证活塞环在直径方面的密封性，圆度或圆柱度公差要求严，需单独保证。

包容要求主要用于需严格保证配合性质的场合。

最大实体要求主要用于导出要素，保证可装配性（无配合性质要求）的场合。例如，

用于盖板、箱体及法兰盘上孔系的位置度等。这些孔系的位置度公差采用最大实体要求时，可极大地满足其可装配性，提高零件的合格率，降低成本。

表 4-24　直线度和平面度公差常用等级的应用举例

公差等级	应 用 举 例
5	1 级平板，2 级宽平尺，平面磨床的纵导轨、垂直导轨、立柱导轨及工作台，液压龙门刨床和转塔车床床身导轨，柴油机进气、排气阀门导杆
6	普通机床导轨面，如卧式车床、龙门刨床、滚齿机、自动车床等的床身导轨，立柱导轨，柴油机壳体
7	2 级平板，机床主轴箱、摇臂钻床底座和工作台，镗床工作台，液压泵盖，减速器壳体结合面
8	机床传动箱体，交换齿轮箱体，车床溜板箱体，柴油机气缸体，连杆分离面，缸盖结合面，汽车发动机缸盖、曲轴箱结合面，液压管件和法兰连接面
9	3 级平板，自动车床身底面，摩托车曲轴箱体，汽车变速器壳体，手动机械的支承面

表 4-25　圆度和圆柱度公差常用等级的应用举例

公差等级	应 用 举 例
5	一般计量仪器主轴，测杆外圆柱面，陀螺仪轴颈，一般机床主轴轴颈及主轴轴承孔，柴油机、汽油机活塞、活塞销，与 6 级滚动轴承配合的轴颈
6	仪表端盖外圆柱面，一般机床主轴及箱体孔，泵、压缩机的活塞、气缸，汽车发动机凸轮轴，减速器轴颈，高速船用柴油机、拖拉机曲轴主轴颈，与 6 级滚动轴承配合的外壳孔，与普通级滚动轴承配合的轴颈
7	大功率低速柴油机曲轴轴颈、活塞、活塞销、连杆、气缸，高速柴油机箱体轴承孔，千斤顶或压力液压缸活塞，汽车传动轴，水泵及通用减速器轴颈，与普通级滚动轴承配合的外壳孔
8	低速发动机，减速器，大功率曲柄轴轴颈，拖拉机气缸体、活塞，印刷机传墨辊，内燃机曲轴，柴油机机体孔、凸轮轴，拖拉机、小型船用柴油机气缸套等
9	空气压缩机缸体，液压传动筒，通用机械杠杆与拉杆用套筒销子，拖拉机活塞环、套筒孔等

表 4-26　平行度、垂直度公差常用等级的应用举例

公差等级	面对面平行度应用举例	面对线、线对线平行度应用举例	垂直度应用举例
4,5	普通机床、测量仪器、量具的基准面和工作面，高精度轴承座圈、端盖、挡圈的端面等	机床主轴孔对基准面的要求，重要轴承孔对基准面的要求，主轴箱体重要孔间要求，齿轮泵的端面等	普通机床导轨，精密机床重要零件，机床重要支承面，普通机床主轴偏摆，测量仪器，液压传动轴瓦端面，刀具、量具的工作面和基准面等
6,7,8	一般机床零件的工作面和基准面，一般刀、量、夹具等	机床一般轴承孔对基准面要求，主轴箱一般孔间要求，主轴花键对定心直径的要求，刀具、量具、模具等	普通精密机床主要基准面和工作面，回转工作台端面，一般导轨，主轴箱体孔、刀架、砂轮架及工作台回转中心，一般轴肩对其轴线等
9,10	低精度零件，重型机械滚动轴承端盖等	柴油机和燃气发动机的曲轴孔、轴颈等	花键轴轴肩端面，带式运输机法兰盘等对端面、轴线，手动卷扬机及传动装置中轴承端面，减速器壳体平面等

表 4-27　同轴度、对称度和跳动公差常用等级的应用举例

公差等级	应　用　举　例
5,6,7	应用范围较广的公差等级。用于几何精度要求较高、尺寸公差等级为 IT8 及高于 IT8 的零件。5 级常用于机床主轴轴颈、计量仪器的测杆、汽轮机主轴、柱塞液压泵转子、高精度滚动轴承外圈、一般精度滚动轴承内圈;6、7 级用于内燃机曲轴、凸轮轴轴颈、齿轮轴、水泵轴、汽车后轮输出轴、电动机转子、印刷机传墨辊的轴颈、键槽等
8,9	常用于几何精度要求一般、尺寸公差等级为 IT9～IT11 的零件。8 级用于拖拉机发动机分配轴轴颈、与 9 级精度以下齿轮相配的轴、水泵叶轮、离心泵体、棉花精梳机前后滚子、键槽等;9 级用于内燃机气缸套配合面、自行车中轴等

　　最小实体要求主要用于需要保证零件强度和最小壁厚的场合。

　　可逆要求与最大（最小）实体要求联用，能充分利用公差带，扩大了被测要素实际尺寸范围，使尺寸超过最大（最小）实体尺寸而体外（体内）作用尺寸未超过最大（最小）实体实效边界的"废品"变为合格品，提高了经济效益，在不影响使用性能的前提下可以选用。

　　5. 未注几何公差的规定

　　公差值在图样上的表示方法有两种：一种是在框格内注出几何公差的公差值（如前所述）；另一种是不注出几何公差值，用未注公差的规定来控制，两种都是设计要求。国家标准 GB/T 1184—1996 中规定了不注公差时仍然必须遵守的几何公差值。

　　应用未注公差的总原则是：实际要素的功能允许几何公差等于或大于未注公差值，一般不需要单独注出，而采用未注公差。如功能要求允许大于未注公差值，而这个较大的公差值会给工厂带来经济效益，则可将这个较大的公差值单独标注在要素上，如金属薄壁件、挠性材质零件（如橡胶件、塑料件）等。因此，未注公差值是一般机床或中等制造精度就能保证的几何精度，为了简化标注，不必在图样上注出的几何公差。

　　采用未注几何公差的要素，其几何精度应按下列规定执行。

　　1）对直线度、平面度、垂直度、对称度和圆跳动的未注公差各规定了 H、K、L 三个公差等级，见表 4-28～表 4-31，供各行业根据实际情况选用。确定了选用未注公差等级以后，应在图样标题栏附近或在技术要求、技术文件（如企业标准）中注出标准号及公差等级代号，如"GB/T 1184—K"。

表 4-28　直线度和平面度的未注公差值（摘自 GB/T 1184—1996）　（单位：mm）

公 差 等 级	基本长度范围					
	~10	>10～30	>30～100	>100～300	>300～1000	>1000～3000
H	0.02	0.05	0.1	0.2	0.3	0.4
K	0.05	0.1	0.2	0.4	0.6	0.8
L	0.1	0.2	0.4	0.8	1.2	1.6

注：1. 确定直线度未注公差时，应按其相应线的长度选择未注公差值。

　　2. 确定平面度未注公差时，以被测表面上较长的边长或圆表面的直径选择未注公差值。

　　3. 已用平面度未注公差控制的要素，不再考虑其直线度未注公差。

表 4-29 **垂直度未注公差值**（摘自 GB/T 1184—1996） （单位：mm）

公差等级	基本长度范围			
	~100	>100~300	>300~1000	>1000~3000
H	0.2	0.3	0.4	0.5
K	0.4	0.6	0.8	1
L	0.6	1	1.5	2

表 4-30 **对称度未注公差值**（摘自 GB/T 1184—1996） （单位：mm）

公差等级	基本长度范围			
	~100	>100~300	>300~1000	>1000~3000
H	0.5			
K	0.6		0.8	1
L	0.6	1	1.5	2

2）圆度是自身尺寸公差能控制几何误差的项目。圆度的未注公差值等于给出的直径公差值，但不能大于表 4-31 中的径向圆跳动值。

3）圆柱度的未注公差值不做规定。圆柱度误差包括圆度、直线度和相对素线的平行度误差三部分，其中每项误差均由各自的注出公差或未注出公差控制。

表 4-31 **圆跳动未注公差值**

（摘自 GB/T 1184—1996）

（单位：mm）

公差等级	圆跳动公差值
H	0.1
K	0.2
L	0.5

4）平行度未注公差值等于给出的尺寸公差值或在直线度和平面度未注公差值的相应公差值中的较大者。

5）未注公差的倾斜度误差可由角度公差（若定向角未注公差时，按角度未注公差）和要素自身的形状未注公差分别控制。

6）同轴度未注公差值未做规定。在极限状况下，同轴度未注公差值可以和表 4-31 中规定的径向圆跳动的未注公差值相等。

7）全跳动的未注公差值由被测要素的形状和位置的未注公差所产生的综合结果来控制。其跳动误差的最大值不应超过被测要素的形状和位置未注公差的总和。

8）位置度和线、面轮廓度未注公差值均由各要素相应的定位尺寸和定形尺寸的注出和未注出的尺寸公差来控制。

6. 几何公差选用举例

图 4-23 所示为某减速器的输出轴，其结构特征、使用要求及各轴颈的尺寸均已确定，现为其选用几何公差。

选择几何公差时，主要依据该轴的结构特征和功能要求，另外还应使测量方便。具体选用如下：

（1）$\phi55$j6 圆柱面 从使用要求分析，$2×\phi55$j6 圆柱面是该轴的支承轴颈，用以安装滚动轴承，其轴线是该轴的装配基准，故应以该轴安装时 $2×\phi55$j6 圆柱面的公共轴线作为设计基准。为使轴及轴承工作时运转灵活，$2×\phi55$j6 之间应有同轴度要求，但从检测的可能性和经济性分析，可用径向圆跳动公差代替同轴度公差，参照表 4-27 确定公差等级为 7 级，查表 4-22，其公差值为 0.025mm。$2×\phi55$j6 是与 0 级滚动轴承内圈配合的重要表面，为保证配合性质和轴承的几何精度，在采用包容要求的前提下，又进一步提出圆柱度公差的要求。查表 4-25 和表 4-20 确定圆柱度公差等级为 6 级，公差值为 0.005mm。

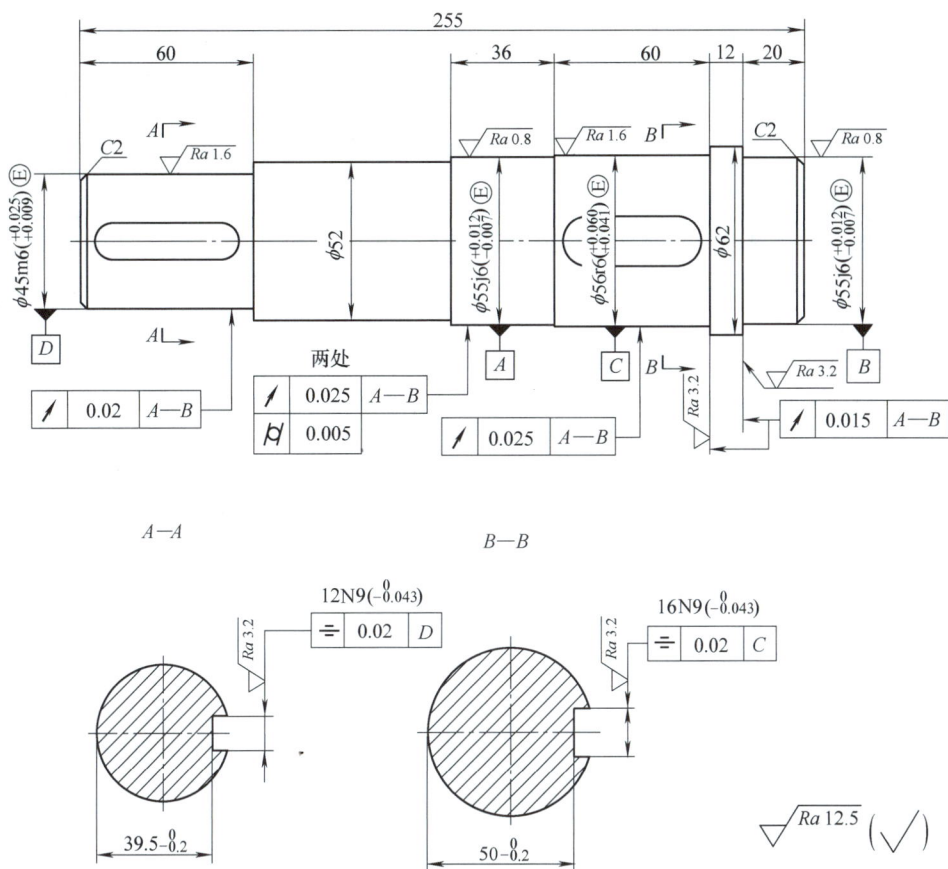

图 4-23　输出轴几何公差标注示例

（2）$\phi56r6$、$\phi45m6$ 圆柱面　$\phi56r6$、$\phi45m6$ 圆柱面分别用于安装齿轮和带轮（或联轴器），为保证配合性质，均采用了包容要求；$\phi56r6$ 和 $\phi45m6$ 圆柱面的轴线分别是齿轮和带轮（或联轴器）的装配基准，为保证齿轮的正确啮合以及运转平稳，均规定了对 $2\times\phi55j6$ 圆柱面公共轴线的径向圆跳动公差，公差等级仍取 7 级，公差值分别为 0.025mm 和 0.02mm。

（3）键槽 12N9 和键槽 16N9　为使键槽中的键受力均匀和便于拆装，必须规定键槽的对称度公差。对称度公差数值参照表 4-27 均按 8 级给出，查表 4-22，其公差值为 0.02mm。对称度的基准分别为键槽所在轴颈的轴线。

（4）轴肩　$\phi62mm$ 处的两轴肩分别是齿轮和轴承的轴向定位基准，为保证轴向定位正确，规定了轴向圆跳动公差，公差等级取为 6 级，查表 4-22，其公差值为 0.015mm。轴向圆跳动的基准原则上应为各自的轴线，但为了便于检测，采用了统一的基准，即 $2\times\phi55j6$ 圆柱面公共轴线。

（5）其他要素　图样上没有具体注明几何公差的要素，由未注几何公差来控制。这部分几何公差，一般机床加工容易保证，不必在图样上注出。

第六节　几何误差的评定及检测

一、几何误差的评定

几何误差是指被测提取要素对其拟合要素的变动量。在几何误差的测量中，是以提取要素作为实际要素，根据提取要素来评定几何误差值。若几何误差值位于几何公差带内为合格，反之则不合格。

1. 形状误差的评定

形状误差是指被测提取要素对其拟合要素的变动量，拟合要素的位置应符合最小条件。

当被测提取要素与其拟合要素进行比较以确定其变动量时，拟合要素相对实际要素所处位置不同，得到的最大变动量也不同。因此，为了使评定实际要素形状误差的结果唯一，国家标准规定，评定形状误差的基本原则是"最小条件"，即被测提取要素对其拟合要素的最大变动量为最小。

最小条件可分为两种情况：

（1）组成要素（线、面轮廓度除外）　最小条件就是拟合要素位于实体之外与实际要素接触，并使被测提取要素对拟合要素的最大变动量为最小。如图 4-24 所示，在评定给定平面内直线度误差时，通过被测提取要素可以有很多条不同方向的理想直线，如图中的 I、II、III，实际直线对理想直线的变动量相应为 f_1、f_2、f_3。这些理想直线中必有一条（也只有一条）理想直线能使实际被测直线对它的最大变动量为最小。在图中，直线 I 符合该条件，则被测直线的直线度误差为 f_1。

（2）导出要素　导出要素包括轴线、中心线、中心平面等，其最小条件就是拟合要素应穿过实际导出要素，并使实际导出要素对拟合要素的最大变动量为最小，如图 4-25 所示。图中，拟合轴线为 L_1，其最大变动量 ϕf_1 为最小，符合最小条件。

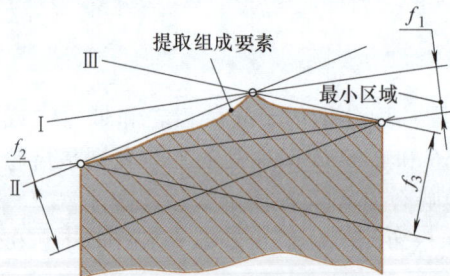

图 4-24　组成要素的最小条件

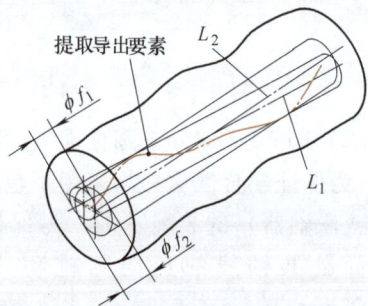

图 4-25　导出要素的最小条件

形状误差值用最小包容区域（简称最小区域）的宽度或直径表示。最小区域是指包容被测提取要素时，具有最小宽度 f 或直径 ϕf 的包容区域。各误差项目的最小区域的形状分别和相应的公差带形状一致，但宽度（或直径）由被测要素本身决定。图 4-26a、b、c 所示分别为直线度、圆度和平面度的最小包容区域示例，最小包容区域 S 的宽度（或直径）即为形状误差值 f。按最小包容区域评定形状误差的方法，称为最小区域法。

最小条件是评定形状误差的基本原则，在满足零件功能要求的前提下，允许采用近似方法评定形状误差。例如，常以两端点连线作为评定直线度误差的基准。按近似方法评定的误差值通常大于最小区域法评定的误差值，因而更能保证质量。当采用不同评定方法所获得的

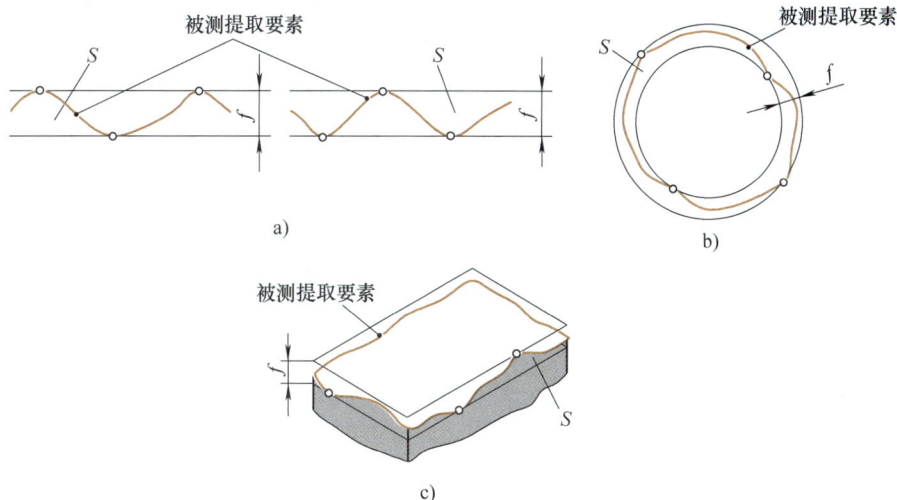

图 4-26　最小包容区域示例

a）评定直线度误差　b）评定圆度误差　c）评定平面度误差

测量结果有争议时，应以最小区域法作为评定结果的仲裁依据。

2. 方向误差的评定

方向误差是指被测提取要素对一具有确定方向的拟合要素的变动量，拟合要素的方向由基准确定。

方向误差值用定向最小包容区域（简称定向最小区域）的宽度或直径表示。定向最小包容区域是按拟合要素的方向来包容被测提取要素，且具有最小宽度 f 或直径 ϕf 的包容区域。各误差项目定向最小包容区域的形状分别和各自的公差带形状一致，但宽度（或直径）由被测提取要素本身决定。

方向误差包括平行度、垂直度、倾斜度三种。由于方向误差是相对于基准要素确定的，因此，评定方向误差时，在拟合要素相对于基准方向保持图样上给定的几何关系（平行、垂直或倾斜某一理论正确角度）的前提下，应使被测提取要素对拟合要素的最大变动量为最小。

图 4-27a、b、c 所示分别为直线的平行度、垂直度、倾斜度的定向最小包容区域示例，定向最小包容区域 S 的宽度（或直径）即为方向误差值 f。

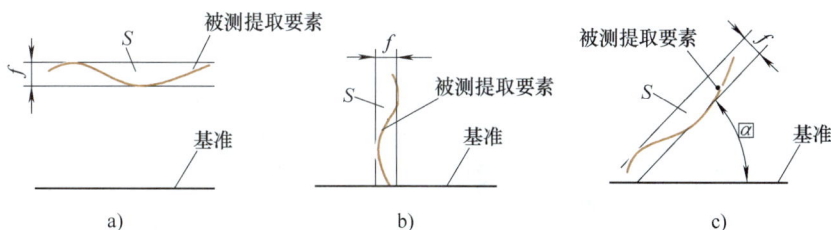

图 4-27　定向最小包容区域示例

a）评定平行度误差　b）评定垂直度误差　c）评定倾斜度误差

3. 位置误差的评定

位置误差是指被测提取要素对一具有确定位置的拟合要素的变动量，拟合要素的位置由基准和理论正确尺寸确定。对于同轴度和对称度，理论正确尺寸为零。

位置误差值用定位最小包容区域（简称定位最小区域）的宽度或直径表示。定位最小区域是指以拟合要素定位来包容被测提取要素时，具有最小宽度 f 或直径 ϕf 的包容区域。

评定位置误差时，在拟合要素位置确定的前提下，应使被测提取要素至拟合要素的最大距离为最小，来确定定位最小包容区域。该区域应以拟合要素为中心，因此，被测提取要素与定位最小包容区域的接触点至拟合要素所在位置的距离的两倍等于位置误差值。

图 4-28a 所示为评定平面上一条线的位置度误差的例子。理想直线的位置由基准 A 和理论正确尺寸 $\boxed{L}$ 决定，即平行于基准线 A 且距离为 $\boxed{L}$ 的直线 P。定位最小区域 S 由以理想直线 P 为对称中心的两条平行直线构成。实际直线 F 上至少有一点与该两平行直线之一接触（见图 4-28a），该点与 P 的距离为 h_1，则定位最小区域的宽度 $f(=2h_1)$ 为实际直线 F 的位置度误差值。图 4-28b 为评定平面上一个点 P 的位置度误差，定位最小区域 S 由一个圆构成。该圆的圆心 O（被测点的理想位置）由基准 A、B 和理论正确尺寸 $\boxed{L_x}$ 和 $\boxed{L_y}$ 确定，直径 ϕf 由 OP 确定。$\phi f = 2OP$，即点的位置度误差值。

评定位置误差的基准，理论上应是理想基准要素。由于基准实际要素存在形状误差，因此，就应以该基准实际要素的拟合要素作为基准，该拟合要素的位置应符合最小条件。对于基准的建立和体现问题，参见国家标准中的相关说明。

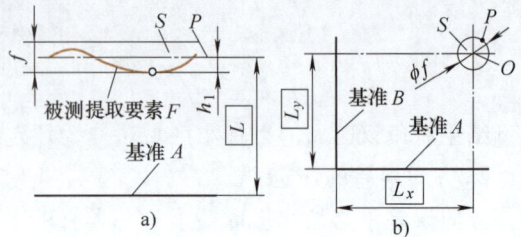

图 4-28   定位最小包容区域示例

a）平面直线的位置度误差   b）点的位置度误差

应注意最小包容区域、定向最小包容区域和定位最小包容区域三者的差异。最小区域的方向、位置一般可随被测提取要素的状态变动；定向最小区域的方向是固定不变的（由基准确定），而其位置则可随被测提取要素的状态变动；而定位最小区域，除个别情况外，其位置是固定不变的（由基准及理论正确尺寸确定），因而评定形状、方向和位置误差的最小包容区域的大小一般是有区别的。如图 4-29 所示，其关系是

$$f_{形状} < f_{方向} < f_{位置}$$

即位置误差包含了形状误差和同一基准的方向误差，方向误差包含了形状误差。当零件上某要素同时有形状、方向和位置精度要求时，则设计中对该要素所给定的三种公差（$t_{形状}$、

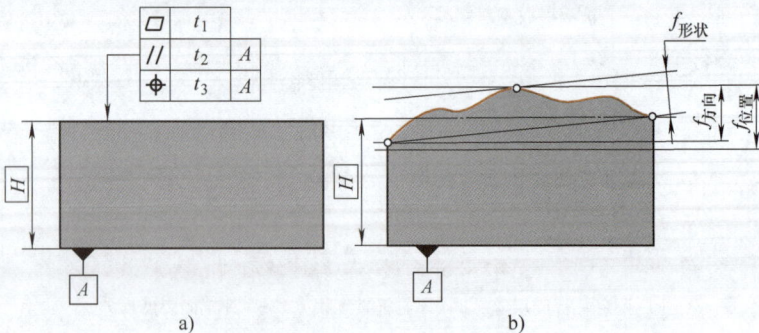

图 4-29   评定形状、方向和位置误差的区别

a）形状、方向和位置公差标注示例：$t_1 < t_2 < t_3$

b）形状、方向和位置误差评定的最小包容区域：$f_{形状} < f_{方向} < f_{位置}$

$t_{方向}$ 和 $t_{位置}$ ）应符合

$$t_{形状} < t_{方向} < t_{位置}$$

否则会产生矛盾。

二、几何误差的检测原则

几何公差特征共有 15 项，而每个项目随着被测零件的精度要求、结构形状、尺寸大小和生产批量的不同，其检测方法和设备也不同。即使同一公差项目，也可以使用不同的检测方法进行检测，所以检测方法种类很多。国家标准 GB/T 1958—2017《产品几何技术规范（GPS）几何公差　检测与验证》中，对生产实际中行之有效的检测方法做了概括，从检测原理上归纳为 5 种检测原则，并提供了 100 余种检测方案，以供参考。生产中可以根据被测对象的特点和有关条件，参照这些检测原则、检测方案，设计出最合理的检测方法。

1. 与拟合要素比较原则

与拟合要素比较原则是指测量时将被测要素的提取要素与其拟合要素做比较，从中获得数据，以评定被测要素的几何误差值。这些检测数据可由直接法或间接法获得。该检测原则在几何误差测量中的应用最为广泛。

运用该检测原则时，必须要有拟合要素作为测量时的标准。拟合要素通常用模拟方法获得，可用的模拟方法较多。例如，刀口形直尺的刀口、平板的工作面、一束光线等都可以作为理想直线；平台或平板的工作面可体现理想平面；回转轴系与测量头组合体现一个理想圆；样板的轮廓等也都可作为拟合要素。图 4-30a 所示为用刀口形直尺测量直线度误差，就是以刀口作为理想直线，被测要素与之比较，根据光隙（间隙）的大小来确定直线度误差值。再如图 4-30b 所示，是将实际被测平面与平板的工作面（模拟理想平面）相比较，检测时用指示表测出各测点的量值，然后按一定的规则处理测量数据，确定被测要素的平面度误差值。

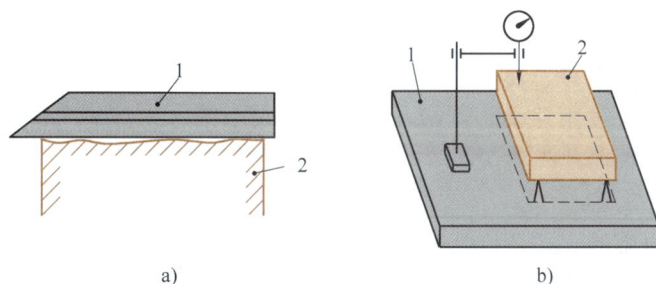

图 4-30　与拟合要素比较示例
a）刀口形直尺　b）平板
1—拟合要素　2—被测零件

2. 测量坐标值原则

测量坐标值原则是指利用计量器具的固有坐标，测出被测要素上各测量点的相对坐标值，再经过计算或处理确定其几何误差值。

由于几何要素的特征总是可以在坐标系中反映出来，因此用坐标测量装置（如三坐标测量机、工具显微镜）测得被测要素上各测量点的坐标值后，经数据处理就可以获得几何误差值。该原则对轮廓度、位置度误差测量的应用更为广泛。

如图 4-28b 所示，将被测零件安放在坐标测量仪上，使零件的基准 A 和 B 分别与测量

仪的 x 和 y 坐标轴方向一致。然后，测量出孔的轴线（假设为 P）的实际坐标 $(x，y)$，将其分别减去确定孔轴线理想位置的零件理论正确尺寸 $\boxed{L_x}$、$\boxed{L_y}$，得到实际坐标值与理论坐标值的偏差值，$\Delta x = x - L_x$、$\Delta y = y - L_y$，再利用数学方法求得被测轴线的位置度误差值为

$$\phi f = 2\sqrt{\Delta x^2 + \Delta y^2} = 2\overline{OP}$$

3. 测量特征参数原则

测量特征参数原则是指测量被测提取要素上具有代表性的参数（即特征参数）来近似表示几何误差值。例如，用两点法测量圆柱面的圆度误差，就是在一个横截面内的几个方向测量直径，取最大和最小直径差值的二分之一作为该横截面的圆度误差值。这显然不符合圆度误差的最小区域的定义。

应用这种检测原则所得到的几何误差值与按定义确定的几何误差值相比，通常只是一个近似值。但应用该原则，往往可以简化测量过程和设备，也不需要复杂的数据处理，所以在满足功能要求的前提下，由于方法简易，仍具一定的使用价值。这类方法在生产现场用得较多。

4. 测量跳动原则

此原则主要用于跳动误差的测量，其测量方法是：被测提取要素（圆柱面、圆锥面或端面）绕基准轴线回转过程中，沿给定方向（径向、斜向或轴向）测出其对某参考点或线的变动量（即指示表最大与最小示值之差）。

图 4-31 所示为径向圆跳动和轴向圆跳动测量示意图。被测零件以其基准孔安装在精度较高的心轴上（孔与轴之间采用无间隙配合），再将心轴安装在同轴度很高的两顶尖之间，被测零件的基准孔轴线用这两个顶尖的公共轴线模拟体现，作为测量基准。被测零件绕基准轴线回转一周，由于零件存在几何误差，使分别固定在径向和轴向位置的两个指示表的测头发生移动，则指示表最大与最小示值之差分别为径向和轴向圆跳动误差值。

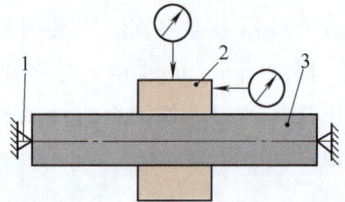

图 4-31 径向圆跳动和轴向圆跳动
测量示意图
1—顶尖 2—被测零件 3—心轴

5. 控制实效边界原则

控制实效边界原则的含义是检验被测要素的提取要素是否超过实效边界，以判断被测要素的提取要素合格与否。按包容要求或最大实体要求给出几何公差时，意味着给定了最大实体边界或最大实体实效边界，就要求被测要素的实际轮廓不得超出该边界。采用控制实效边界原则的有效方法是使用光滑极限量规的通规或功能量规的工作表面模拟体现图样上给定的理想边界，以检验被测提取要素的体外作用尺寸的合格性。若被测提取要素的实际轮廓能被量规通过，则表示该项几何公差合格，否则为不合格。

图 4-32a 所示为一阶梯轴零件，其同轴度误差用图 4-32b 所示的同轴度量规检验。零件的被测要素的最大实体实效边界尺寸为 $\phi 25.04\text{mm}$，则量规测量部分（模拟被测要素的最大实体实效边界）孔径的公称尺寸也应为 $\phi 25.04\text{mm}$。零件基准要素本身遵守包容要求，其最大实体边界尺寸为 $\phi 50\text{mm}$，故量规定位部分孔的公称尺寸应同样为 $\phi 50\text{mm}$。显然，若零件的被测要素和基准要素的实际轮廓均未超出图样上给定的理想边界，则它们就能被功能量规通过。量规本身的制造公差的确定可参见 GB/T 8069—1998《功能量规》。

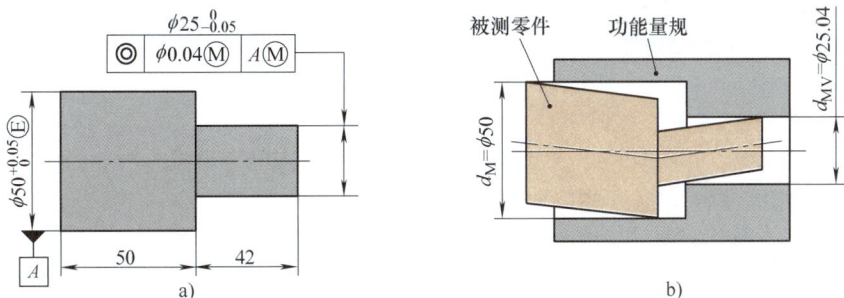

图 4-32 用功能量规检验同轴度误差

a）零件图样标注 b）用功能量规检验

本 章 小 结

通过本章的学习，应熟悉并掌握以下主要内容：

1. 几何误差的研究对象是几何要素，根据几何要素特征的不同可分为：拟合要素与提取要素、组成要素与导出要素、被测要素与基准要素以及单一要素与关联要素等；国家标准规定的几何公差特征共有 15 项，熟悉各项目的符号、有无基准要求等。

2. 几何公差包括形状公差和位置公差等。形状公差是指单一实际要素的形状所允许的变动全量。位置公差是指实际关联要素相对于基准的位置所允许的变动量；几何公差带具有形状、大小、方向和位置四个特征。几何公差带分为形状公差带、方向公差带、位置公差带和跳动公差带四类。应熟悉常用几何公差特征的公差带定义、特征（形状、大小、方向和位置），并能正确标注。

3. 公差原则是处理几何公差与尺寸公差关系的基本原则。应了解有关公差原则的术语及定义、公差原则的特点和适用场合，能熟练运用独立原则、包容要求。

4. 了解几何误差的评定方法。掌握形状误差（$f_{形状}$）、方向误差（$f_{方向}$）和位置误差（$f_{位置}$）之间的关系：$f_{形状} < f_{方向} < f_{位置}$，即位置误差包含了方向误差和形状误差，方向误差包含了形状误差。当零件上某要素同时有形状、方向和位置精度要求时，则设计中对该要素所给定的三种公差（$t_{形状}$、$t_{方向}$ 和 $t_{位置}$）应符合：$t_{形状} < t_{方向} < t_{位置}$。

各项几何公差的控制功能不尽相同，应建立某些方向和位置公差具有综合控制功能的概念。例如，平面的平行度公差带可以控制该平面的平面度和直线度误差；径向全跳动公差带可综合控制同轴度和圆柱度误差；轴向全跳动公差带可综合控制端面对基准轴线的垂直度误差和平面度误差等。

5. 正确选择几何公差对保证零件的功能要求及提高经济效益都十分重要。应了解几何公差的选择依据，初步具备几何公差特征、基准要素、公差等级（公差值）和公差原则的选择能力。

6. 几何误差的检测原则。

习题与思考题

4-1 几何公差项目如何分类？其名称和符号是什么？

4-2 几何公差带与尺寸公差带有何区别？几何公差的要素有哪些？

4-3 下列几何公差项目的公差带有何相同点和不同点？

（1）圆度和径向圆跳动公差带。

（2）端面对轴线的垂直度和轴向全跳动公差带。

（3）圆柱度和径向全跳动公差带。

4-4 最小包容区域、定向最小包容区域与定位最小包容区域三者有何差异？若同一要素需同时规定形状公差、方向公差和位置公差时，三者的关系应如何处理？

4-5 公差原则有哪些？独立原则和包容要求的含义是什么？

4-6 组成要素和导出要素的几何公差标注有什么区别？

4-7 哪些情况下在几何公差值前要加注符号"ϕ"？哪些场合要用理论正确尺寸？是怎样标注的？

4-8 如何正确选择几何公差项目和几何公差等级？具体应考虑哪些问题？

4-9 图 4-33 所示为销轴的三种几何公差标注，它们的公差带有何不同？

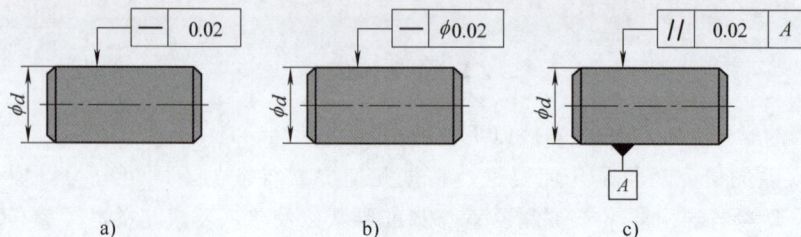

图 4-33 习题 4-9 图

4-10 图 4-34 所示零件标注的几何公差不同，它们所要控制的几何误差区别何在？试加以分析说明。

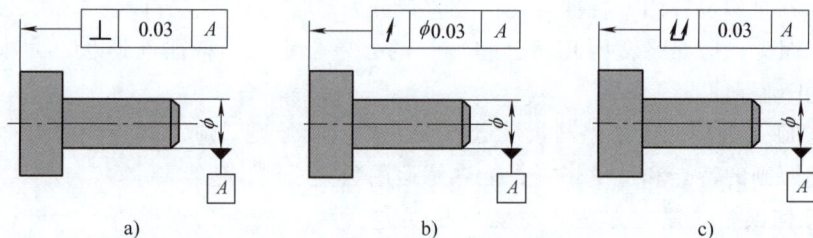

图 4-34 习题 4-10 图

4-11 图 4-35 所示零件的技术要求是：①$2×\phi d$ 轴线对其公共轴线的同轴度公差为 $\phi0.02$mm；②ϕD 轴线对 $2×\phi d$ 公共轴线的垂直度公差为 0.02/100mm；③ϕD 轴线对 $2×\phi d$ 公共轴线的偏离量不大于±10μm。试用几何公差代号标出这些要求。

4-12 将下列几何公差要求标注在图 4-36 上：

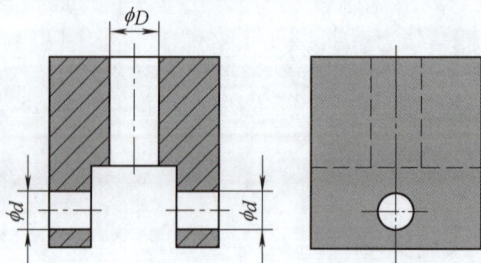

图 4-35 习题 4-11 图

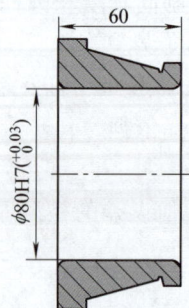

图 4-36 习题 4-12 图

（1）圆锥截面圆度公差为 0.006mm。

（2）圆锥素线直线度公差为 7 级（$L=50$mm），并且只允许材料向外凸起。

（3）ϕ80H7 遵守包容要求，ϕ80H7 孔表面的圆柱度公差为 0.005mm。

（4）圆锥面对 ϕ80H7 轴线的斜向圆跳动公差为 0.02mm。

（5）右端面对左端面的平行度公差为 0.02mm。

（6）其余几何公差按 GB/T 1184 中 K 级制造。

4-13　将下列几何公差要求，分别标注在图 4-37a、b 上。

（1）标注在图 4-37a 上的几何公差要求：

1）$\phi40_{-0.03}^{\ 0}$mm 圆柱面对两 $\phi25_{-0.021}^{\ 0}$mm 公共轴线的径向圆跳动公差为 0.015mm。

2）两 $\phi25_{-0.021}^{\ 0}$mm 轴颈的圆度公差为 0.01mm。

3）$\phi40_{-0.03}^{\ 0}$mm 左、右端面对 $2\times\phi25_{-0.021}^{\ 0}$mm 公共轴线的轴向圆跳动公差为 0.02mm。

4）键槽 $10_{-0.036}^{\ 0}$mm 中心平面对 $\phi40_{-0.03}^{\ 0}$mm 轴线的对称度公差为 0.015mm。

a)　　　　　　　　　　　　b)

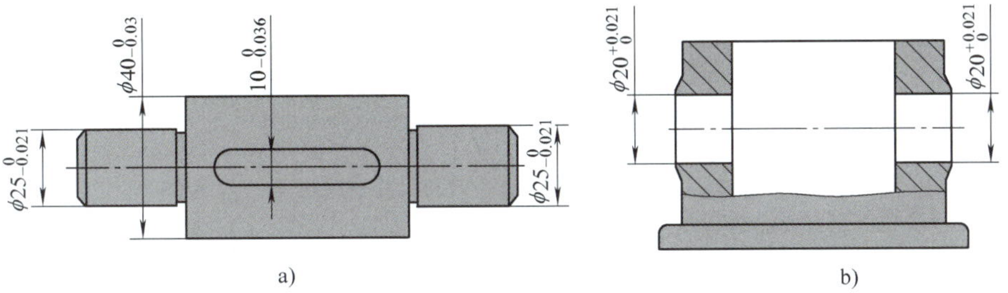

图 4-37　习题 4-13 图

（2）标注在图 4-37b 上的几何公差要求：

1）底平面的平面度公差为 0.012mm。

2）$\phi20_{0}^{+0.021}$mm 两孔的轴线分别对它们的公共轴线的同轴度公差为 0.015mm。

3）$\phi20_{0}^{+0.021}$mm 两孔的轴线对底面的平行度公差为 0.01mm，两孔表面的圆柱度公差为 0.008mm。

4-14　指出图 4-38 中几何公差的标注错误，并加以改正（不允许改变几何公差的特征符号）。

4-15　指出图 4-39 中几何公差的标注错误，并加以改正（不允许改变几何公差的特征符号）。

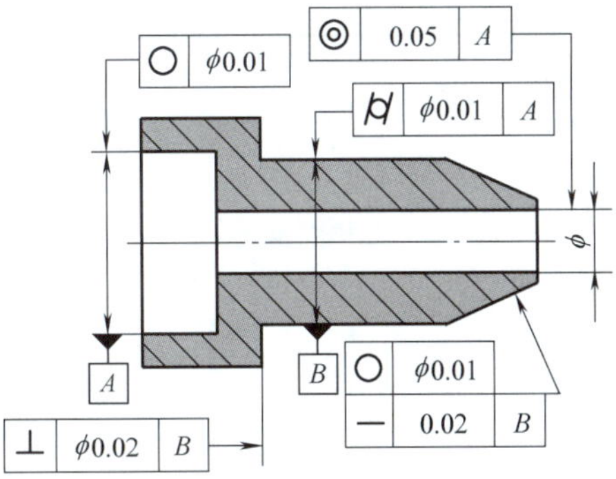

图 4-38　习题 4-14 图 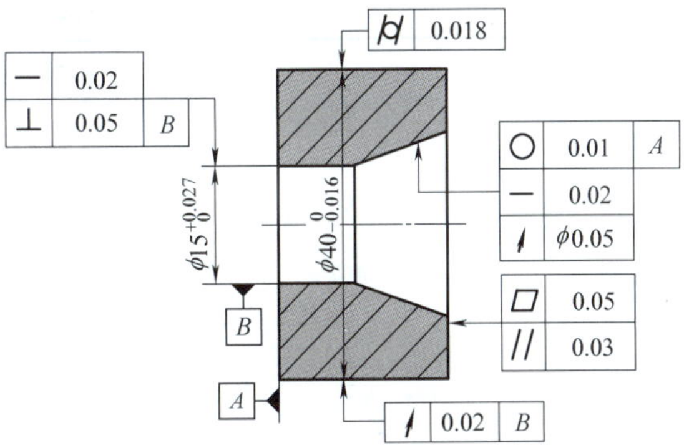　　　　　　　图 4-39　习题 4-15 图

4-16　按图 4-40 所示的检测方法，测量被测实际表面的径向圆跳动时，百分表的最大与最小示值之差为 0.02mm，由于被测实际表面的形状误差很小，可忽略不计，因而有人说，该圆柱面的同轴度误差为 0.01mm，因为该圆柱面的轴线对基准轴线偏移了 0.01mm。这种说法是否正确？为什么？

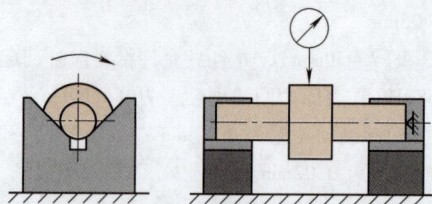

图 4-40 习题 4-16 图

4-17 图 4-41 所示为轴套的三种标注方法，试分析说明它们所表示的要求有何不同（包括采用的公差原则、公差要求、理想边界尺寸、允许的垂直度误差等），并填入下表内。

图序	采用的公差原则或公差要求	孔为最大实体尺寸时允许的几何误差值	孔为最小实体尺寸时允许的几何误差值	理想边界名称边界尺寸
a				
b				
c				

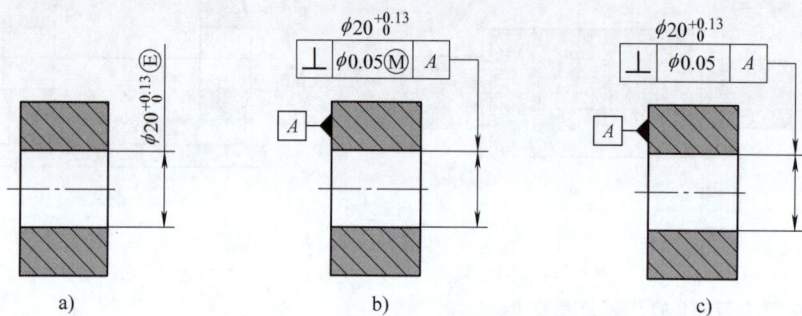

a)   b)   c)

图 4-41 习题 4-17 图

两弹一星
功勋科学家：孙家栋

第五章

表面粗糙度及其检测

学习指导

学习目的： 掌握粗糙度轮廓的评定参数和标注，为合理选用表面粗糙度打下基础。

学习要求： 从微观几何误差的角度理解粗糙度轮廓的概念；

了解表面粗糙度对机械零件使用性能的影响；

理解规定取样长度及评定长度的目的及中线的作用；

掌握粗糙度轮廓的幅度参数及其检测手段；

了解粗糙度轮廓的间距特征参数；

掌握表面粗糙度参数和参数值的选用原则和方法；

熟练掌握表面粗糙度技术要求在零件图上标注的方法。

无论是用切削加工方法，还是采用其他加工方法获得的零件，在其表面上都会存在着由间距很小的微小峰、谷所形成的微观几何误差，这种微观几何误差用表面粗糙度来表示。其形成原因是多方面的，如在切削加工过程中，刀具与零件表面的摩擦、切削时的金属撕裂、切屑分离时零件表面的塑性变形以及机床和刀具的振动，都会在零件的表面上残留下各种不同形状和尺寸的微小加工痕迹。零件表面粗糙度对该零件的功能要求、使用寿命、美观程度都有重大影响。

为了正确测量和评定表面粗糙度和保证互换性，我国发布了 GB/T 3505—2009《产品几何技术规范（GPS）表面结构 轮廓法 术语、定义及表面结构参数》、GB/T 1031—2009《产品几何技术规范（GPS）表面结构 轮廓法 表面粗糙度参数及其数值》、GB/T 131—2006《产品几何技术规范（GPS）技术产品文件中表面结构的表示法》、GB/T 10610—2009《产品几何技术规范（GPS）表面结构 轮廓法 评定表面结构的规则和方法》、

GB/T 7220—2004《产品几何技术规范（GPS） 表面结构 轮廓法 表面粗糙度 术语参数测量》等国家标准。

第一节 表面粗糙度的基本概念

一、粗糙度轮廓的界定

为了研究零件的表面结构，引进轮廓的概念。一个指定平面与实际表面相交所得的轮廓，称为表面轮廓。通常用垂直于零件实际表面的平面与该零件实际表面相交所得到的轮廓作为评估对象，它称为实际轮廓。如图5-1所示，是一个表面轮廓。

在零件的同一表面上，除了粗糙度轮廓外，还同时存在原始轮廓，以及介于粗糙度轮廓和原始轮廓之间的波纹度轮廓。

粗糙度轮廓、波纹度轮廓和原始轮廓三者的关系如图5-2所示。它们的形状一般呈起伏的波状，通常以波距"λ"（两波峰或两波谷之间的距离）的大小来区分。波距小于1mm的属于粗糙度轮

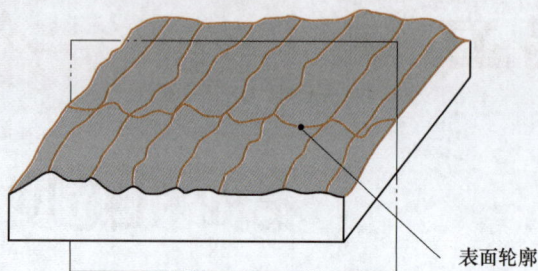

图5-1 表面轮廓

廓；波距在1~10mm之间的属于波纹度轮廓；波距大于10mm则被认为是原始轮廓。图5-2所示三条曲线是将三种类型的误差分解后的情况，它们叠加在一起，即为零件表面的实际情况。

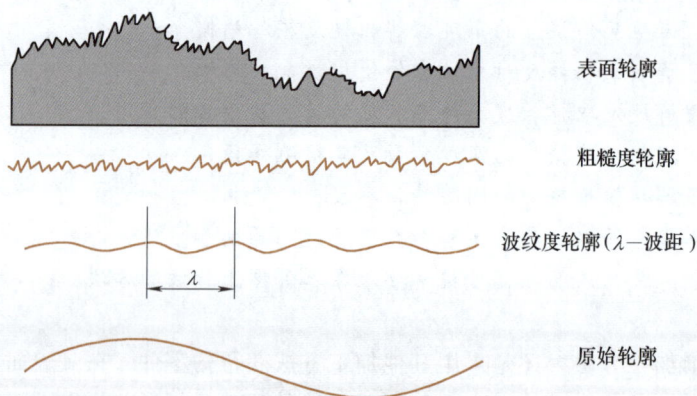

图5-2 零件表面几何形状误差及其组成

二、表面粗糙度对零件工作性能的影响

1. 耐磨性

零件实际表面越粗糙，则摩擦因数就越大，两个相对运动的表面间的实际有效接触面积就越小，导致单位面积压力增大，零件运动表面磨损加快。但零件表面过于光滑，则不利于在该表面上储存润滑油，易使相互运动的工作表面间形成半干摩擦甚至干摩擦，反而使摩擦因数增大，从而加剧磨损。

2. 配合性质稳定性

粗糙度轮廓影响配合性质的稳定性，因而影响机器和仪器的工作精度和工作可靠性。对

于过盈配合，由于装配时孔、轴表面上的微小峰被挤平而使有效过盈减小，降低了连接强度；对于间隙配合，在零件工作过程中孔、轴表面上的微小峰被磨去，使间隙增大，改变了配合性质，特别对于尺寸小、公差小的配合，影响尤甚。

3. 耐疲劳性

零件表面越粗糙，其疲劳强度越低。凹谷越深，对应力集中越敏感，特别是在交变应力的作用下，其影响更大，容易产生疲劳裂纹。

4. 耐腐蚀性

零件表面越粗糙，表面积越大，凹谷越深，则越容易在该表面上积聚腐蚀性物质，且通过该表面的微观凹谷向其表面渗透，使腐蚀加剧。

此外，表面粗糙度对零件其他使用性能，如结合的密封性、接触刚度、对流体流动的阻力，以及对机器、仪器的外观质量等都有很大的影响。因此，在零件精度设计中，对零件表面粗糙度提出合理的技术要求十分重要。

第二节　粗糙度轮廓的评定

测量和评定粗糙度轮廓时，应规定取样长度、评定长度、中线和评定参数，测量截面方向一般垂直于表面主要加工痕迹的方向。

一、取样长度和评定长度

1. 取样长度 lr

取样长度是测量或评定表面粗糙度所规定的一段基准线长度，如图 5-3 所示，至少包含 5 个微峰和 5 个微谷。

规定取样长度的目的在于限制和减弱其他形状误差，特别是波纹度轮廓对测量结果的影响。从表 5-1 中可以看出取样长度的数值与表面粗糙度的要求应相适应。

2. 评定长度 ln

由于被测表面上各处的表面粗糙度不一定很均匀，在一个取样长度内往往不能合理地反映被测表面的表面粗糙度，所以需要在几个取样长度上分别测量，取其平均值作为测量结果，如图 5-3 所示。取标准评定长度 $ln = 5lr$。若被测表面比较均匀，可选 $ln < 5lr$；若均匀性差，可选 $ln > 5lr$。

取样长度和评定长度数值见表 5-1。

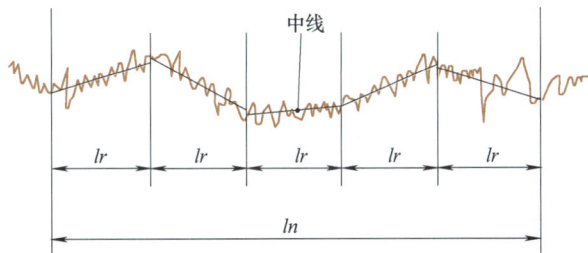

图 5-3　取样长度和评定长度

表 5-1　**取样长度和评定长度数值**（摘自 GB/T 10610—2009）

$Ra/\mu m$	$Rz/\mu m$	lr/mm	ln/mm	$Ra/\mu m$	$Rz/\mu m$	lr/mm	ln/mm
>(0.006)~0.02	>(0.025)~0.1	0.08	0.4	>2~10	>10~50	2.5	12.5
>0.02~0.1	>0.1~0.5	0.25	1.25	>10~80	>50~200	8	40
>0.1~2	>0.5~10	0.8	4				

二、粗糙度轮廓中线

粗糙度轮廓中线是为了定量地评定粗糙度轮廓而确定的一条基准线。通常采用的粗糙度轮廓中线有轮廓最小二乘中线和轮廓算术平均中线。

1. 轮廓最小二乘中线

在一个取样长度 lr 范围内，轮廓最小二乘中线是指具有理想直线形状并划分被测轮廓的基准线，在取样长度内使轮廓上各点到该基准线的距离（轮廓偏距）y_i 的平方和为最小，如图 5-4 所示。

2. 轮廓算术平均中线

如图 5-5 所示，轮廓算术平均中线是指具有理想直线形状并在取样长度内与轮廓走向一致的基准线，该基准线将轮廓划分为上下两部分，且使上部分的面积之和等于下部分的面积之和，即

$$\sum_{i=1}^{n} F_i = \sum_{i=1}^{n} F_i'$$

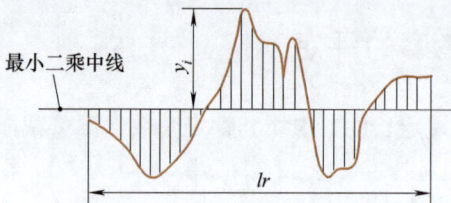

图 5-4 粗糙度轮廓最小二乘中线
y_i—轮廓上第 i 点至最小二乘中线的距离

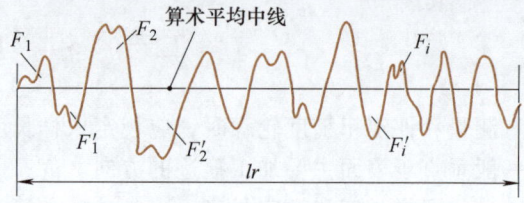

图 5-5 粗糙度轮廓算术平均中线

最小二乘中线符合最小二乘原则，从理论上讲是理想的基准线，但在轮廓图形上确定最小二乘中线的位置比较困难，而算术平均中线与最小二乘中线的差别很小，故通常用算术平均中线来代替最小二乘中线。

三、粗糙度轮廓的评定参数

国家标准 GB/T 3505—2009 的基本术语、参数及符号见表 5-2。GB/T 3505—2009 规定评定粗糙度轮廓的参数有幅度参数、间距特征参数、混合参数以及曲线和相关参数。下面介绍其中几种主要评定参数。

表 5-2 GB/T 3505—2009 主要基本术语与参数及其符号

主要基本术语	2009 版	主要评定参数		2009 版
取样长度	lr	幅度参数（高度参数）	轮廓的算术平均偏差	Ra
评定长度	ln		轮廓的最大高度	Rz
轮廓峰高	Zp			
轮廓谷深	Zv	间距参数	轮廓单元的平均宽度	Rsm

1. 幅度参数

（1）轮廓的算术平均偏差 轮廓算术平均偏差 Ra 是指在取样长度 lr 内（见图 5-6），被评定轮廓上各点至基准线的距离的绝对值的算术平均值，用符号 Ra 表示。用公式表示为

$$Ra = \frac{1}{lr} \int_0^{lr} |Z(x)| \, dx \qquad (5-1)$$

式（5-1）可近似表示为

$$Ra = \frac{1}{n}\sum_{i=1}^{n}\left|Z_i\right| \qquad (5\text{-}2)$$

式中 Z——轮廓偏距（轮廓上各点至基准线的距离）；

  Z_i——第 i 点的轮廓偏距（ $i=1, 2, \cdots, n$ ）。

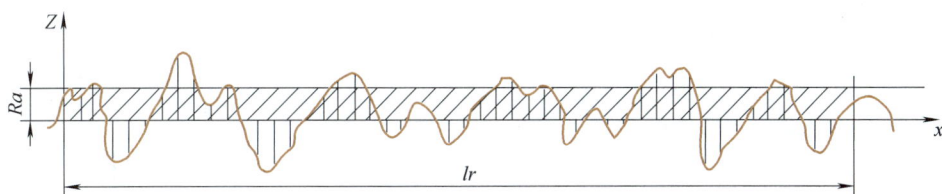

图 5-6 轮廓算术平均偏差 Ra 的确定

（2）轮廓最大高度 如图 5-7 所示，在一个取样长度范围内的轮廓上，各个高极点至中线的距离称为轮廓峰高 Zp_i ，其中最大的峰高用符号 Rp 表示（图中， $Rp=Zp_6$ ）；轮廓上各个低极点至中线的距离称为轮廓谷深 Zv_i ，其中最大的谷深用符号 Rv 表示（图中， $Rv=Zv_2$ ）。在一个取样长度范围内，最大轮廓峰高 Rp 与最大轮廓谷深 Rv 之和称为轮廓最大高度，用符号 Rz 表示，即

$$Rz = Rp + Rv \qquad (5\text{-}3)$$

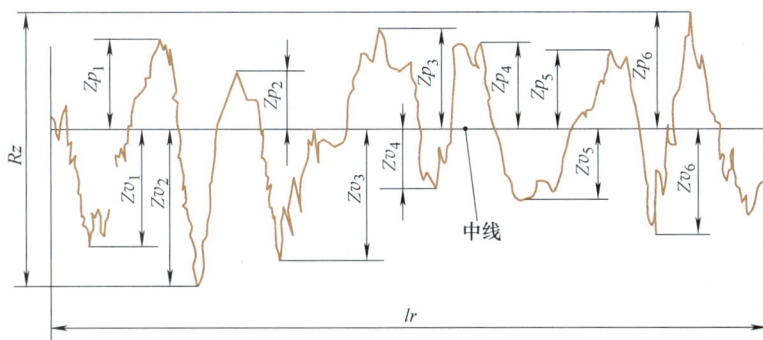

图 5-7 轮廓最大高度 Rz 的确定

2. 间距特征参数

参看图 5-8，一个轮廓峰与相邻的轮廓谷的组合称为轮廓单元。在一个取样长度 lr 范围

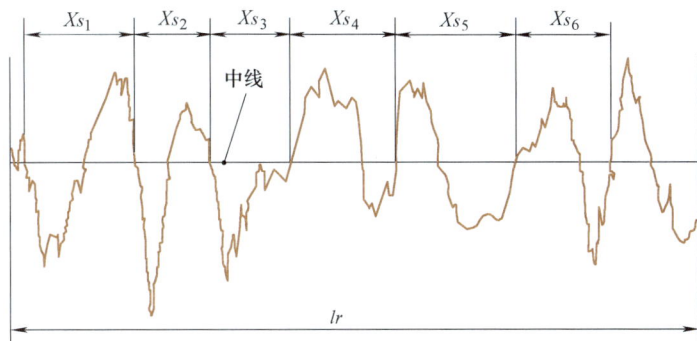

图 5-8 轮廓单元的宽度与轮廓单元的平均宽度

内，中线与各个轮廓单元相交线段的长度称为轮廓单元的宽度，用符号 Xs_i 表示。

轮廓单元的平均宽度是指在一个取样长度 lr 范围内所有轮廓单元的宽度 Xs_i 的平均值，用符号 Rsm 表示，即 $Rsm = \dfrac{1}{m} \sum\limits_{i=1}^{m} Xs_i$。

第三节　表面粗糙度的技术要求

一、表面粗糙度技术要求的内容

规定表面粗糙度的技术要求时，必须给出粗糙度轮廓幅度参数及允许值和测量时的取样长度值这两项基本要求，必要时可规定轮廓其他的评定参数、表面加工纹理方向、加工方法及加工余量等附加要求。如果采用标准取样长度，则在图样上可以省略标注取样长度值。

二、表面粗糙度评定参数的选择

在机械零件精度的设计中，通常只给出幅度参数 Ra 或 Rz 及允许值。根据功能需要，可附加选用间距参数或其他的评定参数及相应的允许值。

由于参数 Ra 能较充分合理地反映零件表面的粗糙度特征，且参数 Ra 值可方便地用触针式轮廓仪进行测量，测量效率高，所以对于光滑表面和半光滑表面，在常用值范围内（Ra 为 $0.025 \sim 6.3\,\mu m$，Rz 为 $0.1 \sim 25\,\mu m$），普遍采用 Ra 作为评定参数。

Rz 通常用双管显微镜和干涉显微镜测量，其测量范围为 $0.1 \sim 25\,\mu m$，由于它只反映峰顶和谷底的几个点，反映出的信息不如 Ra 全面，且测量效率较低。采用 Rz 作为评定参数的原因是：一方面，由于触针式轮廓仪功能的限制，不适用于极光滑表面和粗糙表面；另一方面，对测量部位小、峰谷少或有疲劳强度要求的零件表面，选用 Rz 作为评定参数，更方便、可靠。

三、表面粗糙度参数允许值的选择

表面粗糙度的参数值已经标准化，设计时应按国家标准 GB/T 1031—2009 规定的参数值系列选取，见表 5-3 ~ 表 5-5。选取时应优先采用基本系列中的数值。

表 5-3　轮廓的算术平均偏差 Ra 的数值（摘自 GB/T 1031—2009）　（单位：μm）

基本系列	补充系列	基本系列	补充系列	基本系列	补充系列	基本系列	补充系列
	0.008	0.1			1.25		16
	0.010		0.125	1.6			
			0.160				20
0.012					2.0	25	
	0.016						
		0.2			2.5		32
	0.020		0.25	3.2			40
0.025			0.32		4.0	50	
	0.032						
		0.4			5.0		63
	0.040		0.50	6.3			
							80
0.05			0.63		8.0		
	0.063					100	
	0.080	0.8	1.00	12.5	10.0		

表 5-4 轮廓的最大高度 *Rz* 的数值（摘自 GB/T 1031—2009）　　　（单位：μm）

基本系列	补充系列	基本系列	补充系列	基本系列	补充系列	基本系列	补充系列	基本系列	补充系列
0.025			0.25		2.5	25			250
	0.032		0.32	3.2			32		320
	0.040	0.4			4.0		40	400	
0.05			0.50		5.0	50			500
	0.063		0.63	6.3			63		630
	0.080	0.8			8.0		80	800	
0.1			1.0		10.0	100			1000
	0.125		1.25	12.5			125		1250
	0.160	1.6			16.0		160	1600	
0.2			2.0		20.0	200			

表 5-5 轮廓单元的平均宽度 *Rsm* 的数值（摘自 GB/T 1031—2009）　　　（单位：mm）

基本系列	补充系列	基本系列	补充系列	基本系列	补充系列	基本系列	补充系列
	0.002	0.025			0.25		2.5
	0.003		0.023		0.32	3.2	
	0.004		0.040	0.4			4.0
	0.005	0.05			0.50		5.0
0.006			0.063		0.63	6.3	
	0.008		0.080	0.8			8.0
	0.010	0.1			1.00		10.0
0.0125			0.125		1.25	12.5	
	0.016		0.160	1.6			
	0.020	0.2			2.0		

表面粗糙度参数值的选用原则是满足功能要求，其次是考虑经济性及工艺性。在满足功能要求的前提下，参数的允许值应尽可能大些。在工程实际中，由于表面粗糙度和功能的关系十分复杂，因而很难准确地确定参数的允许值，在具体设计时，一般多采用经验统计资料，用类比法来选用。

根据类比法初步确定表面粗糙度后，再对比工作条件做适当调整。选择原则如下：

1）同一零件上，工作表面通常比非工作表面的表面粗糙度参数值小。

2）摩擦表面比非摩擦表面、滚动摩擦表面比滑动摩擦表面的表面粗糙度参数值小。

3）相对运动速度高、单位面积压力大、承受交变应力的表面，其表面粗糙度参数允许值应小。

4）对于要求配合性质稳定的小间隙配合和承受重载荷的过盈配合，它们的孔、轴的表面粗糙度参数允许值应小。

5）与尺寸公差、形状公差协调。通常，尺寸及形状公差小，表面粗糙度参数值也要小，同一尺寸公差的轴比孔的表面粗糙度参数值要小。可参考表 5-6 所示形状公差与尺寸公差的比值和表 5-7 轴和孔的表面粗糙度推荐值确定表面粗糙度参数值。

6）要求耐腐蚀、密封性的表面及要求外表美观的表面，其表面粗糙度参数允许值应小。

表 5-6 表面粗糙度参数值与尺寸公差值、形状公差值的一般关系

形状公差 t 占尺寸公差 T 的百分比 $t/T(\%)$	表面粗糙度参数值占尺寸公差值的百分比	
	$Ra/T(\%)$	$Rz/T(\%)$
约 60	≤5	≤20
约 40	≤2.5	≤10
约 40	≤1.2	≤5

表 5-7 轴和孔的表面粗糙度推荐值

应用场合			$Ra/\mu m$	
示例	公差等级	表面	公称尺寸/mm	
			≤50	>50~500
经常拆装零件的配合表面（如交换齿轮、滚刀等）	IT5	轴	≤0.2	≤0.4
		孔	≤0.4	≤0.8
	IT6	轴	≤0.4	≤0.8
		孔	≤0.8	≤1.6
	IT7	轴	≤0.8	≤1.6
		孔		
	IT8	轴	≤0.8	≤1.6
		孔	≤1.6	≤3.2

示例	公差等级	表面	公差尺寸/mm		
			≤50	>50~120	>120~500
1）过盈配合的配合表面 2）用压力机装配 3）用热孔法装配	IT5	轴	≤0.2	≤0.4	≤0.4
		孔	≤0.4	≤0.8	≤0.8
	IT6、IT7	轴	≤0.4	≤0.8	≤1.6
		孔	≤0.8	≤1.6	≤1.6
	IT8	轴	≤0.8	≤1.6	≤3.2
		孔	≤1.6	≤3.2	≤3.2
	IT9	轴	≤1.6	≤3.2	≤3.2
		孔	≤3.2	≤3.2	≤3.2

滚动轴承的配合表面	IT6~IT9	轴	≤0.8		
		孔	≤1.6		
	IT10~IT12	轴	≤3.2		
		孔	≤3.2		

精密定心零件配合表面	公差等级	表面	径向圆跳动公差/μm					
			2.5	4	6	10	16	25
	IT5~IT8	轴	≤0.05	≤0.1	≤0.1	≤0.2	≤0.4	≤0.8
		孔	≤0.1	≤0.2	≤0.2	≤0.4	≤0.8	≤1.6

7）凡有关标准已对表面粗糙度要求做出规定者（如轴承、量规、齿轮等），应按标准

规定选取表面粗糙度数值，而且与标准件的配合面应按标准件要求标注。表 5-8 列出了表面粗糙度的表面微观特征、加工方法及应用举例，供类比时参考。

表 5-8 表面粗糙度的表面微观特征、加工方法及应用举例

表面微观特征		$Ra/\mu m$	$Rz/\mu m$	加 工 方 法	应 用 举 例
粗糙表面	微见刀痕	≤20	≤80	粗车、粗刨、粗铣、钻、毛锉、锯断	半成品粗加工的表面，非配合加工表面，如端面、倒角、钻孔、齿轮或带轮侧面、键槽底面、垫圈接触面等
半光表面	可见加工痕迹	≤10	≤40	车、刨、铣、镗、钻、粗铰	轴上不安装轴承轴段、齿轮处的非配合表面；紧固件的自由装配表面；轴和孔的退刀槽等
	微见加工痕迹	≤5	≤20	车、刨、铣、镗、磨、拉、粗刮、滚压	半精加工表面，箱体、支架、盖面、套筒等和其他零件结合而无配合要求的表面；需要发蓝的表面等
	看不清加工痕迹	≤2.5	≤10	车、刨、铣、镗、磨、拉、刮、滚压、铣齿	接近于精加工表面，箱体上安装轴承的镗孔面、齿轮的工作面等
光表面	可辨加工痕迹方向	≤1.25	≤6.3	车、镗、磨、拉、精铰、磨齿、滚压	圆柱销、圆锥销；与滚动轴承配合的表面；卧式车床导轨面；内、外花键定心表面等
	微辨加工痕迹方向	≤0.63	≤3.2	精铰、精镗、磨、滚压	要求配合性质稳定的配合表面；工作时受交变应力的重要零件；较高精度车床导轨面等
	不辨加工痕迹方向	≤0.32	≤1.6	精磨、研磨、珩磨	精密机床主轴锥孔、顶尖圆锥面；发动机曲轴、凸轮轴工作面；高精度齿轮齿面等
极光表面	暗光泽面	≤0.16	≤0.8	精磨、研磨、普通抛光	精密机床主轴颈表面、一般量规工作表面；气缸套内表面、活塞销表面等
	亮光泽面	≤0.08	≤0.4	超精磨、镜面磨削、精抛光	精密机床主轴颈表面、滚动轴承的滚珠，高压油泵中柱塞孔和柱塞配合的表面
	镜状光泽面	≤0.04	≤0.2		
	镜面	≤0.01	≤0.05	镜面磨削、超精研	高精度量仪、量块工作表面，光学仪器中的金属镜面等

第四节 表面粗糙度技术要求在零件图上标注的方法

GB/T 131—2006《产品几何技术规范（GPS） 技术产品文件中表面结构的表示法》对表面粗糙度符号、代号及其标注做了规定。

一、表面粗糙度的符号和代号

1. 表面粗糙度的符号

表面粗糙度的符号及说明见表 5-9。

表 5-9 表面粗糙度的符号及说明（摘自 GB/T 131—2006）

符 号	意 义 说 明
√	基本符号，可用任何方法获得。当不加注表面粗糙度参数值或有关说明时，仅适用于简化代号标注

（续）

符　号	意　义　说　明
	基本符号加一短横,表示表面是用去除材料的方法获得。如车、铣、钻、磨、电加工等
	基本符号加一小圆,表示表面是用不去除材料的方法获得。例如,铸、锻、冲压变形、热轧、粉末冶金等或用于保持原供应状况的表面(包括保持上道工序的状况)
	在上述三个符号的长边上均可加一横线,用于标注有关参数和说明
	在上述三个符号上均可加一小圈,表示所有表面具有相同的表面粗糙度要求

2. 表面粗糙度的代号（见图 5-9）

1）位置 a 标注表面结构的单一要求。

2）位置 a 和 b 标注两个或多个表面结构要求。

3）位置 c 标注加工方法,如车、铣、磨、镀等加工方法。

4）位置 d 标注表面纹理和方向,如"＝""×",见表 5-12。

5）位置 e 标注加工余量,标注时以"mm"为单位给出数值。

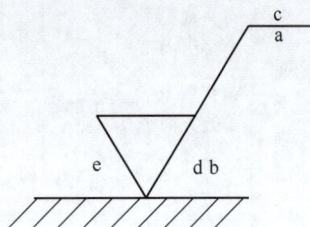

图 5-9　表面粗糙度的代号

二、表面粗糙度代号的标注方法

在零件图上,表面粗糙度代号周围一般只标注幅度参数 Ra 或 Rz 的符号和允许值（μm）。

当要求在表面粗糙度参数的所有实测值中超过规定值的个数少于总数的 16% 时,应在图样上标注表面粗糙度的上限值或下限值;当要求在表面粗糙度参数的所有实测值中不得超过规定值时,应在图样上标注表面粗糙度的最大值或最小值。

1. 表面结构的标注

表面结构的标注代号及含义见表 5-10。

表 5-10　表面结构的标注代号及含义（摘自 GB/T 131—2006）

序号	符　号	含义/解释
1	$Rz\ 0.4$	表示不允许去除材料,单向上限值,默认传输带,R 轮廓,表面粗糙度的最大高度为 $0.4\mu m$,评定长度为 5 个取样长度(默认),"16% 规则"(默认)
2	$Rz\ max\ 0.2$	表示去除材料,单向上限值,默认传输带,R 轮廓,表面粗糙度最大高度的最大值为 $0.2\mu m$,评定长度为 5 个取样长度(默认),"最大规则"
3	$0.008\text{-}0.8/Ra\ 3.2$	表示去除材料,单向上限值,传输带 $0.008\text{-}0.8\text{mm}$,$R$ 轮廓,算术平均偏差为 $3.2\mu m$,评定长度为 5 个取样长度(默认),"16% 规则"(默认)
4	$-0.8/Ra3\ 3.2$	表示去除材料,单向上限值,传输带:根据 GB/T 6062,取样长度 $0.8\mu m(\lambda_s$,默认 $0.0025\text{mm})$,R 轮廓,算术平均偏差为 $3.2\mu m$,评定长度包含 3 个取样长度,"16% 规则"(默认)

（续）

序号	符　　号	含义/解释
5	U Ra max 3.2 L Ra 0.8	表示不允许去除材料，双向极限值，两极限值均使用默认传输带，R 轮廓，上限值：算术平均偏差为 3.2μm，评定长度为 5 个取样长度（默认），"最大规则"，下限值：算术平均偏差为 0.8μm，评定长度为 5 个取样长度（默认），"16% 规则"（默认）
6	0.8-25/Wz3 10	表示去除材料，单向上限值，传输带 0.8-25mm，W 轮廓，波纹度最大高度为 10μm，评定长度包含 3 个取样长度，"16% 规则"（默认）
7	0.008-/Pt max 25	表示去除材料，单向上限值，传输带 λ_s = 0.008mm，无长波滤波器，P 轮廓，轮廓总值为 25μm，评定长度等于工件长度（默认），"最大规则"
8	0.0025-0.1//Rx 0.2	表示任意加工方法，单向上限值，传输带 λ_s = 0.0025mm，A = 0.1mm，评定长度 3.2mm（默认），粗糙度图形参数，粗糙度图形最大深度为 0.2μm，"16% 规则"（默认）
9	/10/R 10	表示不允许去除材料，单向上限值，传输带 λ_s = 0.008mm（默认），A = 0.5mm（默认），评定长度 10mm，粗糙度图形参数，粗糙度图形平均深度为 10μm，"16% 规则"（默认）
10	W 1	表示去除材料，单向上限值，传输带 A = 0.5mm（默认），B = 2.5mm（默认），评定长度 16mm（默认），波纹度图形参数，波纹度图形平均深度为 1mm，"16% 规则"（默认）
11	−0.3/6/AR 0.09	表示任意加工方法，单向上限值，传输带 λ_s = 0.008mm（默认），A = 0.3mm（默认），评定长度 6mm，粗糙度图形参数，粗糙度图形平均间距为 0.09mm，"16% 规则"（默认）

注：这里给出的表面结构参数、传输带/取样长度和参数值以及所选择的符号仅作为示例。

表面结构要求的图形标注的演变见表 5-11。

表 5-11　表面结构要求的图形标注的演变（摘自 GB/T 131—2006）

序号	GB/T 131 的版本			说明主要问题的示例
	1983（第一版）	1993（第二版）	2006（第三版）	
1	1.6	1.6　　1.6	Ra 1.6	Ra 只采用"16% 规则"
2	Ry 3.2	Ry 3.2　Ry 3.2	Rz 3.2	除了 Ra "16% 规则"的参数
3	—	1.6max	Ra max 1.6	"最大规则"
4	1.6　0.8	1.6　0.8	−0.8/Ra 1.6	Ra 加取样长度

（续）

序号	GB/T 131 的版本			说明主要问题的示例
	1983（第一版）	1993（第二版）	2006（第三版）	
5	—	—	$0.025-0.8/Ra\ 1.6$	传输带
6	$Ry\ 3.2$ 0.8	$Ry\ 3.2$ 0.8	$-0.8/Rz\ 6.3$	除 Ra 外其他参数及取样长度
7	$Ry\ \frac{1.6}{3.2}$	$Ry\ \frac{1.6}{3.2}$	$Ra\ 1.6$ $Rz\ 6.3$	Ra 及其他参数
8	—	$Ry\ 3.2$	$Rz3\ 6.3$	评定长度中的取样长度个数如果不是 5
9	—	—	$L\ Ra\ 1.6$	下限值
10	$\frac{3.2}{1.6}$	$\frac{3.2}{1.6}$	$U\ Ra\ 3.2$ $L\ Ra\ 1.6$	上、下限值

注：1. 新 Rz 为原 Ry 的定义，原 Ry 不再使用。
　　2. 表中符号"—"表示没有该项。

2. 表面粗糙度技术要求其他项目的标注

按标准规定选用对应的取样长度时，则在图样上省略标注，否则应按如图 5-10a 所示方法标注取样长度，图中取样长度取值为 0.8mm。

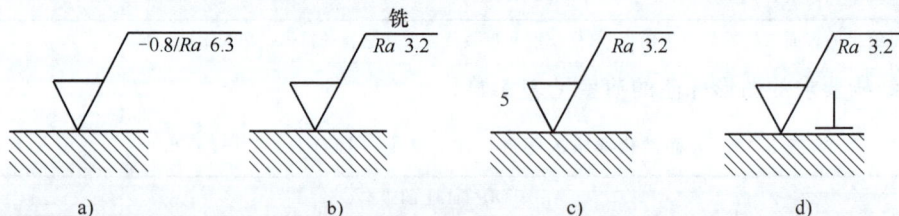

图 5-10   表面粗糙度其他项目的标注

如果某表面的表面粗糙度要求按指定的加工方法（如铣削）获得时，可用文字标注，如图 5-10b 所示。

如果需要标注加工余量（设加工总余量为 5mm），其标注如图 5-10c 所示。

如果需要控制表面加工纹理方向时，加注加工纹理方向符号，如图 5-10d 所示。标准规定了加工纹理方向符号，见表 5-12。

此外，还有符号分别表示加工纹理呈多方向、纹理呈近似放射形和纹理无方向或呈凸起的细粒状。若所列符号不能清楚表明所要求的纹理方向，应在图样上用文字说明。

在零件图上标注表面粗糙度代号时，该代号的尖端指向可见轮廓线、尺寸线、尺寸界线或它们的延长线上，且须从材料外指向零件表面。图 5-11 分别表示表面粗糙度代号在不同位置上的标注方法和在零件图上标注的示例。

表 5-12　加工纹理方向的符号（摘自 GB/T 131—2006）

符　号	示　意　图	符　号	示　意　图
＝	纹理方向 纹理平行于标注代号的视图投影面	⊥	纹理方向 纹理垂直于标注代号的视图投影面
×	纹理方向 纹理呈两相交的方向	C	纹理呈近似同心圆

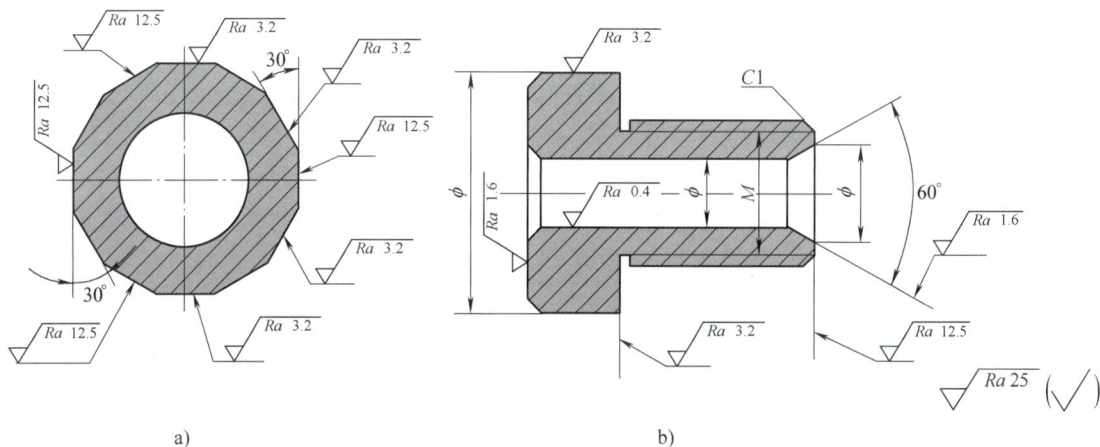

a)　　　　　　　　　　　　　　b)

图 5-11　表面粗糙度代号标注示例

a）不同位置上的标注方法　b）图样标注示例

当零件某些表面具有相同的表面粗糙度技术要求时，它们的同一表面粗糙度代号应标注在零件图的标题栏附近（并在该代号后面的括号中注出基本符号），如图 5-11b 所示。

第五节　表面粗糙度的检测

表面粗糙度的检测方法有比较检验法、针描法、光切法和显微干涉法等几种。

一、比较检验法

比较检验法是将被测表面与已知其评定参数值的表面粗糙度样板相比较，如被测表面精度较高时，可借助于放大镜、比较显微镜进行比较，以提高检测精度。比较样板的选择应使其材料、形状和加工方法与被测工件尽量相同。比较法简单实用，适合于车间条件下判断较粗糙轮廓的表面。比较法的判断准确程度与检验人员的技术熟练程度有关。

二、针描法

针描法是利用仪器的触针在被测表面上轻轻划过，被测表面的微观不平度将使触针做垂直方向的位移，再通过传感器将位移量转换成电量，经信号放大后送入计算机，在显示器上示出被测表面粗糙度的评定参数值。也可由记录器绘制出被测表面轮廓的误差图形，其工作原理如图 5-12 所示。

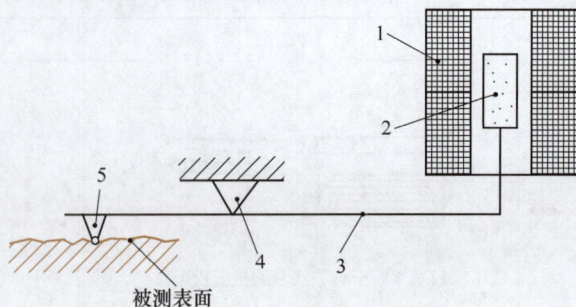

图 5-12　针描法测量原理示意图
1—电感线圈　2—铁心　3—杠杆
4—支点　5—触针

按针描法原理设计制造的表面粗糙度测量仪器通常称为轮廓仪。根据转换原理不同，有电感式轮廓仪、电容式轮廓仪、压电式轮廓仪等。轮廓仪可测 Ra、Rz、Rsm 等多个参数。

除上述轮廓仪外，还有光学触针轮廓仪，它适用于非接触测量，以防止划伤零件表面，这种仪器通常直接显示 Ra 值，其测量范围为 $0.02 \sim 5\mu m$。

三、光切法

如图 5-13a 所示，被测表面为阶梯面，其阶梯高度为 h，由光源发出的光线经狭缝后形成一个光带，此光带以与被测表面夹角为 45°的方向 A 与被测表面相截。被测表面的轮廓影像沿方向 B 反射后可由显微镜中观察得到图 5-13b。其光路系统如图 5-13c 所示，光源 1 通过聚光镜 2、狭缝 3 和物镜 5，以 45°角的方向投射到工件表面 4 上，形成一窄细光带。光带边缘的形状，即光束与工件表面的交线，也就是工件在 45°上的截面轮廓形状，此轮廓曲线的波峰在 S_1 点反射，波谷在 S_2 点反射，通过物镜 5，分别成像在分划板 6 上的 S_1'' 和 S_2'' 点，其峰、谷影像高度差为 h''。由仪器的测微装置可读出此值，按定义测出评定参数尺寸 Rz 的数值。

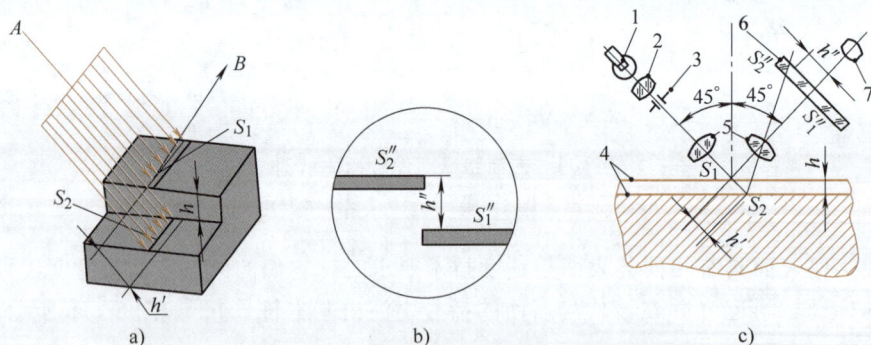

图 5-13　光切法测量表面粗糙度的原理图
1—光源　2—聚光镜　3—狭缝　4—工件表面　5—物镜　6—分划板　7—目镜

按光切原理设计制造的表面粗糙度测量仪器称为光切显微镜（或双管显微镜），其测量范围 Rz 为 $0.8 \sim 80\mu m$。

四、显微干涉法

显微干涉法是利用光波干涉原理测量表面粗糙度的方法。根据干涉原理设计制造的仪器称为干涉显微镜。仪器的测微装置可按定义测出相应的评定参数 Rz 值，其测量范围为 $0.025 \sim 0.8 \mu m$。

本 章 小 结

1. 粗糙度轮廓的概念

零件表面粗糙度形状一般呈起伏的波状，其中波距小于 1mm 的微观几何形状误差属于粗糙度轮廓，它将对零件的工作性能产生影响。

2. 国家标准在评定粗糙度轮廓的参数时，规定了取样长度 lr、评定长度 ln 和中线。

3. 表面粗糙度的评定参数

有幅度参数（包括轮廓的算术平均偏差 Ra、轮廓最大高度 Rz）和间距特征参数（轮廓单元的平均宽度 Rsm）。

4. 表面粗糙度的技术要求包括粗糙度轮廓幅度参数及允许值和测量时的取样长度值这两项基本要求。通常只给出幅度参数 Ra 或 Rz 及允许值，必要时可规定轮廓其他的评定参数、表面加工纹理方向、加工方法或加工余量等附加要求。如果采用标准取样长度，则在图样上可以省略标注取样长度值。

两弹一星
功勋科学家：杨嘉墀

5. 国家标准规定了表面粗糙度的标注方法，见表5-9、表5-10及图5-9~图5-11。

6. 表面粗糙度的检测方法主要有比较检验法、针描法、光切法和显微干涉法。

习题与思考题

5-1　表面粗糙度的含义是什么？对零件的工作性能有哪些影响？

5-2　轮廓中线的含义和作用是什么？为什么规定了取样长度，还要规定评定长度？两者之间有什么关系？

5-3　什么是轮廓峰和轮廓谷？

5-4　表面粗糙度的基本评定参数有哪些？简述其含义。

5-5　表面粗糙度参数值是否选得越小越好？选用的原则是什么？如何选用？

5-6　表面粗糙度的常用测量方法有哪几种？触针式轮廓仪、光切显微镜和干涉显微镜各适合于测量哪些参数？

5-7　在一般情况下，下列每组中两孔表面粗糙度参数值的允许值是否应该有差异？如果有差异，那么哪个孔的允许值较小，为什么？

（1）$\phi60H8$ 与 $\phi20H8$ 孔。

（2）$\phi50H7/h6$ 与 $\phi50H7/p6$ 中的 H7 孔。

（3）圆柱度公差分别为 0.01mm 和 0.02mm 的 $\phi40H7$ 孔。

5-8　表面粗糙度的图样标注中，什么情况注出评定参数的上限值、下限值？什么情况要注出最大值、最小值？上限值和下限值与最大值和最小值如何标注？

5-9　$\phi60H7/f6$ 和 $\phi60H7/h6$ 相比，哪个应选用较小的表面粗糙度 Ra 和 Rz，为什么？

5-10　解释图 5-14 中标注的各表面粗糙度要求的含义。

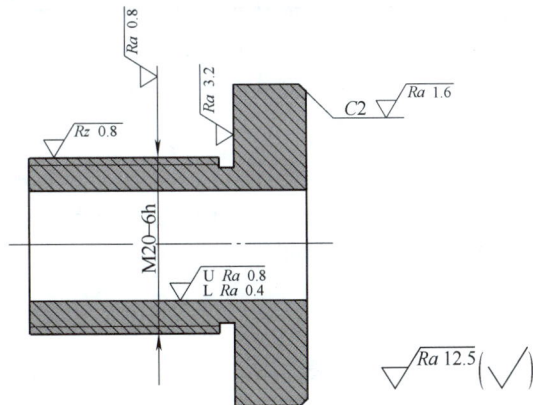

图 5-14　习题 5-10 图

第六章

滚动轴承的公差与配合

学习指导

学习目的：掌握滚动轴承的公差与配合标准，为合理选用滚动轴承的配合打下基础。

学习要求：根据滚动轴承作为标准件的特点，理解滚动轴承内圈与轴颈采用基孔制配合、外圈与外壳孔采用基轴制配合的依据；

根据滚动轴承的使用要求理解滚动轴承旋转精度和游隙的概念；

了解滚动轴承的公差等级由轴承的尺寸公差和旋转精度决定；

掌握滚动轴承公差等级的划分，了解各个公差等级的滚动轴承的应用；

掌握滚动轴承内、外圈公差带的特点；

了解与滚动轴承配合的轴颈及外壳孔的常用公差带；

初步掌握如何选用滚动轴承与轴颈及外壳孔的配合；

学会轴颈及外壳孔几何公差与表面粗糙度参数及其数值的选用。

　　滚动轴承作为标准部件，是机器上广泛使用的支承部件，由专业化的滚动轴承制造厂生产。滚动轴承的公差与配合设计是指正确确定滚动轴承内圈与轴颈的配合、外圈与外壳孔的配合以及轴颈和外壳孔的尺寸公差带、几何公差和表面粗糙度参数值，以保证滚动轴承的工作性能和使用寿命。

第一节　滚动轴承的互换性和公差等级

一、滚动轴承的互换性

　　如图6-1所示，滚动轴承一般由内圈、外圈、滚动体（钢球或滚子）和保持架（隔离圈）等组成（见图 6-1a）。滚动轴承的形式很多。按滚动体的形状不同，可分为球轴承和滚子轴承；按受负荷的作用方向，则可分为向心轴承、推力轴承、向心推力轴承。

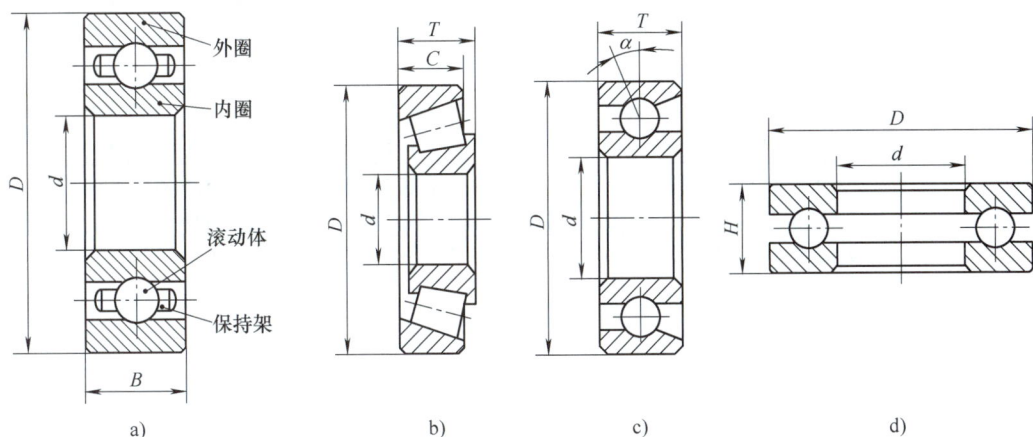

图 6-1 滚动轴承的类型

a）向心轴承 b）圆锥滚子轴承 c）角接触球轴承 d）推力轴承

滚动轴承通过滚动体的作用使其内外圈产生相对转动。通常，滚动轴承内圈装在传动轴的轴颈上，随轴一起旋转；外圈固定于机体孔中，起支承作用。也有些机器的部分结构中要求外圈与外壳孔一起旋转，而内圈与轴颈固定不动。不论滚动轴承是外圈作为支承件，还是内圈作为支承件，内圈的内径（d）和外圈的外径（D）都是滚动轴承与结合件配合的基本尺寸。

轴承内圈内孔和外圈外圆柱面应具有完全互换性，以便于在机器上安装轴承和更换新轴承。此外，基于技术经济上的考虑，对于轴承的装配，轴承某些零件的特定部位采用不完全互换性。

滚动轴承工作时应保证其工作性能，必须满足必要的旋转精度和合适的游隙。

二、滚动轴承的公差等级及其应用

1. 滚动轴承的公差等级

滚动轴承的公差等级由轴承的尺寸公差和旋转精度决定。尺寸公差是指轴承内径 d、外径 D、宽度 B 等的尺寸公差；旋转精度是指轴承内、外圈做相对转动时跳动的程度，包括轴承内、外圈的径向跳动和轴向跳动，内圈基准端面对内孔的跳动等。

GB/T 307. 3—2017《滚动轴承 通用技术规则》按尺寸公差和旋转精度将向心轴承（除圆锥滚子轴承）的公差等级分为 2、4、5、6、普通级五级，它们依次由高到低，2 级最高，普通级最低。圆锥滚子轴承的精度等级有 6X 级，而没有 6 级。6X 级轴承与 6 级轴承的内径公差、外径公差和径向跳动公差均分别相同，所不同的是前者装配宽度要求较为严格。推力轴承公差分为普通级、6、5、4 四级，普通级最低，4 级最高。

2 级和普通级轴承内圈内径公差数值分别与 GB/T 1800.1—2020 中 IT3 和 IT5 的公差数值相近，而外圈外径公差数值分别与 IT2 和 IT5 的公差数值相近，可见轴承加工精度之高。

2. 各个公差等级的滚动轴承的应用

各个公差等级的滚动轴承的应用范围见表 6-1。

表 6-1 各个公差等级的滚动轴承的应用范围

公差等级	应用范围
普通级	通常称为 0 级，在各种机器上的应用最广。它用于对旋转精度和运转平稳性要求不高的一般旋转机构中。例如，减速器的旋转机构，普通机床的变速、进给机构，汽车、拖拉机的变速机构，普通电动机、水泵、压缩机的旋转机构等
6,5	应用在旋转精度和运转平稳性要求较高或转速较高的旋转机构中。其中 6 级、5 级轴承多用于比较精密的机床和机器中，如卧式车床主轴的前轴承多采用 5 级轴承、后轴承多采用 6 级轴承
4,2	4 级轴承多用于转速很高或旋转精度要求很高的机床和机器的旋转机构中，如高精度磨床和车床、精密螺纹车床和磨齿机等的主轴轴承多采用 4 级轴承。2 级轴承应用在精密机械的旋转机构中，如精密坐标镗床的主轴轴承、高精度齿轮磨床以及数控机床的主轴轴承多采用 2 级轴承

第二节 滚动轴承内、外径及相配轴颈、外壳孔的公差带

一、滚动轴承内、外径公差带的特点

滚动轴承内、外圈属薄壁零件，极易变形。当轴承与刚性零件轴、箱体上具有正确几何形状的轴颈、外壳孔装配后，这种变形容易得到矫正。因此，GB/T 307.1—2017《滚动轴承 向心轴承 产品几何技术规范（GPS）和公差值》中规定，在轴承内、外圈任一横截面内测得的内圈内径、外圈外径的最大与最小直径的平均值（即单一平面平均内、外径，分别用 d_{mp}、D_{mp} 表示）与公称直径（分别用 d、D 表示）的差（即单一平面平均内、外径偏差，分别用 Δd_{mp}、ΔD_{mp} 表示）必须在极限偏差范围内，因为 d_{mp}、D_{mp} 是配合时起作用的尺寸。d_{mp} 和 D_{mp} 的尺寸公差带如图 6-2 所示，部分向心轴承 Δd_{mp} 和 ΔD_{mp} 的极限值见表 6-2。

滚动轴承内圈与轴颈的配合应采用基孔制，外圈与外壳孔的配合应采用基轴制。

表 6-2 部分向心轴承 Δd_{mp} 和 ΔD_{mp} 的极限值

公差等级		普通级		6		5		4		2	
公称尺寸/mm		极限偏差/μm									
大于	到	上极限偏差	下极限偏差	上极限偏差	下极限偏差	上极限偏差	下极限偏差	上极限偏差	下极限偏差	上极限偏差	下极限偏差
内圈 18	30	0	−10	0	−8	0	−6	0	−5	0	−2.5
内圈 30	50	0	−12	0	−10	0	−8	0	−6	0	−2.5
外圈 50	80	0	−13	0	−11	0	−9	0	−7	0	−4
外圈 80	120	0	−15	0	−13	0	−10	0	−8	0	−5

轴承内圈与轴颈一起旋转时，采用这种小过盈的配合是为了防止内圈与轴颈的配合面发生相对滑动，避免它们的配合面产生磨损，保证轴承的工作性能；如果过盈较大则会使薄壁的内圈产生较大的变形，影响轴承的游隙。轴承内圈与轴颈一般设计为具有小过盈的配合。GB/T 307.1—2017 规定：内圈基准孔公差带，不同于普通基准孔的公差带，而是位于以公称内径 d 为零线的下

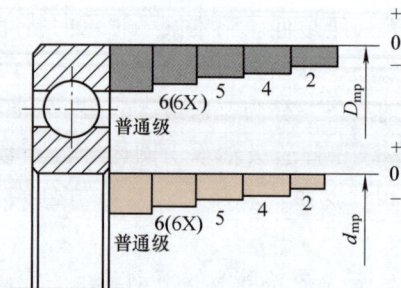

图 6-2 d_{mp} 和 D_{mp} 的尺寸公差带

方，且上极限偏差为零，如图 6-2 所示。这样，轴承内圈与基本偏差代号为 k、m、n 等的轴颈配合时就形成了具有小过盈的配合。

轴承外圈安装在机器外壳孔中。机器工作时，温度升高会使轴热膨胀。若外圈不旋转，则应使外圈与外壳孔的配合稍微松一点，允许轴连同轴承一起轴向移动，以便能够补偿轴热膨胀产生的微量伸长。否则会造成轴的弯曲，轴承内、外圈之间的滚动体也有可能被卡死。

二、与滚动轴承配合的轴颈和外壳孔的常用公差带

GB/T 275—2015《滚动轴承　配合》规定了普通级和 6 级轴承与轴颈和外壳孔配合时轴颈和外壳孔的常用公差带，其中轴颈规定了 17 种常用公差带（见图 6-3），外壳孔规定了 16 种常用公差带（见图 6-4）。这些公差带分别与 GB/T 1800.2—2020 中的轴公差带和孔公差带相对应。

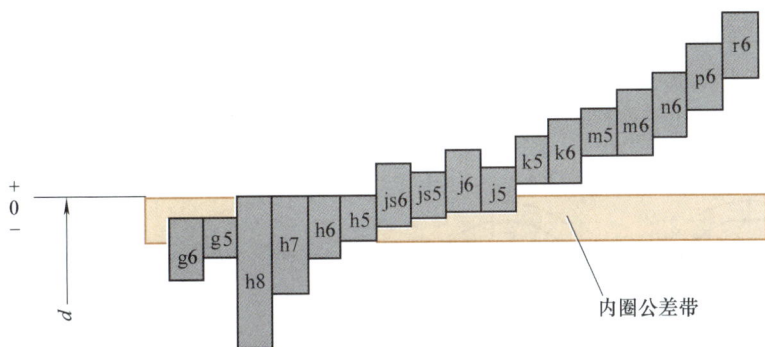

图 6-3　与滚动轴承配合的轴颈的常用公差带

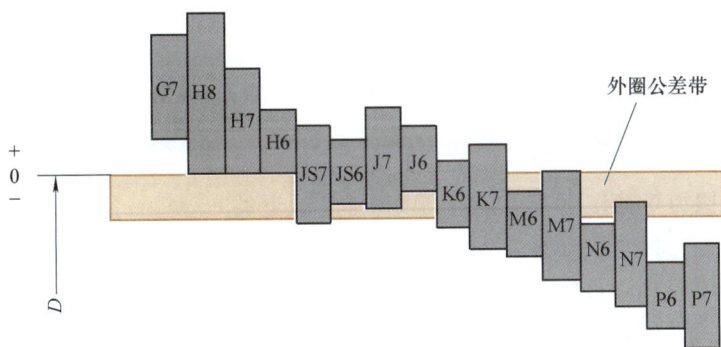

图 6-4　与滚动轴承配合的外壳孔的常用公差带

第三节　滚动轴承与轴颈、外壳孔配合选用

一、选择滚动轴承与轴颈、外壳孔配合时应考虑的主要因素

正确选择滚动轴承与轴颈、外壳孔的配合，对保证机器正常运转、提高轴承的使用寿命、充分发挥其承载能力影响很大。滚动轴承的配合一般用类比法选择，选择时主要考虑下列影响因素。

1. 轴承套圈相对于负荷方向的运转状态（考虑滚道的磨损）

（1）轴承套圈相对于负荷方向固定　当套圈相对于径向负荷的作用线不旋转，或者该径向负荷的作用线相对于套圈不旋转时，该径向负荷始终作用在套圈轨道的某一局部区域上，这表示该套圈相对于负荷方向固定。

如图 6-5a、b 所示，轴承承受一个方向和大小均不变的径向负荷 F_r，图 6-5a 中的不旋转外圈和图 6-5b 中的不旋转内圈皆相对于径向负荷 F_r 方向固定。前者的运动状态称为固定的外圈负荷，如减速器转轴两端的滚动轴承的外圈相对于负荷方向固定；后者的运动状态称为固定的内圈负荷，如汽车、拖拉机车轮轮毂中滚动轴承的内圈相对于负荷方向固定。

（2）轴承套圈相对于负荷方向旋转　当径向负荷的作用线相对于轴承套圈旋转，或者套圈相对于径向负荷的作用线旋转时，该径向负荷就依次作用在套圈整个轨道的各个部位上，这表示该套圈相对于负荷方向旋转。

如图 6-5a 中的旋转内圈和图 6-5b 中的旋转外圈皆相对于径向负荷 F_r 方向旋转，前者的运动状态称为旋转的内圈负荷，如减速器转轴两端的滚动轴承的内圈相对于负荷方向旋转；后者的运动状态称为旋转的外圈负荷，如汽车、拖拉机车轮轮毂中滚动轴承的外圈相对于负荷方向旋转。

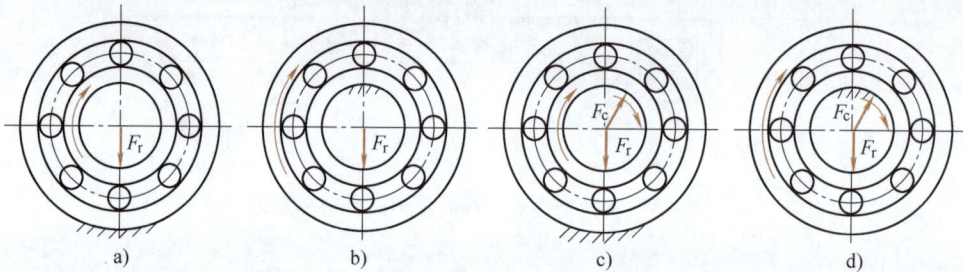

图 6-5　轴承套圈相对于负荷方向的运转状态
a）旋转的内圈负荷和固定的外圈负荷　b）固定的内圈负荷和旋转的外圈负荷　c）旋转的内圈负荷和外圈承受摆动负荷　d）内圈承受摆动负荷和旋转的外圈负荷

为了保证套圈滚道的磨损均匀，相对于负荷方向固定的套圈与轴颈或外壳孔的配合应稍松些，以便在摩擦力矩的作用下，它们可以做非常缓慢的相对滑动，从而避免套圈滚道的局部磨损。相对于负荷方向旋转的套圈与轴颈或外壳孔的配合应保证它们能固定成一体，以避免产生相对滑动，从而实现套圈、滚道均匀磨损。如此选择配合，对提高轴承的使用寿命十分有利。

（3）轴承套圈相对于负荷方向摆动　当大小和方向按一定规律变化的径向负荷依次往复地作用在套圈滚道的一段区域上时，这就表示该套圈相对于负荷方向摆动。如图 6-5c、d 所示，轴承套圈承受一个大小和方向均固定的径向负荷 F_r 和一个旋转的径向负荷 F_c（它的方向是转动的），两者合成的径向负荷的大小将由小逐渐增大，再由大逐渐减小，呈周期性变化，这样的径向负荷称为摆动负荷。当 $F_r > F_c$ 时（见图 6-6），按照矢量合成的平行四边

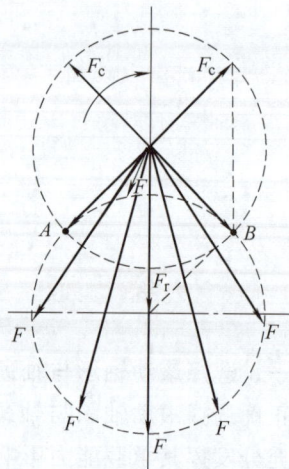

图 6-6　摆动负荷

形法则，F_r 与 F_c 的合成负荷 F 就在 AB 区域内摆动，则不旋转的套圈相对于合成负荷的方向摆动，而旋转的套圈相对于合成负荷的方向旋转；当 $F_r<F_c$ 时，F_r 与 F_c 的合成负荷沿整个圆周变动，因此不旋转的套圈相对于合成负荷的方向旋转，而旋转的套圈则相对于合成负荷的方向摆动。轴承套圈相对于负荷方向的运转状态不同，该套圈与轴颈或外壳孔的配合的松紧程度也应不同。

当套圈相对于负荷方向固定时，该套圈与轴颈或外壳孔的配合应稍松些，一般选用具有平均间隙较小的过渡配合或具有极小间隙的间隙配合。

当套圈相对于负荷方向旋转时，该套圈与轴颈或外壳孔的配合应较紧，一般选用过盈小的过盈配合或过盈概率大的过渡配合。必要时，过盈量的大小可以通过计算确定。

当套圈相对于负荷方向摆动时，该套圈与轴颈或外壳孔配合的松紧程度，一般与套圈相对于负荷方向旋转时选用的配合相同，或稍松一些。

2. 负荷的大小

轴承与轴颈、外壳孔配合的松紧程度跟负荷的大小有关。对于向心轴承，GB/T 275—2015 按其径向当量动负荷 P_r 与径向额定动负荷 C_r 的比值将负荷状态分为轻负荷、正常负荷和重负荷三类，见表 6-3，表中 P_r 和 C_r 的数值分别由计算公式求出或由轴承产品样本查出。

表 6-3　向心轴承的负荷状态

负荷状态	轻负荷	正常负荷	重负荷
P_r/C_r	$\leqslant 0.07$	$>0.07 \sim 0.15$	>0.15

轴承在重负荷作用下，套圈容易产生变形，因而使该套圈与轴颈或外壳孔配合的实际过盈减小，可能引起轴承松动，影响轴承的工作性能。因此，轴承与轴颈或外壳孔配合的选择，应依据所承受载荷的性质（轻负荷、正常负荷、重负荷）依次越来越紧。

3. 径向游隙

GB/T 4604.1—2012《滚动轴承　游隙　第 1 部分：向心轴承的径向游隙》规定，轴承的径向游隙共分五组：2 组、0 组、3 组、4 组、5 组，游隙的大小依次由小到大。

合理地选择轴承游隙，应在原始游隙的基础上，考虑因配合、内外圈温度差以及载荷等因素所引起的游隙变化，以便工作游隙接近于最佳状态。

由于过盈配合和温度的影响，轴承的工作游隙小于原始游隙。0 组径向游隙值适用于一般的运转条件、常规温度及常用的过盈配合，即球轴承不得超过 j5、k5（轴）和 j6（座孔）；滚子轴承不得超过 k5、m5（轴）和 k6（座孔）。对于采用较紧配合、内外圈温差较大、需要降低摩擦力矩及深沟球轴承承受较大轴向载荷或需改善调心性能的工况，宜采取 3、4、5 组游隙值。

对于球轴承，最适宜的工作游隙是趋于 0。对于滚子轴承，可保持少量的工作游隙。在要求支持刚性良好的部件中（如机床主轴），轴承应有一定的预紧。角接触球轴承、圆锥滚子轴承以及内圈带锥孔的轴承等，因结构特点可在安装或使用过程中调整游隙。

4. 轴承工作时的微量轴向移动

轴承组件在运转时易受热而使轴产生微量伸长。为了避免安装着不可分离型轴承的轴因受热伸长而产生弯曲，应使轴受热后能够自由地轴向移动，因此轴承外圈与外壳孔的配合应松一些，并在外圈端面与端盖端面之间留有适当的轴向间隙，以允许轴带着轴承一起做微量轴向移动。

5. 轴承工作时的温度

轴承工作时，由于摩擦发热和其他热源的影响，套圈的温度会高于相配件的温度。内圈的热膨胀会引起它与轴颈的配合变松，而外圈的热膨胀则会引起它与外壳孔的配合变紧。因此，轴承工作温度高于 100℃ 时，应对所选择的配合做适当的修正。

6. 其他因素

当轴承的旋转速度较高，且在冲击振动负荷下工作时，轴承与轴颈、外壳孔的配合最好都选用具有小过盈的配合或较紧的配合。

剖分式外壳和整体外壳上的轴承孔与轴承外圈的配合的松紧程度应有所不同，前者的配合应稍松些，以避免箱盖和箱座装配时夹扁轴承外圈。

二、与滚动轴承配合的轴颈和外壳孔的公差等级的确定

与滚动轴承配合的轴颈和外壳孔的精度包括它们的尺寸公差带、几何公差和表面粗糙度参数值。GB/T 275—2015 对与普通级（0 级）和 6 级滚动轴承配合的轴颈和外壳孔所要求的精度做了具体规定。

所选择轴颈和外壳孔的标准公差等级应与轴承公差等级协调。与普通级轴承配合的轴颈一般为 IT6，外壳孔一般为 IT7。对旋转精度和运转平稳性有较高要求的工作场合，轴颈应为 IT5，外壳孔应为 IT6。

三、轴颈和外壳孔的公差带的确定

对轴承的旋转精度和运转平稳性无特殊要求的场合，轴承游隙为 0 组游隙。轴为实心或厚壁空心钢制轴，外壳（箱体）为铸钢件或铸铁件，轴承的工作温度不超过 100℃ 时，确定外壳孔和轴颈的公差带可根据 GB/T 275—2015（见表 6-4~表 6-7）进行选择。

表 6-4　**与向心轴承配合的轴颈的公差带**（摘自 GB/T 275—2015）

运 转 状 态		负荷状态	深沟球轴承、调心球轴承和角接触球轴承	圆柱滚子轴承和圆锥滚子轴承	调心滚子轴承	公差带
说 明	举 例		轴承公称内径/mm			
旋转的内圈负荷及摆动负荷	一般通用机械、电动机、机床主轴、泵、内燃机、直齿轮传动装置、铁路机车车辆轴箱、破碎机等	轻负荷	≤18	—	—	h5
			>18~100	≤40	≤40	j6[①]
			>100~200	>40~140	>40~100	k6[①]
			—	>140~200	>100~200	m6[①]
		正常负荷	≤18	—	—	j5、js5
			>18~100	≤40	≤40	k5[②]
			>100~140	>40~100	>40~65	m5[②]
			>140~200	>100~140	>65~100	m6
			>200~280	>140~200	>100~140	n6
			—	>200~400	>140~280	p6
			—	—	>280~500	r6
		重负荷	—	>50~140	>50~100	n6
			—	>140~200	>100~140	p6[③]
			—	>200	>140~200	r6
			—	—	>200	r7

（续）

运　转　状　态		负荷状态	深沟球轴承、调心球轴承和角接触球轴承	圆柱滚子轴承和圆锥滚子轴承	调心滚子轴承	公差带
说　明	举　例		轴承公称内径/mm			
固定的内圈负荷	静止轴上的各种轮子、张紧轮、绳轮、振动筛、惯性振动器	所有负荷	所　有　尺　寸			f6 g6① h6 j6
		仅有轴向负荷	所　有　尺　寸			j6、js6

① 凡对精度有较高要求的场合，应该用 j5、k5、m5 代替 j6、k6、m6。

② 圆锥滚子轴承和角接触球轴承配合对游隙的影响不大，可以选用 k6、m6 分别代替 k5、m5。

③ 重负荷下轴承游隙选用大于 0 组。

表 6-5　与向心轴承配合的外壳孔的公差带（摘自 GB/T 275—2015）

运　转　状　态		负　荷　状　态	其　他　状　况		公差带①	
说　明	举　例				球轴承	滚子轴承
固定的外圈负荷	一般机械、铁路机车车辆轴箱、电动机、泵、曲轴主轴承	轻、正常、重负荷	轴向容易移动	轴在高温下工作	G7②	
				采用剖分式外壳	H7	
摆动负荷		冲击负荷	轴向能移动，采用整体或剖分式外壳		J7、JS7	
		轻、正常负荷				
		正常、重负荷	轴向不能移动，采用整体式外壳		K7	
		冲击负荷			M7	
旋转的外圈负荷	张紧滑轮、轮毂轴承	轻负荷	轴向不能移动，采用整体式外壳		J7	K7
		正常负荷			K7、M7	M7、N7
		重负荷			—	N7、P7

① 并列公差带随尺寸的增大从左至右选择，对旋转精度要求较高时，可相应提高一个公差等级。

② 不适用于剖分式外壳。

表 6-6　与推力轴承配合的轴颈的公差带（摘自 GB/T 275—2015）

运　转　状　态	负荷状态	推力球轴承和推力滚子轴承	推力调心滚子轴承②	公差带
		轴承公称内径/mm		
仅有轴向负荷		所　有　尺　寸		j6、js6
固定的轴圈负荷	径向和轴向联合负荷	—	≤250	j6
		—	>250	js6
旋转的轴圈负荷或摆动负荷		—	≤200	k6①
		—	>200～400	m6①
		—	>400	n6①

① 对要求过盈较小时，可用 js、k6、m6 以分别代替 k6、m6、n6。

② 也包括推力圆锥滚子轴承、推力角接触球轴承。

四、轴颈和外壳孔的几何公差与表面粗糙度的确定

轴颈和外壳孔的尺寸公差带确定以后，为了保证轴承的工作性能，还应对它们分别确定几何公差和表面粗糙度，这可参照表6-8和表6-9选取。

表 6-7 与推力轴承配合的外壳孔的公差带（摘自 GB/T 275—2015）

运转状态	负荷状态	轴承类型	公差带	备注
仅有轴向负荷		推力球轴承	H8	
		推力圆柱滚子轴承、推力圆锥滚子轴承	H7	
		推力调心滚子轴承		外壳孔与座圈间间隙为 $0.001D$（D 为轴承公称外径）
固定的座圈负荷	径向和轴向联合负荷	推力角接触球轴承、推力调心滚子轴承、推力圆锥滚子轴承	H7	
旋转的座圈负荷或摆动负荷			K7	普通使用条件
			M7	有较大径向负荷时

表 6-8 轴颈和外壳孔的几何公差（摘自 GB/T 275—2015）

公称尺寸 /mm		圆柱度 t				轴向圆跳动 t_1			
		轴 颈		外 壳 孔		轴 肩		外壳孔肩	
		轴 承 公 差 等 级							
		0	6(6X)	0	6(6X)	0	6(6X)	0	6(6X)
超过	到	公差值/μm							
—	6	2.5	1.5	4	2.5	5	3	8	5
6	10	2.5	1.5	4	2.5	6	4	10	6
10	18	3.0	2.0	5	3.0	8	5	12	8
18	30	4.0	2.5	6	4.0	10	6	15	10
30	50	4.0	2.5	7	4.0	12	8	20	12
50	80	5.0	3.0	8	5.0	15	10	25	15
80	120	6.0	4.0	10	6.0	15	10	25	15
120	180	8.0	5.0	12	8.0	20	12	30	20
180	250	10.0	6.0	14	10.0	20	12	30	20
250	315	12.0	8.0	16	12.0	25	15	40	25
315	400	13.0	9.0	18	13.0	25	15	40	25
400	500	15.0	10.0	20	15.0	25	15	40	25

表 6-9 配合面的表面粗糙度（摘自 GB/T 275—2015）

轴或轴承座直径 /mm		轴或外壳配合表面直径公差等级								
		IT7			IT6			IT5		
		表面粗糙度值/μm								
超过	到	Rz	Ra		Rz	Ra		Rz	Ra	
			磨	车		磨	车		磨	车
—	80	10	1.6	3.2	6.3	0.8	1.6	4	0.4	0.8
80	500	16	1.6	3.2	10	1.6	3.2	6.3	0.8	1.6
端面		25	3.2	6.3	25	3.2	6.3	10	1.6	3.2

　　为了保证轴承与轴颈、外壳孔的配合性质，轴颈和外壳孔应分别采用包容要求和最大实体要求的零几何公差。对于轴颈，在采用包容要求Ⓔ的同时，为了保证同一根轴上两个轴颈的同轴度精度，还应规定这两个轴颈的轴线分别对它们的公共轴线的同轴度公差。

　　对于外壳上支承同一根轴的两个轴承孔，应按关联要素采用最大实体要求的零几何公差

$\phi0\text{Ⓜ}$，来规定这两个孔的轴线分别对它们的公共轴线的同轴度公差，以同时保证指定的配合性质和同轴度精度。

此外，如果轴颈或外壳孔存在较大的形状误差，则轴承与它们安装后，套圈会产生变形而不圆，因此必须对轴颈和外壳孔规定严格的圆柱度公差。

轴的轴颈肩部和外壳上轴承孔的端面是安装滚动轴承的轴向定位面，若它们存在较大的垂直度误差，则滚动轴承与它们安装后，轴承套圈会产生歪斜，因此应规定轴颈肩部和外壳孔端面对基准轴线的轴向圆跳动公差。

本 章 小 结

1. 滚动轴承的公差等级由高到低分为 2、4、5、6（6X）、普通级，其中普通级精度最低，也称为 0 级，应用最广。

2. 滚动轴承与轴颈和壳体孔配合的配合尺寸公差带的特点：

滚动轴承单一平面平均内、外径（d_{mp}、D_{mp}）是滚动轴承内、外圈分别与轴颈和壳体孔配合的配合尺寸，它们的公差带均在零线下方，且上极限偏差均为零（见图 6-2）。

3. 与滚动轴承相配合的轴颈和壳体孔的公差带是从相关国家标准中选出的，如图 6-3、图 6-4 所示。

4. 滚动轴承与轴颈和壳体孔配合的基准制（由标准件决定）：

由于滚动轴承是标准件，所以内圈与轴颈的配合采用基孔制；外圈与壳体孔的配合采用基轴制。值得注意的是：内圈与轴颈的配合性质，不能只看轴的基本偏差代号。例如，内圈与基本偏差为 h 的轴配合，形成的是过渡配合，与 k、m、n 的轴形成的是过盈配合。

5. 滚动轴承配合的选择一般采用类比法。选择时需考虑的因素较多，可根据轴承所受负荷的类型，先大致确定配合类别，见表 6-10，具体选择可参见表 6-4～表 6-7。

表 6-10　根据轴承所受负荷的类型确定配合类别

径向负荷与套圈的相对关系	负荷的类型	配　合　的　选　择
相对静止	局部负荷	选松一些的配合，如较松的过渡配合或间隙较小的间隙配合
相对旋转	循环负荷	选紧一些的配合，如过盈配合或较紧的过渡配合
相对于套圈在有限范围内摆动	摆动负荷	略松一点

6. 轴颈和外壳孔的尺寸公差、几何公差与表面粗糙度等的选择参见表 6-8、表 6-9。

习题与思考题

6-1　为了保证滚动轴承的工作性能，其内圈与轴颈配合、外圈与外壳孔配合，应满足什么要求？

6-2　滚动轴承的几何精度是由轴承本身的哪两项精度指标决定的？

6-3　GB/T 307.3—2017 对向心轴承、圆锥滚子轴承的公差等级分别规定了哪几级？试举例说明各个公差等级的应用范围。

6-4　滚动轴承内圈与轴颈的配合和外圈与外壳孔的配合分别采用哪种基准制？

6-5　滚动轴承内圈内径公差带相对于以公称直径为零线的分布有何特点？其基本偏差是怎样规定的？

6-6　选择滚动轴承与轴颈、外壳孔的配合时，应考虑的主要因素有哪些？

6-7　根据滚动轴承套圈相对于负荷方向的不同，怎样选择轴承内圈与轴颈配合和外圈与外壳孔配合的性质和松紧程度？试举例说明。

6-8　与滚动轴承配合的轴颈和外壳孔，除了采用包容要求（或最大实体要求的零几何公差）以外，为什么还要规定更严格的圆柱度公差？

6-9 滚动轴承与轴颈及外壳孔的配合在装配图上的标注有何特点？

6-10 如图 6-7 所示的车床主轴支承，根据滚动轴承配合的要求，主轴轴颈和箱体孔的公差带分别选定为 φ60js6 和 φ95K7。试确定套筒 4 与主轴轴颈的配合代号（该配合要求 $X_{max} \leqslant +0.25mm$，$X_{min} \geqslant +0.08mm$）和箱体孔与套筒 1 外圆柱面的配合代号（该配合要求 $X_{max} \leqslant +0.25mm$，$X_{min} \geqslant +0.08mm$）。

6-11 如图 6-8 所示，某闭式传动的减速器传动转轴上安装普通级 609 深沟球轴承（内径 φ45mm，外径 φ85mm），其额定动负荷为 19700N。工作情况为：外壳固定，轴旋转，转速为 980r/min。承受的径向动负荷为 1300N。试确定：

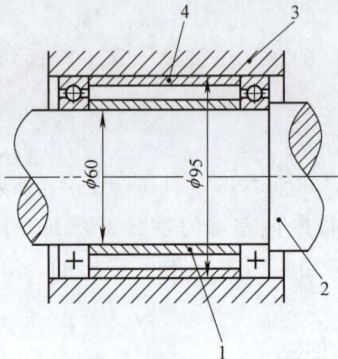

图 6-7 习题 6-10 图
1、4—套筒 2—主轴 3—箱体

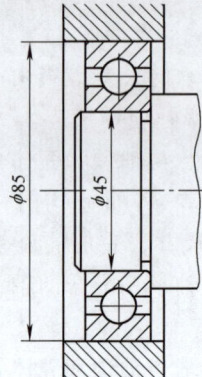

图 6-8 习题 6-11 图

（1）轴颈和外壳孔的尺寸公差带代号和采用的公差原则。

（2）轴颈和外壳孔的尺寸极限偏差以及它们与滚动轴承配合的有关表面的几何公差和表面粗糙度参数值。

（3）将上述公差要求分别标注在装配图和零件图上。

两弹一星
功勋科学家：钱学森

第七章

圆锥和角度的公差及检测

学习指导

学习目的： 掌握圆锥结合的特点、基本功能要求和配合的形成方法，为合理选用圆锥的公差与配合，进行圆锥尺寸精度设计打下基础。

学习要求： 掌握圆锥结合的特点及锥度与锥角、圆锥公差中的术语定义；

掌握圆锥公差项目及给定方法；

掌握圆锥配合的形成方法以及结构型圆锥配合的确定方法；

了解位移型圆锥配合的确定方法。

第一节　概　　述

内、外圆锥相互结合的配合结构，在机械设备中经常采用，如工具圆锥和机床主轴的配合、管道阀门中阀芯与阀体的结合等。与圆柱孔轴结合比较，圆锥结合有如下一些特点：

1）间隙或过盈可以调整。通过内、外圆锥面的轴向位移，可以调整间隙或过盈来满足不同的工作要求，能补偿磨损，延长使用寿命。

2）对中性好，即易保证配合的同轴度要求。由于间隙可以调整，因而可以消除间隙，实现内、外圆锥轴线的对中。容易拆卸，且经多次拆装不降低同轴度。

3）圆锥结合具有较好的自锁性和密封性。

4）结构复杂，影响互换性的参数比较多，加工和检验都比较困难，不适合于孔、轴轴向相对位置要求较高的场合。

圆锥结合具有圆柱结合不能替代的特点，使得它在机械结构中得到广泛应用。因此圆锥结合结构的标准化，是提高产品质量、保证零部件互换性所不可缺少的环节。我国制定有

GB/T 157—2001《产品几何量技术规范（GPS）　圆锥的锥度与锥角系列》、GB/T 11334—2005《产品几何量技术规范（GPS）　圆锥公差》、GB/T 12360—2005《产品几何量技术规范（GPS）　圆锥配合》等一系列国家标准。

第二节　锥度与锥角

一、圆锥几何参数的基本术语及定义

1. 圆锥角 α

在通过圆锥轴线的截面内，两条素线间的夹角（见图7-1）称为圆锥角，简称为锥角；$\alpha/2$ 称为圆锥半角，也称斜角。

2. 圆锥直径

圆锥在垂直于轴线截面上的直径（见图7-2）称为圆锥直径。对于内（外）圆锥，分别有最大圆锥直径 D（内、外圆锥分别用 D_i、D_e 表示）、最小圆锥直径 d（内、外圆锥分别用 d_i、d_e 表示）和给定截面的圆锥直径 d_x。

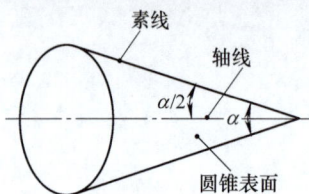

图 7-1　圆锥表面　　　　图 7-2　内、外圆锥

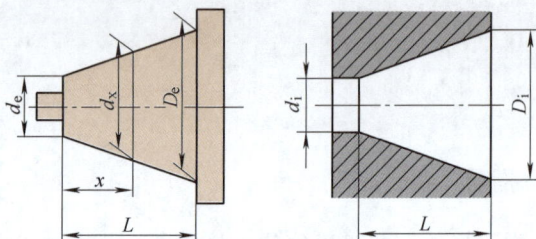

3. 圆锥长度 L

最大圆锥直径截面与最小圆锥直径截面之间的轴向距离称为圆锥长度，如图7-2所示。

4. 锥度 C

两个垂直于圆锥轴线的截面上的圆锥直径之差与该两截面的轴向距离之比，称为锥度。通常，锥度用最大圆锥直径 D 和最小圆锥直径 d 之差与圆锥长度 L 之比表示，用公式表示为

$$C = (D-d)/L$$

锥度 C 与圆锥角 α 的关系为

$$C = 2\tan\frac{\alpha}{2}$$

锥度 C 一般用比例或分式形式表示，如 1∶50 或 1/50，其中比例形式更为常用。

二、锥度与锥角系列

为了减少加工圆锥工件所用的专用刀具、量具种类和规格，满足生产需要，国家标准GB/T 157—2001规定了一般用途和特殊用途两种圆锥的锥度与圆锥角系列，适用于光滑圆锥。

1. 一般用途圆锥的锥度与圆锥角

国家标准规定的一般用途圆锥的锥度与圆锥角共 21 种。

2. 特殊用途圆锥的锥度与圆锥角

国家标准规定的特殊用途圆锥的锥度与圆锥角共 24 种，其中包括我国早已广泛使用的莫氏锥度，共 7 种。

第三节　圆 锥 公 差

国家标准 GB/T 11334—2005 适用于锥度为 1∶3～1∶500、圆锥长度为 6～630mm 的光滑圆锥工件（即对锥齿轮、锥螺纹等不适用）。

一、有关圆锥公差的术语及定义

1. 公称圆锥

由设计给定的理想形状的圆锥称为公称圆锥。

公称圆锥可用两种形式确定：一种是以一个公称圆锥直径（最大圆锥直径 D、最小圆锥直径 d 或给定截面圆锥直径 d_x）、公称圆锥长度 L 和公称圆锥角 α（或公称锥度 C）来确定；另一种是以两个公称圆锥直径（D 和 d）和公称圆锥长度 L 来确定。

2. 实际圆锥、实际圆锥直径 d_a

实际存在并与周围介质分隔的圆锥称为实际圆锥，实际圆锥上的任一直径称为实际圆锥直径，如图 7-3 所示。

3. 实际圆锥角 α_a

在实际圆锥的任一轴向截面内，包容圆锥素线且距离为最小的两对平行直线之间的夹角，如图 7-3 所示。

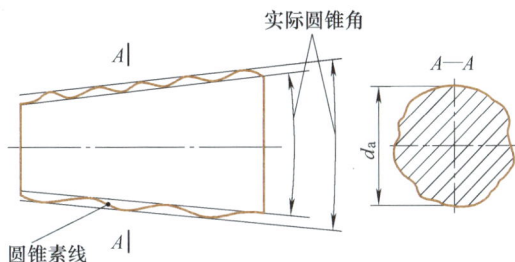

图 7-3　实际圆锥与实际圆锥直径

4. 极限圆锥

极限圆锥是指与公称圆锥共轴且圆锥角相等，直径分别为上极限直径（D_{max}、d_{max}）和下极限直径（D_{min} 和 d_{min}）的两个圆锥，如图 7-4 所示。在垂直圆锥轴线的任一截面上，这两个圆锥的直径差都相等。

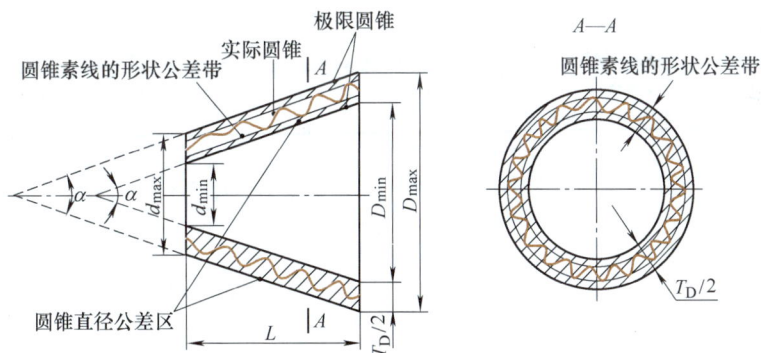

图 7-4　极限圆锥与圆锥公差区

极限圆锥是实际圆锥允许变动的界限，合格的实际圆锥必须在两极限圆锥限定的空间区域之内。

5. 极限圆锥直径

极限圆锥上的任一直径为极限圆锥直径，如图 7-4 中的 D_{max} 和 D_{min}、d_{max} 和 d_{min}。对任一给定截面的圆锥直径 d_x，有 d_{xmax} 和 d_{xmin}。极限圆锥直径是圆锥直径允许变动的界限值。

6. 极限圆锥角

允许的上极限或下极限圆锥角 α_{max} 或 α_{min}，如图 7-5 所示。

二、圆锥公差项目、公差值和给定方法

1. 圆锥公差项目和公差值

为了满足圆锥连接功能和使用要求，国家标准 GB/T 11334—2005 中规定了四项公差，见表 7-1。

2. 圆锥公差的给定方法

对于一个具体的圆锥工件，并不都需要给定表 7-1 中的四项公差，而是根据工件的不同要求来给定公差项目。GB/T 11334—2005 中规定了两种圆锥公差的给定方法。

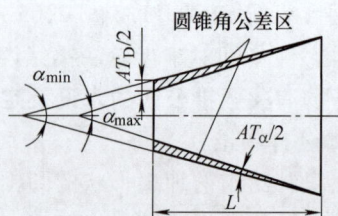

图 7-5　极限圆锥角与圆锥角公差区

表 7-1　圆锥公差项目、公差值及有关规定

圆锥公差项目及代号	定　义	公差值及有关规定
（1）圆锥直径公差 T_D 及圆锥直径公差区	T_D 是圆锥直径的允许变动量。它等于两个极限圆锥直径之差，并适用于圆锥的全长。可表示为 $T_D = D_{max} - D_{min} = d_{max} - d_{min}$ 其公差区是由两个极限圆锥所限定的区域，如图 7-4 所示	T_D 的公差等级和数值以及公差带的代号以公称圆锥直径（一般取最大圆锥直径 D）为公称尺寸按 GB/T 1800.2—2020《产品几何技术规范（GPS）　线性尺寸公差 ISO 代号体系　第 2 部:标准公差带代号和孔、轴的极限偏差表》规定选取 对于有配合要求的圆锥，其内、外圆锥直径公差带位置，按 GB/T 12360—2005 中有关规定选取 对于无配合要求的圆锥，其内、外圆锥直径公差带位置，建议选用基本偏差 JS、js 确定内、外圆锥的公差带位置
（2）圆锥角公差 AT 及其公差区	圆锥角的允许变动量称为圆锥角公差，其数值为上极限与下极限圆锥角之差，可表示为 $AT = \alpha_{max} - \alpha_{min}$ 圆锥角公差的公差区是两个极限圆锥角所限定的区域，如图 7-5 所示	AT 按加工精度的高低分为 12 个等级，其中 AT1 精度最高，AT12 精度最低，AT4~AT9 圆锥角公差数值见表 7-2。圆锥角公差 AT 可用角度值 AT_α 或线性值 AT_D 给定。AT_α 与 AT_D 的换算关系为 $$AT_D = AT_\alpha \times L \times 10^{-3}$$ 式中，AT_D 的单位为 μm；AT_α 的单位为微弧度（μrad）；L 的单位为 mm L 在 6~630mm 范围内，划分 10 个尺寸分段。如需要更高或更低等级的圆锥角公差时，按公比 1.6 向两端延伸得到。更高等级用 AT0、AT01、…… 表示，更低等级用 AT13、AT14、…… 表示 圆锥角极限偏差可按单向（$\alpha+AT$ 或 $\alpha-AT$）或双向取值。双向取值时可以是对称（$\alpha\pm AT/2$）的，也可以是不对称的，如图 7-6 所示。为保证内外圆锥的接触均匀，多采用双向对称取值
（3）圆锥的形状公差 T_F	包括圆锥素线直线度公差和截面圆度公差，如图 7-4 所示	T_F 在一般情况下，不单独给出，而是由对应的两极限圆锥公差带限制；当对形状精度有更高要求时，应单独给出相应的形状公差。其数值可从 GB/T 1184—1996[①]《形状和位置公差　未注公差值》附录中选取，但应不大于圆锥直径公差值的一半

（续）

圆锥公差项目及代号	定　　义	公差值及有关规定
（4）给定截面圆锥直径公差 T_{DS} 及其公差区	T_{DS} 指在垂直圆锥轴线的给定截面内，圆锥直径的允许变动量；给定截面圆锥直径公差区是在给定圆锥截面内，由直径等于两极限圆锥直径的同心圆所限定的区域，如图7-7所示	$$T_{DS} = d_{xmax} - d_{xmin}$$ T_{DS} 是以给定截面圆锥直径 d_x 为公称尺寸，按 GB/T 1800.2—2020《产品几何技术规范（GPS）　线性尺寸公差ISO 代号体系　第2部分：标准公差带代号和孔、轴的极限偏差表》中规定的标准公差选取 要注意 T_{DS} 与圆锥直径公差 T_D 的区别，T_D 对整个圆锥上任意截面的直径都起作用，其公差区限定的是空间区域，而 T_{DS} 只对给定的截面起作用，其公差区限定的是平面区域

① GB/T 11334—2005 的规范性引用文件为 GB/T 1184—1996。

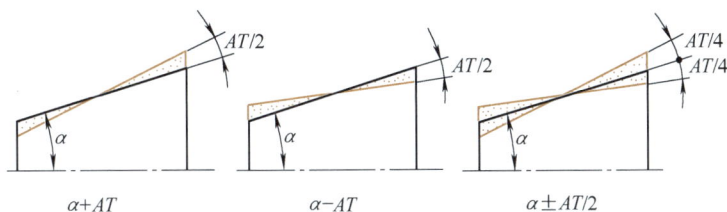

图 7-6　圆锥角的极限偏差

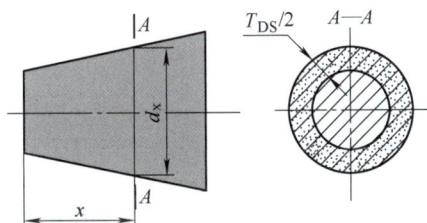

图 7-7　给定截面圆锥直径公差与公差区

表 7-2　**圆锥角公差数值**（摘自 GB/T 11334—2005）

公称圆锥长度 L/mm		圆锥角公差等级							
		AT4			AT5			AT6	
		AT_α		AT_D	AT_α		AT_D	AT_α		AT_D
大于	至	μrad		μm	μrad		μm	μrad		μm
16	25	125	26″	>2.0~3.2	200	41″	>3.2~5.0	315	1′05″	>5.0~8.0
25	40	100	21″	>2.5~4.0	160	33″	>4.0~6.3	250	52″	>6.3~10
40	63	80	16″	>3.2~5.0	125	26″	>5.0~8.0	200	41″	>8.0~12.5
63	100	63	13″	>4.0~6.3	100	21″	>6.3~10	160	33″	>10.0~16.0
100	160	50	10″	>5.0~8.0	80	16″	>8.0~12.5	125	26″	>12.5~20.0

（续）

公称圆锥长度 L/mm		圆锥角公差等级								
		AT7			AT8			AT9		
		AT_α	AT_D		AT_α	AT_D		AT_α	AT_D	
大于	至	μrad		μm	μrad		μm	μrad		μm
16	25	500	1′43″	>8.0~12.5	800	2′45″	>12.5~20.0	1 250	4′18″	>20.0~32.0
25	40	400	1′22″	>10.0~16.0	630	2′10″	>16.0~25.0	1 000	3′26″	>25.0~40.0
40	63	315	1′05″	>12.5~20.0	500	1′43″	>20.0~32.0	800	2′45″	>32.0~50.0
63	100	250	52″	>16.0~25.0	400	1′22″	>25.0~40.0	630	2′10″	>40.0~63.0
100	160	200	41″	>20.0~32.0	315	1′05″	>32.0~50.0	500	1′43″	>50.0~80.0

注：1. 此圆锥角公差也适用于棱体的角度与斜度，此时以角度短边长度作为公称圆锥长度。

2. 由于同一加工方法不同圆锥长度 L 的角度误差不同，L 越大角度误差可以越小，所以表中每一圆锥角公差等级的 AT_α 值是随着基本圆锥长度 L 的增大而减小的。

方法一：给出圆锥的公称圆锥角 α（或锥度 C）和圆锥直径公差 T_D，由 T_D 确定两个极限圆锥，所给出的圆锥直径公差具有综合性，如图 7-8 所示。

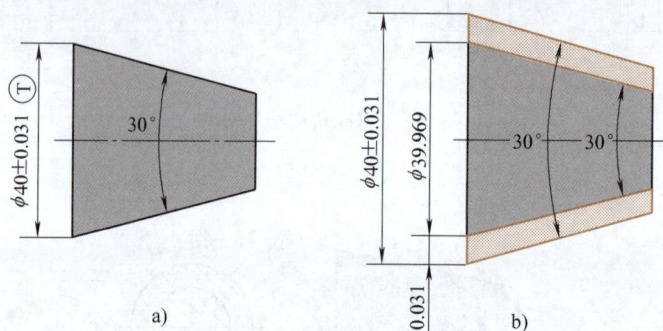

图 7-8　圆锥公差给定方法一

a）标注　b）公差区

此时，圆锥角误差和圆锥的形状误差均应控制在 T_D 的公差带（即极限圆锥所限定的区域）内，如图 7-4 所示；圆锥直径公差 T_D 所能限制的圆锥角如图 7-9 所示，图中由圆锥直径公差区给出了实际圆锥角的两个极限 α_{max}、α_{min}，用于限定圆锥角的变化范围，从而达到利用圆锥直径公差 T_D 控制圆锥角误差的目的，其实质就是包容要求。该法通常适用于有配合要求的内、外圆锥，如圆锥滑动轴承、钻头的锥柄等。

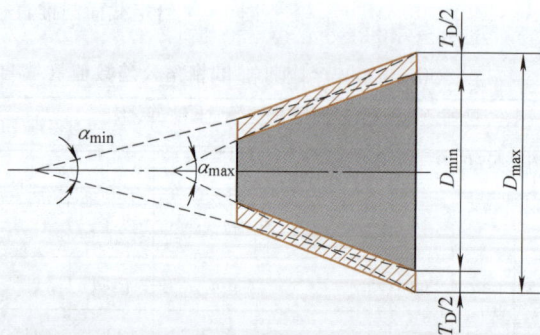

图 7-9　用圆锥直径公差 T_D 控制圆锥角误差

国家标准在附录中推荐按方法一给定圆锥公差时，在圆锥直径的极限偏差后标注 "Ⓣ"

符号，如图 7-8a 所示。标注方法如有相应的国家标准代替时可不按此法标注（如用面轮廓度标注圆锥公差）。

$L = 100\text{mm}$ 的圆锥直径公差 T_D 可限制的最大圆锥角误差 $\Delta\alpha_{max}$ 参见 GB/T 11334—2005。

当对圆锥角公差、形状公差有更高要求时，可再给出圆锥角公差 AT、圆锥的形状公差 T_F，此时，AT、T_F 仅占 T_D 的一部分。

方法二：同时给定截面圆锥直径公差 T_{DS} 和圆锥角公差 AT，如图 7-10 所示。给出的 T_{DS} 和 AT 是独立的，彼此无关，应分别满足要求，两者关系相当于独立原则，如图 7-11 所示。当圆锥在给定截面上尺寸为 d_{xmin} 时，其圆锥角公差区为图中下面两条实线限定的两对顶三角形区域；当圆锥在给定截面上尺寸为 d_{xmax} 时，其圆锥角公差区为图中上面两条实线限定的两对顶三角形区域；当圆锥在给定截面上具有某一实际尺寸 d_x 时，其圆锥角公差区为图中两条虚线限定的两对顶三角形区域。

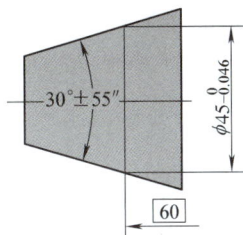

图 7-10　圆锥公差给定方法二

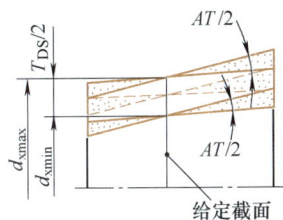

图 7-11　给定截面圆锥直径公差 T_{DS} 与圆锥角公差 AT 的关系

当对形状公差有更高要求时，可再给出圆锥的形状公差。该法通常适用于对给定圆锥截面直径有较高要求的情况，如某些阀类零件中，两个相互结合的圆锥在规定截面上要求接触良好，以保证密封性。

第四节　圆锥配合

GB/T 12360—2005《产品几何量技术规范（GPS）　圆锥配合》规定了圆锥配合的形成、术语及定义和一般规定。标准适用于锥度 C 为 1：3~1：500、圆锥长度 L 为 6~630mm、圆锥直径至 500mm 的光滑圆锥的配合。

一、圆锥配合的种类和基本功能要求

1. 圆锥配合的种类

圆锥配合是由基本圆锥直径和基本圆锥角或基本锥度相同的内、外圆锥形成的。圆锥配合包括结构型圆锥配合和位移型圆锥配合两类。结构型圆锥配合可以是间隙配合、过渡配合或过盈配合，位移型圆锥配合可以是间隙配合或过盈配合。

（1）间隙配合　这类配合具有间隙，且在装配和使用过程中间隙大小可以调整。常用于有相对运动的机构中，如某些车床主轴的圆锥轴颈与圆锥滑动轴承衬套的配合。

（2）过盈配合　这类配合具有过盈，它借助于相互配合的圆锥面间的自锁，产生较大的摩擦力来传递转矩。其特点是一旦过盈配合不再需要，内、外圆锥体可以拆开，如钻头（或铰刀）的圆锥柄与机床主轴圆锥孔的结合、圆锥形摩擦离合器等。

（3）过渡配合　这类配合接触紧密，间隙为零或略小于零，主要用于定心或密封的场合，如锥形旋塞、发动机中气阀和阀座的配合等。通常要将内、外锥配对研磨，故这类配合一般没有互换性。

2. 基本功能要求

圆锥配合的基本要求为：

1）圆锥配合应根据使用要求有适当的间隙或过盈。间隙或过盈是在垂直于圆锥表面方向起作用，但按垂直于圆锥轴线方向给定并测量，对于锥度小于 1∶3 的圆锥，两个方向的数值差异很小（最大差值不超过 2%），可忽略不计。

2）配合表面接触均匀。这就要求内、外锥体的锥度大小应尽可能一致，使各截面间的配合间隙或过盈大小均匀，提高配合的精密程度。为此，应控制内、外圆锥角偏差和形状误差。

3）有些圆锥配合要求实际基面距（内、外圆锥基准平面之间的距离）在规定的范围内。因为，当内、外圆锥长度一定时，若基面距太大，会使配合长度减小，影响结合的稳定性和传递转矩；若基面距太小，则补偿圆锥表面磨损的调节范围就将减小。为此，圆锥配合不仅要求锥度一致，还要求圆锥截面上的直径必须具有一定的配合精度。

3. 圆锥配合误差关系式

圆锥零件圆锥角和直径制造误差都会引起圆锥配合基面距的变动和表面接触不良，其间存在下列关系（推导从略）

$$\Delta a = \frac{1}{C}\left[\Delta D_\mathrm{i} - \Delta D_e + 0.0006 KH\left(\frac{\alpha_\mathrm{i}}{2} - \frac{\alpha_e}{2}\right)\right]$$

式中　Δa——基面距偏差（mm）；

C——锥度；

K——系数，取 $K = 0.0003/1'$；

H——内、外圆锥结合长度（mm）；

ΔD_i、ΔD_e——内、外圆锥直径误差（mm）；

α_i、α_e——内、外圆锥的圆锥角（'）。

依据上式，在确定圆锥角和圆锥直径时，可根据基面距公差的要求，按工艺条件先选定一个参数的公差，然后通过计算确定另一个参数的公差。

二、圆锥配合的确定

圆锥配合可通过内、外圆锥的相对轴向位置来调整间隙或过盈，得到不同的配合性质。因此，对圆锥配合，不但要给出相配件的直径，还要规定内、外圆锥相对轴向位置。圆锥配合按确定内、外圆锥相对位置的方法不同，分为结构型圆锥配合和位移型圆锥配合。

1. 结构型圆锥配合

结构型圆锥配合是采用适当的结构，使内、外圆锥保持固定的相对轴向位置而获得的配合。其配合性质完全取决于相互结合的内、外圆锥直径公差带的相对位置。

固定轴向相对位置可使内、外圆锥基准平面直接接触，也可通过结构尺寸保持内、外圆锥具有一定的基面距 a。如图 7-12 所示，由轴肩直接接触确定装配的最终位置，得到间隙配合；如图 7-13 所示，由结构尺寸确定装配后的最终位置，得到过盈配合。

结构型圆锥配合的特点及配合的确定见表 7-3。

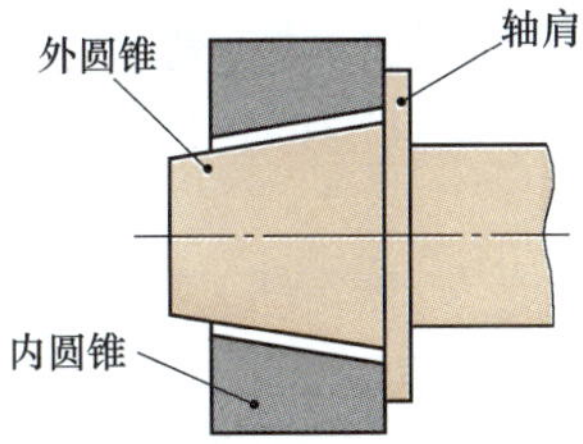

图 7-12 由轴肩接触确定最终位置

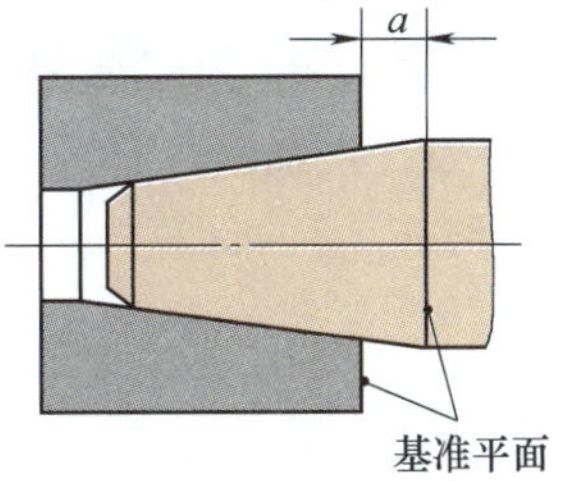

图 7-13 由结构尺寸确定最终位置

表 7-3 圆锥配合的特点及配合的确定

	配 合 的 特 点	配 合 的 确 定
结构型圆锥配合	(1)可形成间隙配合、过盈配合、过渡配合 (2)其配合性质完全取决于相互结合的内、外圆锥直径公差带的相对位置	(1)结构型圆锥配合的圆锥直径公差带的代号和数值及公差等级,采用 GB/T 1800.1—2020《产品几何技术规范(GPS) 线性尺寸公差 ISO 代号体系 第1部分:公差、偏差和配合的基础》规定的标准公差系列与基本偏差系列。为了减少定值刀具的数目,推荐优先采用基孔制配合,即内圆锥直径基本偏差为 H (2)圆锥直径配合量 T_{Df} 等于两结合圆锥内、外直径公差之和。其公差值的大小直接影响配合精度。推荐内、外圆锥直径公差等级不低于 IT9。如对接触精度有更高要求,可按圆锥公差国家标准(GB/T 11334—2005)规定的圆锥角公差 AT 系列值(见表 7-2),给出圆锥角极限偏差及圆锥的形状公差 (3)配合的基本偏差,通常在 D(d)至 ZC(zc)中选择,应按优先、常用、任意公差带组成配合为顺序选用配合
位移型圆锥配合	(1)可形成间隙配合、过盈配合,通常不用于形成过渡配合 (2)其配合性质是由内、外圆锥的轴向位移量或装配力决定的。配合性质与相互结合的内、外圆锥直径公差带无关。直径公差仅影响接触的初始位置和终止位置及接触精度	(1)位移型圆锥配合的圆锥直径公差带可根据对终止位置基面距的要求和对接触精度的要求来选取,如对基面距有要求,公差等级一般在 IT8～IT12 之间选取,必要时,应通过计算来选取和校核内、外圆锥的公差带;如对基面距无严格要求,可选较低的直径公差等级,以便使加工更经济;如对接触精度要求较高,可用给定圆锥角公差的办法来满足 (2)内、外圆锥公差带的基本偏差用 H、h 或 JS、js 的组合 (3)轴向位移的大小,将决定配合间隙量或过盈量的大小。轴向位移量的极限值由功能要求的极限间隙或极限过盈量计算得到,计算式如下(式中 C 为锥度) 对于间隙配合 $E_{amax}=\mid X_{max}\mid/C$ 对于过盈配合 $E_{amax}=\mid Y_{max}\mid/C$ $E_{amin}=\mid X_{min}\mid/C$ $E_{amin}=\mid Y_{min}\mid/C$ 轴向位移公差(允许位移的变动量)$T_E=E_{amax}-E_{amin}$

例 某结构型圆锥配合根据传递转矩的需要,最大过盈量 $Y_{max}=159\mu m$,最小过盈量 $Y_{min}=70\mu m$,基本直径为 $\phi100mm$,锥度 $C=1:50$,试确定其内、外圆锥的直径公差代号。

解 圆锥配合公差 $T_{Df}=\mid Y_{max}-Y_{min}\mid=159\mu m-70\mu m=89\mu m$

因为 $T_{Df}=T_{Di}+T_{De}$

查 GB/T 1800.1—2020,IT7+IT8=89μm,一般孔的精度比轴低一级,故取内圆锥直径公差为 $\phi100H8$ $\left(^{+0.054}_{0}\right)mm$,外圆锥直径公差为 $\phi100u7\left(^{+0.159}_{+0.124}\right)mm$。

2. 位移型圆锥配合

位移型圆锥配合有两种形成方法(见图 7-14、图 7-15)。图 7-14 为由内、外圆锥实际初始位置 P_a 开始,做一定的相对轴向位移 E_a 而形成的配合。所谓实际初始位置,是指在不施加力的情况下相互结合的内、外圆锥表面接触时的轴向位置。这种形成方式可以得到间隙配合或过盈配合。图 7-14 为间隙配合的示例。图 7-15 为由内、外圆锥实际初始位置 P_a 开始，施加一定装配力产生轴向位移 E_a 而形成配合的示例，这种方式只能得到过盈配合。极限轴向位移 E_{amax} 和 E_{amin} 的计算式见表 7-3。

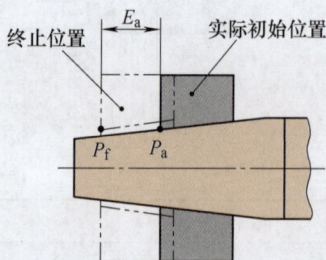

图 7-14 由一定的轴向位移确定轴向位置

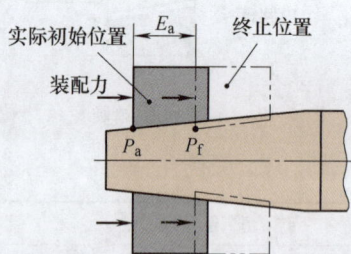

图 7-15 施加一定装配力确定轴向位置

通常位移型圆锥配合不用于形成过渡配合。例如，机床主轴的圆锥滑动轴承是位移型圆锥间隙配合，机床主轴锥孔与铣刀杆锥柄形成位移型过盈配合。

位移型圆锥配合的特点及配合的确定见表 7-3。

第五节 锥度的检测

检测锥度的方法很多，在这里介绍几种常用的方法。

一、量规检验法

在大批量生产条件下，圆锥的检验多用圆锥量规。

圆锥量规用来检验实际内、外圆锥工件的锥度和直径偏差。检验内圆锥用圆锥塞规，检验外圆锥用圆锥环规，如图 7-16 所示。圆锥量规的规格尺寸和量规公差，在 GB/T 11852—2003《圆锥量规公差与技术条件》中有详细规定，可供选用，这里不做介绍。

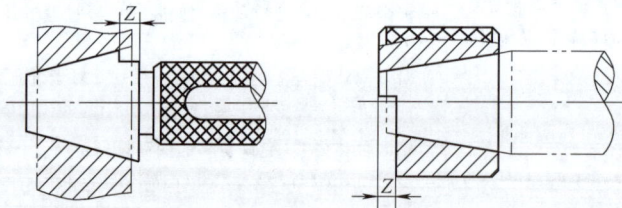

图 7-16 圆锥量规

圆锥配合中，一般对锥度要求比对直径要求严，所以用圆锥量规检验工件时，首先应采用涂色研合法检验工件锥度。用涂色研合法检验锥度时，先在量规圆锥面的素线全长上涂 3~4 条极薄的显示剂，然后把量规与被测圆锥对研（来回转角应小于 180°）。根据被测圆锥上的着色或量规上擦掉的痕迹，来判断被测锥度或圆锥角是否合格。

圆锥量规还可用来检验被测圆锥直径偏差。在量规的基面端刻有距离为 Z 的两条刻线（塞规）或小台阶（环规），Z 是根据工件圆锥直径公差按其锥度计算出的允许的轴向偏移量（mm），即

$$Z = \frac{T_D}{C} \times 10^{-3}$$

式中 T_D——圆锥直径公差（μm）；

　　　　C——工件的锥度。

若被测圆锥的基面端位于量规的两刻线或台阶的两端面之间，则表示直径合格。

二、间接测量法

间接测量法是通过平板、量块、正弦规、指示表和滚柱（或钢球）等常用计量器具组合，测量锥度或角度的有关尺寸，按几何关系换算出被测的锥度或角度的方法。

图 7-17 所示为用正弦规测量外圆锥锥度。测量前先按公式 $h = L\sin\alpha$（式中 α 为公称圆锥角；L 为正弦规两圆柱中心距）计算并组合量块组，然后按图 7-17 进行测量。工件锥度偏差 $\Delta C = (h_a - h_b)/l$，式中 h_a、h_b 分别为指示表在 a、b 两点的读数，l 为 a、b 两点间距离。

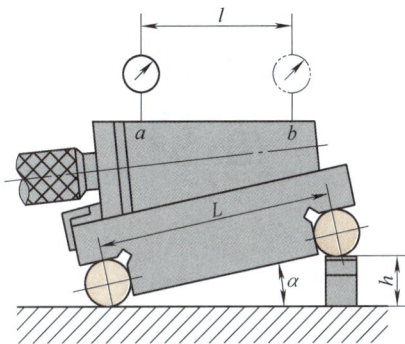

图 7-17   用正弦规测量外圆锥锥度

具体测量时，须注意 a、b 两点测量值的大小，若 a 点值大于 b 点值，则实际锥角大于理论锥角 α，算出的 $\Delta\alpha$ 为正，反之，$\Delta\alpha$ 为负。

本 章 小 结

1. 圆锥结合的特点

圆锥结合的同轴度较高，具有自锁性好、密封性好、间隙和过盈可以调整等优点。

2. 主要术语

圆锥结合的主要术语有：圆锥角 α、圆锥直径（最大圆锥直径 D、最小圆锥直径 d）、锥度 C、公称圆锥、实际圆锥、实际圆锥直径、极限圆锥、极限圆锥直径。

3. 圆锥公差

GB/T 11334—2005《产品几何量技术规范（GPS） 圆锥公差》规定了四项圆锥公差（见表 7-1）及两种圆锥公差给定方法。

4. 圆锥配合

圆锥配合的种类分为三种，分别是间隙配合、过盈配合、过渡配合。圆锥配合有别于圆柱配合的主要特点是：通过内、外圆锥相对轴向位置调整间隙或过盈，可得到不同配合性质的配合。圆锥配合时，按确定内、外圆锥相对位置方法的不同，可分为结构型圆锥配合和位移型圆锥配合，它们的特点及配合的确定见表 7-3。

5. 锥度的检测方法有量规检验法和间接测量法。

习题与思考题

7-1　为什么钻头、铰刀、铣刀等的尾柄与机床主轴孔连接多采用圆锥结合方式？从使用要求出发，这些尾柄的圆锥应有哪些要求？

7-2　有一外圆锥，已知最大圆锥直径 D_e 为 $\phi20\text{mm}$，最小圆锥直径 d_e 为 $\phi5\text{mm}$，圆锥长度为 100mm，试确定圆锥角和锥度。若圆锥角公差等级为 AT8，试查出圆锥角公差的数值（AT_α 和 AT_D）。

7-3　圆锥公差有哪几种给定方法？各适用于什么场合？

7-4　在选择圆锥直径公差时，结构型圆锥配合和位移型圆锥配合有什么不同？

7-5　某铣床主轴轴端与齿轮孔连接，采用圆锥加平键的连接方式，其基本圆锥直径为大端直径 $D = \phi88\text{mm}$，锥度 $C = 1:15$。试确定此圆锥的配合及内、外圆锥体的公差。

两弹一星
功勋科学家：屠守锷

第八章

平键、半圆键、花键连接的公差及检测

学习指导

学习目的：掌握键的公差与配合标准，为合理选用键的配合打下基础。

学习要求：了解键、花键的配合标准，初步掌握如何正确选用键、花键的配合。

第一节 平键、半圆键连接的公差与配合

一、概述

键与花键用于连接轴和装在其上的零件（如齿轮、带轮、联轴器等），以达到周向固定，传递转矩的目的。键连接属于可拆卸连接，在机械中的用途十分广泛，有时，根据需要，键连接的零件之间可以有轴向的相对移动。

键的类型有平键、半圆键、楔键和切向键等。其中，平键又分为普通平键、薄形平键、导向平键和滑键，楔键分为普通楔键和钩头楔键。以平键及半圆键应用最广。键的结构可参见任意新版机械设计手册，均有介绍。在这里仅介绍平键和半圆键的公差与配合（GB/T 1095~1099.1—2003）。

二、键连接的公差与配合

键是标准件，可以用标准的精拔钢制造。键是通过键的侧面与轴槽和轮毂槽的相互挤压来传递转矩的，键连接的主参数是键宽 b。其特点相当于轴与不同基本偏差代号的孔配合，故采用基轴制。

国家标准对平键和半圆键键宽规定了 h9 一种公差带，对轴槽宽和轮毂槽宽规定了三种公差带，构成三种配合，以适用于不同的工作要求，其中导向型平键用较松连接。公差带从

GB/T 1800. 1—2020 中选取。三组配合及其应用情况见表 8-1。

在平键和半圆键连接中，配合尺寸是键和键槽宽度，如图 8-1 所示，其公差带如图 8-2 所示。

表 8-1　键宽与轴槽及轮毂槽宽的公差与配合

配合种类	尺寸 b 的公差			配 合 性 质 及 应 用
	键	轴槽	轮毂槽	
松连接		H9	D10	键在轴上及轮毂上均能滑动。主要用于导向平键,轮毂可在轴上做轴向移动
正常连接	h9	N9	JS9	键在轴上及轮毂中均固定。用于载荷不大的场合
紧密连接		P9	P9	键在轴上及轮毂上均固定,而比上一种配合更紧。主要用于载荷较大、载荷具有冲击性以及双向传递转矩的场合

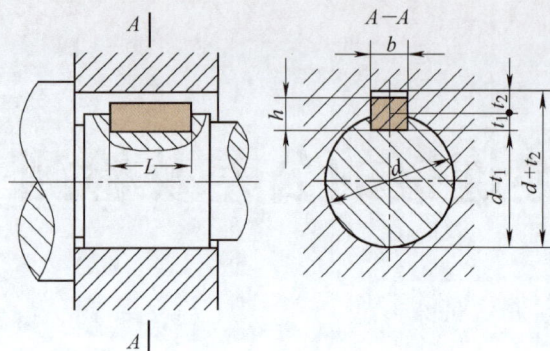

图 8-1　普通平键的连接结构

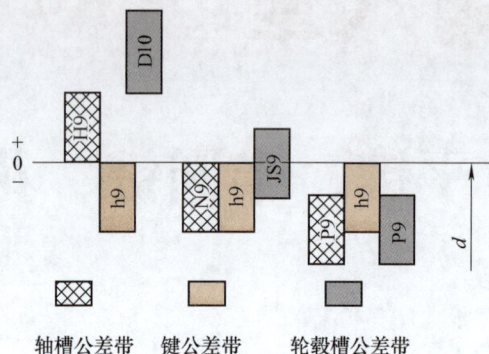

图 8-2　键连接中键宽与槽宽的公差带

在其剖面尺寸中，t_1 和 t_2 分别为轴槽深和轮毂槽深，L 和 h 分别为键长和键高，d 为轴和轮毂直径。表 8-2 和表 8-4 分别为普通平键和半圆键键槽的剖面尺寸与公差。表 8-3 和表 8-5 分别为普通平键和半圆键的尺寸与公差。

表 8-2　部分普通平键键槽的剖面尺寸与公差（摘自 GB/T 1095—2003）　　　（单位：mm）

键尺寸 $b \times h$	键 槽										
	宽 度 b						深 度				半径 r
	基本尺寸	极 限 偏 差					轴 t_1		毂 t_2		
		正常连接		紧密连接	松连接		基本尺寸	极限偏差	基本尺寸	极限偏差	min	max
		轴 N9	毂 JS9	轴和毂 P9	轴 H9	毂 D10						
2×2	2	-0.004	±0.0125	-0.006	+0.025	+0.060	1.2	+0.1 0	1	+0.1 0	0.08	0.16
3×3	3	-0.029		-0.031	0	+0.020	1.8		1.4			
4×4	4	0	±0.015	-0.012	+0.030	+0.078	2.5		1.8			
5×5	5			-0.042	0	+0.030	3.0		2.3			
6×6	6	-0.030					3.5		2.8		0.16	0.25
8×7	8	0	±0.018	-0.015	+0.036	+0.098	4.0		3.3			
10×8	10	-0.036		-0.051	0	+0.040	5.0		3.3			
12×8	12		±0.0215				5.0		3.3			
14×9	14	0		-0.018	+0.043	+0.120	5.5		3.8		0.25	0.40
16×10	16	-0.043		-0.061	0	+0.050	6.0	+0.2 0	4.3	+0.2 0		
18×11	18						7.0		4.4			
20×12	20		±0.026				7.5		4.9			
22×14	22	0		-0.022	+0.052	+0.149	9.0		5.4		0.40	0.60
25×14	25	-0.052		-0.074	0	+0.065	9.0		5.4			
28×16	28						10.0		6.4			

表 8-3 部分普通平键的尺寸与公差（摘自 GB/T 1096—2003） （单位：mm）

宽度 b	基本尺寸	8	10	12	14	16	18	20	22	25	28
	极限偏差（h8）	0 / −0.022		0 / −0.027				0 / −0.033			
高度 h	基本尺寸	7	8	8	9	10	11	12	14	16	
	极限偏差（h11）	0 / −0.090						0 / −0.110			

表 8-4 部分半圆键键槽的剖面尺寸与公差（摘自 GB/T 1098—2003）（单位：mm）

键尺寸 $b×h×D$	键槽										半径 R	
	宽 度 b					深 度						
	基本尺寸	极 限 偏 差					轴 t_1		毂 t_2			
		正常连接		紧密连接	松连接		基本尺寸	极限偏差	基本尺寸	极限偏差	max	min
		轴 N9	毂 JS9	轴和毂 P9	轴 H9	毂 D10						
3×5×13	3.0	−0.04 / −0.029	±0.0125	−0.006 / −0.031	+0.025 / 0	+0.60 / +0.20	3.8		1.4		0.16	0.08
3×6.5×16	3.0						5.3		1.4			
4×6.5×16	4.0						5.0	+0.2 / 0	1.8	+0.1 / 0		
4×7.5×19							6.0		1.8			
5×6.5×16	5.0	0 / −0.030	±0.015	−0.012 / −0.042	+0.030 / 0	+0.078 / +0.030	4.5		2.3		0.25	0.16
5×7.5×19							5.5		2.3			
5×9×22							7.0		2.3			
6×9×22	6.0						6.5	+0.3 / 0	2.8			
6×10×25							7.5		2.8	+0.20 / 0		

表 8-5 部分普通半圆键的尺寸与公差（摘自 GB/T 1099.1—2003） （单位：mm）

键尺寸 $b×h×D$	宽度 b		高度 h		直径 D	
	基本尺寸	极限偏差	基本尺寸	极限偏差（h12）	基本尺寸	极限偏差（h12）
3×5×13	3		5.0	0 / −0.12	13	0 / −0.18
3×6.5×16	3		6.5		16	
4×6.5×16	4		6.5		16	
4×7.5×19	4	0 / −0.025	7.5		19	0 / −0.21
5×6.5×16	5		6.5	0 / −0.15	16	0 / −0.18
5×7.5×19	5		7.5		19	
5×9×22	5		9.0		22	0 / −0.21
6×9×22	6		9.0		22	
6×10×25	6		10		25	

键连接的非配合尺寸中，轴槽深 t_1 和轮毂槽深 t_2 的公差见表 8-2（此表也适用于导向平键键槽）、表 8-4，键高 h 的公差采用 h11（矩形普通平键）和 h8（方形普通平键），键长 L 的公差采用 h14，轴槽长度的公差采用 H14，半圆键直径 D 和键高 h 的公差采用 h12。

为保证键侧与键槽之间有足够的接触面积和容易装配，轴槽和轮毂槽的宽度 b 对轴及轮毂轴线应规定对称度公差。对称度公差一般可按照 GB/T 1184—1996《形状和位置公差　未注公差值》中对称度 7~9 级选取。对称度公差的主参数是键宽 b。

当键长 L 与键宽 b 之比大于或等于 8 时，应对键的两工作侧面在长度方向上规定平行度公差，平行度公差按 GB/T 1184—1996 选取：当 $b<6mm$ 时，平行度公差等级取 7 级；当 $b \geqslant 8~36mm$ 时，平行度公差等级取 6 级；当 $b \geqslant 40mm$ 时，平行度公差等级取 5 级。

国家标准推荐轴槽、轮毂槽的键槽宽 b 两侧面的表面粗糙度 Ra 为 $1.6~3.2\mu m$，轴槽底面、轮毂槽底面的表面粗糙度 Ra 为 $6.3\mu m$。

第二节　花键连接

一、概述

花键按齿形状的不同可分为矩形花键、渐开线花键和三角形花键，如图 8-3 所示。与平键相比，花键有如下优点：

1）负荷分布均匀，强度高，可传递更大的转矩。

2）导向性好。

3）定心精度高，满足了高精度场合的使用要求。

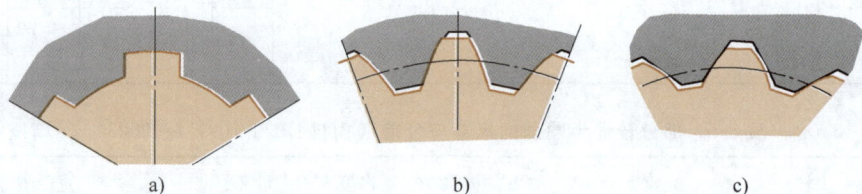

图 8-3　花键连接

a）矩形花键　b）渐开线花键　c）三角形花键

正因为与平键相比花键有以上的优点，所以被广泛使用在各种机器中。

花键连接分为固定连接与滑动连接两种。

花键连接的使用要求为：保证连接及传递一定的转矩；保证内花键（孔）和外花键（轴）连接后的同轴度；滑动连接还要求导向精度及移动灵活性，固定连接要求可装配性。

二、矩形花键

1. 矩形花键定心方式

花键连接的主要要求是保证内、外花键连接后具有较高的同轴度，并能传递转矩。花键有大径 D、小径 d 和键（槽）宽 B 三个主要尺寸参数（见图 8-4），若要求这三个尺寸同时起配合定心作用，以保证内、外花键同轴度是很困难的，而且也没有必要。因此，为了改善其加工工艺性，只需将尺寸 B 和 D 或 d 制造得较精确，使其起配合定心作用，而另一尺寸 d 或 D 则按较低精度加工，并给予较大的间隙。

由于转矩的传递是通过键和键槽两侧面来实现的，因此键和键槽不论是否作为定心尺寸，都要求有较高的尺寸精度。

矩形花键连接有三个结合面，即大径、小径和键宽，确定配合性质的结合面称为结合表面，理论上每个结合面都可作为定心表面，即花键连接有三种定心方式，如图 8-5 所示。目前采用小径定心比较普遍。

采用小径定心时，热处理后的变形可用内圆磨修复，而且内圆磨可达到更高的尺寸精度和更高的表面粗糙度要

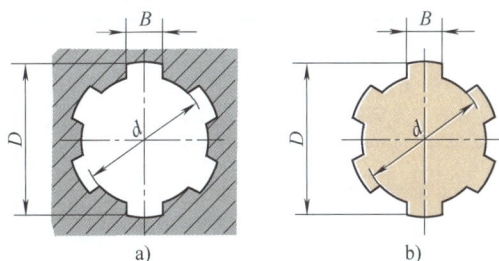

图 8-4　花键的主要尺寸参数
a）内花键　b）外花键

求。同时，外花键小径精度可使用成形磨削保证。所以小径定心能保证定心精度高、定心稳定性好，且使用寿命长，工艺措施容易保证，有利于产品质量的提高。

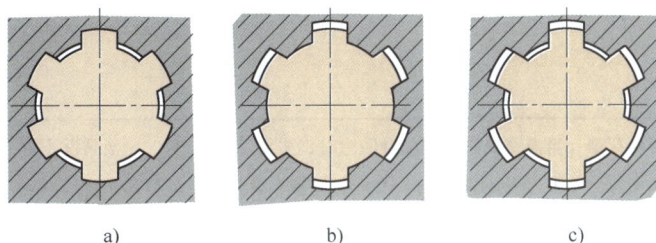

图 8-5　花键的定心方式
a）大径定心　b）小径定心　c）键宽定心

当用大径定心时，内花键定心表面的精度依靠拉刀保证，而当内花键定心表面硬度要求较高时，如 40HRC 以上，热处理后的变形难以用拉刀修正；当内花键定心表面的表面粗糙度要求较高时，如 $Ra<0.63\mu m$，用拉削工艺很难保证达到要求；在单件、小批生产以及大规格的花键中，内花键也难以使用拉削工艺（因为这种加工方法经济性不好）。

国家标准 GB/T 1144—2001《矩形花键尺寸、公差和检验》中规定了小径定心矩形花键的基本尺寸、公差与配合、检验规则和标记方法。

2. 矩形花键连接的公差与配合

矩形花键的公差与配合分为两种情况：一种为一般传动的矩形花键；另一种为精密传动的矩形花键。其内、外花键的尺寸公差带见表 8-6，这些公差带均选自 GB/T 1144—2001。

为了减少加工、检验所使用的内花键拉刀和量规的规格、数量，矩形花键连接采用基孔制配合。

表 8-6 中所给定的公差带是成品零件的公差带，对于拉削后不进行热处理和拉削后进行热处理的零件，所用拉刀不同，故采用不同的公差带。

国家标准中规定，矩形花键的配合按装配形式分滑动、紧滑动和固定三种。其区别在于，前两种在工作过程中，不仅可传递转矩，而且花键套还可在轴上移动；后者只用来传递转矩，花键套在轴上无轴向移动。

从表 8-6 可以看出矩形花键配合有如下特点：

1）内、外花键小径 d 的公差等级相同，且比相应大径 D 和键（槽）宽 B 的都高。

2）大径 D 只有一种配合为 H10/a11。

表 8-6　矩形花键的尺寸公差带（摘自 GB/T 1144—2001）

内 花 键				外 花 键			装配形式
d	D	B		d	D	B	
		拉削后不热处理	拉削后热处理				
一 般 传 动 用							
H7	H10	H9	H11	f7	a11	d10	滑　动
				g7		f9	紧滑动
				h7		h10	固　定
精 密 传 动 用							
H5	H10	H7、H9		f5	a11	d8	滑　动
				g5		f7	紧滑动
				h5		h8	固　定
H6				f6		d8	滑　动
				g6		f7	紧滑动
				h6		h8	固　定

注：1. 精密传动用的内花键，当需要控制键侧配合间隙时，槽宽可选用 H7，一般情况下可选用 H9。

　　 2. 当内花键小径 d 的公差带为 H6 和 H7 时，允许与提高一级的外花键配合。

3）内、外花键小径 d 的公差带分别为三种、九种，键（槽）宽 B 的公差带分别为三种、六种。

3. 矩形花键连接公差与配合的选用

矩形花键连接公差与配合的选用，主要是确定连接精度和装配形式。连接精度的选用主要是根据定心精度要求和传递转矩大小。精密传动用花键连接，定心精度高、传递转矩大而且平稳，多用于精密机床主轴变速箱，以及各种减速器中轴与齿轮花键孔的连接。

选择配合种类时，首先要根据内、外花键之间是否有轴向移动，确定是固定连接还是非固定连接。对于内、外花键之间要求有相对移动，而且移动距离长、移动频率高的情况，应选用配合间隙较大的滑动连接，以保证运动灵活性及配合面间有足够的润滑层，如汽车、拖拉机等变速箱中的齿轮与轴的连接。对于内、外花键之间定心精度要求高、传递转矩大或经常有反向转动的情况，则选用配合间隙较小的紧滑动连接；对于内、外花键之间无须在轴向移动，只用来传递转矩的情况，则选用固定连接。

4. 矩形花键连接的几何公差和表面粗糙度要求

（1）几何公差要求　内、外花键是具有复杂表面的结合件，且键长与键宽的比值较大，因此还需要有几何公差要求。为保证配合性质，内、外花键的小径定心表面的几何公差和尺寸公差的关系应遵守包容要求，标注时在其尺寸公差数值或公差带代号后加注Ⓔ。

内（外）花键应规定键槽（键）侧面对定心轴线的位置度公差（公差值见表 8-7），并注意键宽的位置度公差与小径定心表面的尺寸公差关系均应符合最大实体要求，用综合量规检验。内、外花键的位置度公差的图样标注如图 8-6 所示。

在单件、小批量生产，采用单项检验法测量时，应规定键槽（键）的中心平面对定心轴线的对称度和等分度公差（对称度公差值见表 8-8），且应注意对称度公差与小径定心表面的尺寸公差关系是否遵守独立原则。键槽（键）的中心平面偏离理想位置（沿圆周均布）

的最大值为等分误差，其值与对称度公差值相同，故省略不注。内、外矩形花键的对称度公差的图样标注如图 8-7 所示。

表 8-7　矩形花键位置度公差 t_1　　　　　　　　（单位：mm）

键槽宽或键宽 B		3	3.5～6	7～10	12～18
		位置度公差 t_1			
		0.010	0.015	0.020	0.025
键　宽	滑动、固定	0.010	0.015	0.020	0.025
	紧滑动	0.006	0.010	0.013	0.016

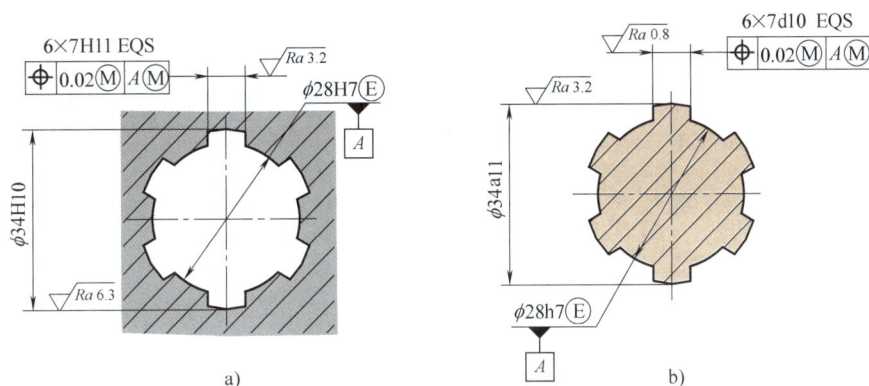

图 8-6　矩形花键的位置度公差标注

a）内花键　b）外花键

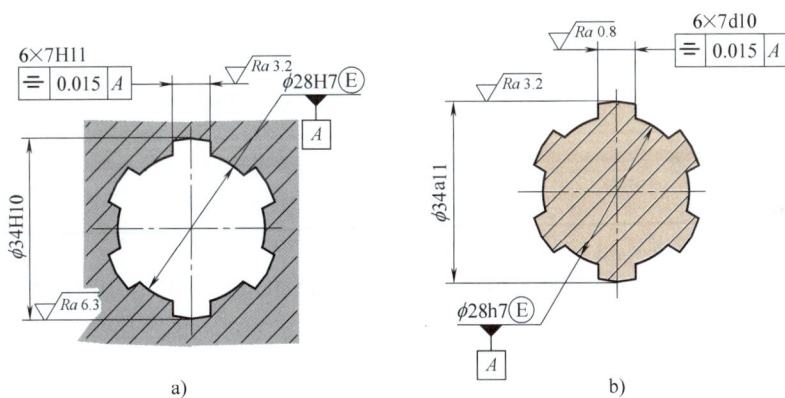

图 8-7　矩形花键的对称度公差标注

a）内花键　b）外花键

表 8-8　矩形花键对称度公差值 t_2　　　　　　　　（单位：mm）

键槽宽和键宽 B	3	3.5～6	7～10	12～18
	对 称 度 公 差 t_2			
一般传动用	0.010	0.012	0.015	0.018
精密传动用	0.006	0.008	0.009	0.011

另外，对于较长花键，可根据产品性能自行规定键侧对轴线的平行度公差。

（2）表面粗糙度要求 一般是标注 Ra 的上限值要求，矩形花键各结合表面粗糙度推荐值见表 8-9。

表 8-9 花键表面粗糙度推荐值   （单位：μm）

加工表面	内花键	外花键
	Ra 不大于	
小径	1.6	0.8
大径	6.3	3.2
键侧	6.3	1.6

5. 矩形花键连接的标注代号

矩形花键连接在图样上的标注代号，按顺序包括：键数 N、小径 d、大径 D、键宽 B，及其相应的尺寸公差带代号，各项之间用"×"连接。

如有一个花键连接，键数 N 为 6，小径 d 的配合为 23H7/f7，大径 D 的配合为 $26\dfrac{H10}{a11}$，键宽 B 的配合为 6H11/d10，则在图样上的标注代号有：

1）矩形花键规格 $N{\times}d{\times}D{\times}B$，应记为

$$6{\times}23{\times}26{\times}6$$

2）矩形花键副的配合代号，标注在装配图上为

$$6{\times}23\ \frac{H7}{f7}{\times}26\ \frac{H10}{a11}{\times}6\ \frac{H11}{d10}\quad GB/T\ 1144—2001$$

3）内花键的公差带代号，标注在零件图上为

$$6{\times}23H7{\times}26H10{\times}6H11\quad GB/T\ 1144—2001$$

4）外花键的公差带代号，标注在零件图上为

$$6{\times}23f7{\times}26a11{\times}6d10\quad GB/T\ 1144—2001$$

6. 矩形花键的检测

矩形花键的检测有单项测量和综合检验两类。也可以说有对定心小径、键宽、大径的三个参数检验，每一个花键都检验其尺寸、位置、表面粗糙度。

对于单件、小批量生产中，没有现成的花键量规可使用时，可用通用量具分别对各尺寸（d、D、B）进行单项测量，并检测键宽的对称度、键齿（槽）的等分度和大、小径的同轴度等几何误差项目。

大批量生产，一般都采用量规进行检验，用综合通规（对内花键为塞规、对外花键为环规，见图 8-8、图 8-9）来综合检验小径 d、大径 D 和键（槽）宽 B 的作用尺寸，包括上

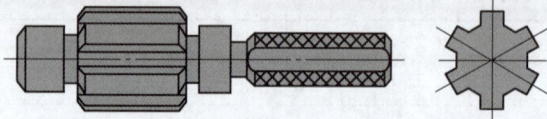

图 8-8 检验内花键的综合塞规

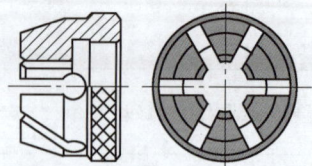

图 8-9 检验外花键的综合环规

述位置度（等分度、对称度）和同轴度等几何误差。然后用单项止端量规（或其他量具）分别检验尺寸 d、D、B 的最小实体尺寸。合格的标志是综合通规能通过，而止规不应通过。

矩形花键的检测规定参阅 GB/T 1144—2001 的附录。

本 章 小 结

1. 平键、半圆键连接的公差与配合

平键连接的键宽与键槽宽 b 是决定配合性质和配合精度的主要参数。平键、半圆键连接采用基轴制配合。国家标准对键宽规定了一种公差带（h9），对轴和轮毂的键槽宽各规定了三种公差带。由这些公差带构成三组配合，分别得到规定的三种连接类型，即松连接、正常连接和紧密连接，它们的应用见表 8-1。应根据使用要求和应用场合确定其配合类别。

平键、半圆键连接的非配合尺寸精度要求较低，它们的公差分别见表 8-3、表 8-5。

2. 矩形花键连接的定心方式及公差与配合

花键有矩形花键、渐开线花键和三角形花键，其中矩形花键应用最广。国家标准规定了矩形花键连接的尺寸系列、定心方式及公差与配合。

（1）矩形花键连接定心方式

矩形花键有大径（D）结合面、小径（d）结合面和键（槽）宽（B）结合面（D、d、B 分别为三个结合面的配合尺寸，见图 8-4）。其中只有一个为主要结合面，它决定花键连接的配合性质，称为定心表面。按定心表面的不同，矩形花键有大径 D 定心、小径 d 定心和键（槽）宽 B 定心三种定心方式，国家标准规定矩形花键采用小径定心。

（2）矩形花键的公差与配合

矩形花键的公差与配合分为一般传动的矩形花键和精密传动的矩形花键，它们的公差带见表 8-6。

矩形花键的配合采用基孔制，即内花键的 D、d 和 B 的基本偏差不变，依靠改变外花键的 D、d 和 B 的基本偏差，以获得不同松紧的配合。由这些公差带构成内、外花键的各种配合（配合的种类和配合特点见本章相关内容），分别得到三种连接形式，即滑动连接、紧滑动连接和固定连接。配合的选择主要应根据定心精度要求、传递转矩的大小以及是否有轴向移动来选择，具体可参见本章相关内容。

3. 键槽和花键的几何公差和表面粗糙度

键槽的几何公差有键槽对轴线的对称度、键槽两工作侧面的平行度。键槽的两工作侧面为配合面，其表面粗糙度 Ra 值要小于槽底的表面粗糙度 Ra 值。具体规定见本章相关内容。

内、外花键几何公差和表面粗糙度等的规定（或推荐）见本章相关内容。

4. 花键的标注见本章相关内容。

习题与思考题

8-1　平键连接的主要几何参数有哪些？配合尺寸是哪个？

8-2　平键连接的配合采用何种基准制？有几种配合类型？一般键连接应采用哪种配合？

8-3　平键连接有哪些几何公差要求？数值如何确定？

8-4　平键连接配合表面的表面粗糙度要求一般在多大数值范围内？

8-5　矩形花键连接结合面有哪些？定心表面是哪个？

8-6　矩形花键连接结合面的配合采用何种基准制？有几种配合类型？应用如何？

8-7　某减速器中输出轴的伸出端与相配件孔的配合为 $\phi 45 H7/m6$，并采用了一般键连接。试确定轴槽和轮毂槽的剖面尺寸及其极限偏差、键槽对称度公差和键槽表面粗糙度参数值，将各项公差值标注在零件图上。

8-8　某车床主轴箱中一变速滑动齿轮与轴的结合，采用矩形花键固定连接，花键的基本尺寸为 $6 \times 23 \times 26 \times 6$，齿轮内孔不需要热处理。试查表确定花键的大径、小径和键宽的公差带，并画出公差带图。

8-9　试查出矩形花键配合 $6 \times 28 \dfrac{H7}{g7} \times 32 \dfrac{H10}{a11} \times 7 \dfrac{H11}{f9}$ 中的内花键、外花键的极限偏差，画出公差带，并指出该矩形花键配合的用途及装配形式。

第九章

螺纹结合的公差及检测

学习指导

学习目的：了解普通螺纹互换性的特点及其公差标准的应用。

学习要求：了解普通螺纹主要几何误差对互换性的影响；

建立螺纹作用中径的概念；

通过对螺纹公差带分布的分析，掌握普通螺纹公差与配合的特点及螺纹精度的选择；

了解影响机床丝杠位移精度的因素；

掌握丝杠与螺母的公差与配合及丝杠公差在图样上的标注方法。

第一节 概　　述

一、螺纹的分类及使用要求

螺纹结合是机械制造中应用最广泛的结合形式。螺纹按用途可分为三类：

1. 紧固螺纹

这类螺纹用于连接和紧固机械零件，故又称紧固螺纹，如米制普通螺栓、螺母等。其主要要求是保证旋合的方便和连接的可靠。

2. 传动螺纹

这类螺纹用于传递动力和精确位移，如机床传动丝杠、量仪的测微螺杆等。其主要要求是传递动力的可靠性和传递位移的准确性。

3. 紧密螺纹

这类螺纹用于使两个零件相互紧密连接。其主要要求是结合紧密，在一定的压力下不泄漏介质。

二、普通螺纹的基本牙型及几何参数

1. 基本牙型

普通螺纹的基本牙型如图9-1所示。螺纹的牙型（图中蓝色粗实线）是在高为 H 的正三角形（称原始三角形）上截去其顶部（$H/8$）和底部（$H/4$）而形成的。基本牙型是普通螺纹的理论牙型，该牙型上的尺寸都是基本尺寸。

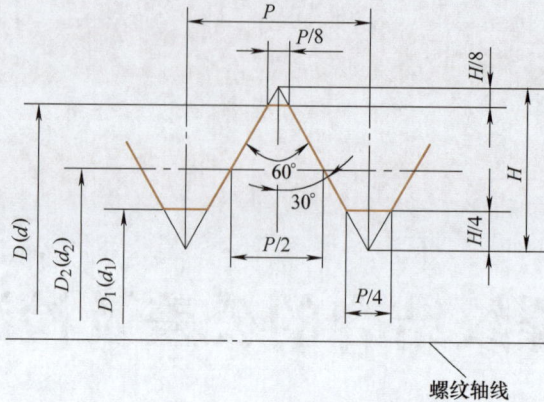

图 9-1 普通螺纹的基本牙型

2. 大径 D 或 d

大径为与外螺纹牙顶或内螺纹牙底相切的假想圆柱的直径。国家标准规定，米制普通螺纹的大径的基本尺寸为螺纹公称直径。内、外螺纹大径分别用 D 和 d 表示。

3. 螺距 P

相邻两牙在中径线上对应两点间的轴向距离。螺距 P 应按国家标准规定的系列选用。普通螺纹的螺距分为粗牙和细牙两种。

4. 小径 D_1 或 d_1

小径为与外螺纹牙底或内螺纹牙顶相切的假想圆柱的直径。内、外螺纹小径分别用 D_1 和 d_1 表示。

5. 中径 D_2 或 d_2

一个假想圆柱的直径，该圆柱的母线通过牙型上沟槽和凸起宽度相等的地方。内、外螺纹中径分别用 D_2 和 d_2 表示。

6. 单一中径 D_{2a} 或 d_{2a}

一个假想圆柱的直径，该圆柱的母线通过牙型上沟槽宽度等于螺距基本尺寸一半的地方，如图9-2所示。图中 P 为基本螺距，ΔP 为螺距误差。内、外螺纹单一中径分别用 D_{2a} 和 d_{2a} 表示。

单一中径是按三针法测量定义的，当螺距没有误差时，中径就是单一中径，当螺距有误差时，中径就和单一中径不相等了。通常把单一中径近似看作实际中径。

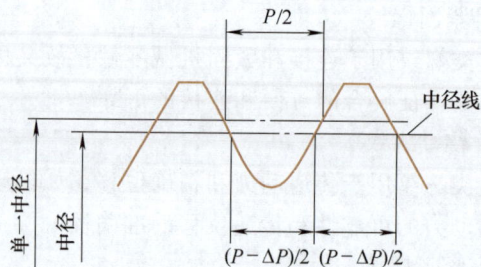

图 9-2 单一中径

7. 牙型角 α 和牙型半角 $\alpha/2$

牙型角是指在螺纹牙型上，相邻两牙侧间的夹角。对于米制普通螺纹，牙型角 $\alpha = 60°$。牙型半角指在螺纹牙型上，牙侧与螺纹轴线垂线间的夹角。

8. 螺纹旋合长度

螺纹旋合长度是指两相配合的螺纹，沿螺纹轴线方向相互旋合部分的长度。

三、螺纹中径合格性的判断原则

1. 作用中径的概念

从互换性的角度来看，影响螺纹互换性的主要几何参数有：大径、中径、小径、螺距、牙型半角 5 个参数。对于普通螺纹来说，因为普通螺纹的大径和小径之间存在间隙，所以决定螺纹的旋合性和配合质量的主要参数是螺纹中径。螺纹在制造过程中，由于机床、刀具等因素的影响，螺纹的中径、螺距、牙型半角等都会产生误差，而这些误差会对螺纹的旋合性和连接强度产生影响。一个具有螺距误差、牙型半角误差的外螺纹，并不能与实际中径相同的理想内螺纹旋合，而只能与一个中径较大的理想内螺纹旋合。同理，一个具有螺距误差、牙型半角误差的内螺纹只能与一个中径较小的理想外螺纹旋合。这说明，螺纹旋合时真正起作用的尺寸已不单纯是螺纹的实际中径，而是螺纹实际中径与螺距误差、牙型半角误差的中径补偿值所综合形成的尺寸，这个在螺纹旋合时真正起作用的尺寸，称为螺纹的作用中径（D_{2m} 或 d_{2m}）。

螺纹的作用中径是指在规定的旋合长度内，恰好包容实际螺纹的一个假想螺纹的中径。该假想螺纹具有基本牙型的螺距、牙型半角和牙型高度，并在牙顶和牙底留有间隙，以保证不与实际螺纹的大、小径发生干涉。

2. 作用中径的计算

作用中径按下式计算，正号用于外螺纹，负号用于内螺纹

$$d_{2m}(D_{2m}) = d_2(D_2) \pm (f_{\frac{\alpha}{2}} + f_{P\Sigma}) \tag{9-1}$$

$$d_{2m}(D_{2m}) = d_2(D_2) \pm (f_{\frac{\alpha}{2}} + f_{P\Sigma} + f_{\Delta P}) \tag{9-2}$$

式中　$f_{\frac{\alpha}{2}}$——半角误差的中径当量，即牙型半角误差对螺纹中径的影响量；

$f_{P\Sigma}$——螺距累积误差的中径当量，即螺距累积误差对螺纹中径的影响量；

$f_{\Delta P}$——测量中径处的螺距偏差的中径当量。

根据几何关系可推导出

$$d_2 - d_{2a} = f_{\Delta P}$$

$$f_{\frac{\alpha}{2}} = 0.073P\left(K_1\left|\Delta\frac{\alpha_1}{2}\right| + K_2\left|\Delta\frac{\alpha_2}{2}\right|\right) \tag{9-3}$$

式中　$\Delta\frac{\alpha_1}{2}$、$\Delta\frac{\alpha_2}{2}$——左、右牙型半角（单位为′）。当 $\Delta\frac{\alpha_1}{2}\left(\Delta\frac{\alpha_2}{2}\right)$ 为正时，K_1（或 K_2）取 2；当 $\Delta\frac{\alpha_1}{2}\left(\Delta\frac{\alpha_2}{2}\right)$ 为负时，K_1（或 K_2）取 3。

$$f_{P\Sigma} = 1.732|\Delta P_\Sigma| \tag{9-4}$$

$$f_{\Delta P} = \frac{\Delta P}{2} \cdot \cot\frac{\alpha}{2} \tag{9-5}$$

3. 中径合格性判断原则（此判断原则在 GB/T 197—2018 中被删除，仅供参考）

作用中径的大小影响可旋合性，实际中径的大小影响连接可靠性。中径合格性判断原则应遵循泰勒原则，即用外螺纹中径的下极限尺寸和内螺纹中径的上极限尺寸来控制实际中径；用外螺纹中径的上极限尺寸和内螺纹中径的下极限尺寸来控制作用中径。

根据中径合格性判断原则，合格的螺纹应满足下列关系式：

对于外螺纹

$$d_{2m} \leqslant d_{2max} \tag{9-6}$$

$$d_{2a} \geqslant d_{2min} \tag{9-7}$$

对于内螺纹

$$D_{2m} \geqslant D_{2min} \tag{9-8}$$

$$D_{2a} \leqslant D_{2max} \tag{9-9}$$

第二节　普通螺纹的公差与配合

螺纹配合由内、外螺纹公差带组合而成，国家标准 GB/T 197—2018《普通螺纹　公差》将普通螺纹公差带的两个要素——公差等级和公差带位置，也就是基本偏差进行标准化，组成各种螺纹公差带。考虑到旋合长度对螺纹精度的影响，由螺纹公差带与旋合长度构成螺纹精度，形成了较为完整的螺纹公差体系。

一、螺纹的公差等级

从上述作用中径的概念和中径合格性判断原则可知，不需要规定螺距、牙型半角公差，只规定中径公差就可综合控制它们对互换性的影响，所以国家标准只对中径、顶径（外螺纹大径 d 和内螺纹小径 D_1）规定了公差。由于底径（内螺纹大径 D 和外螺纹小径 d_1）在加工时和中径一起由刀具切出，其尺寸由刀具保证，因此国家标准没有规定具体公差等级，而是规定内、外螺纹牙底实际轮廓不得超过按基本偏差所确定的最大实体牙型，以保证旋合时不发生干涉。

内、外螺纹的公差等级见表 9-1。其中 6 级是基本级；3 级公差值最小，精度最高；9 级精度最低。

内、外螺纹顶径公差、中径公差见表 9-2 和表 9-3。在同一公差等级中，内螺纹中径公差比外螺纹中径公差大 32% 左右；内螺纹顶径公差比外螺纹顶径公差大 25%～32%。这是考虑到内螺纹比外螺纹加工困难，以保证工艺等价原则之故。

表 9-1　**螺纹公差等级**（摘自 GB/T 197—2018）

螺纹直径	公差等级	螺纹直径	公差等级
内螺纹小径 D_1	4、5、6、7、8	外螺纹大径 d	4、6、8
内螺纹中径 D_2	4、5、6、7、8	外螺纹中径 d_2	3、4、5、6、7、8、9

二、螺纹的基本偏差

公差带位置是指公差带相对其零线的位置，它是由基本偏差确定的。螺纹公差带的基本偏差是指靠近零线最近的那个极限偏差。内螺纹的基本偏差为下极限偏差 EI，外螺纹的基本偏差为上极限偏差 es。根据公式 $T = ES(es) - EI(ei)$，即可求出另外一个极限偏差。

考虑到使用要求的不同，标准对内螺纹只规定了 G、H 两种公差带位置，其公差带在零线之上，基本偏差为 EI，如图 9-3a、b 所示。

表 9-2　部分普通螺纹的基本偏差和顶径公差（摘自 GB/T 197—2018）（单位：μm）

螺距 P/mm	内螺纹的基本偏差 EI		外螺纹的基本偏差 es				内螺纹小径公差 T_{D1}					外螺纹大径公差 T_d		
	G	H	e	f	g	h	公差等级					公差等级		
							4	5	6	7	8	4	6	8
1	+26		−60	−40	−26		150	190	236	300	375	112	180	280
1.25	+28		−63	−42	−28		170	212	265	335	425	132	212	335
1.5	+32		−67	−45	−32		190	236	300	375	485	150	236	375
1.75	+34		−71	−48	−34		212	265	335	425	530	170	265	425
2	+38	0	−71	−52	−38	0	236	300	375	475	600	180	280	450
2.5	+42		−80	−58	−42		280	355	450	560	710	212	335	530
3	+48		−85	−63	−48		315	400	500	630	800	236	375	600
3.5	+53		−90	−70	−53		355	450	560	710	900	265	425	670
4	+60		−95	−75	−60		375	475	600	750	950	300	475	750

表 9-3　部分普通螺纹的中径公差（摘自 GB/T 197—2018）　　　　（单位：μm）

基本大径 D/mm		螺距 P/mm	内螺纹中径公差 T_{D2}					外螺纹中径公差 T_{d2}						
>	≤		公差等级					公差等级						
			4	5	6	7	8	3	4	5	6	7	8	9
5.6	11.2	0.75	85	106	132	170	—	50	63	80	100	125	—	—
		1	95	118	150	190	236	56	71	90	112	140	180	224
		1.25	100	125	160	200	250	60	75	95	118	150	190	236
		1.5	112	140	180	224	280	67	85	106	132	170	212	295
11.2	22.4	1	100	125	160	200	250	60	75	95	118	150	190	236
		1.25	112	140	180	224	280	67	85	106	132	170	212	265
		1.5	118	150	190	236	300	71	90	112	140	180	224	280
		1.75	125	160	200	250	315	75	95	118	150	190	236	300
		2	132	170	212	265	335	80	100	125	160	200	250	315
		2.5	140	180	224	280	355	85	106	132	170	212	265	335
22.4	45	1	106	132	170	212	—	63	80	100	125	160	200	250
		1.5	125	160	200	250	315	75	95	118	150	190	236	300
		2	140	180	224	280	355	85	106	132	170	212	265	335
		3	170	212	265	335	425	100	125	160	200	250	315	400
		3.5	180	224	280	355	450	106	132	170	212	265	335	425
		4	190	236	300	375	475	112	140	180	224	280	355	450
		4.5	200	250	315	400	500	118	150	190	236	300	375	475

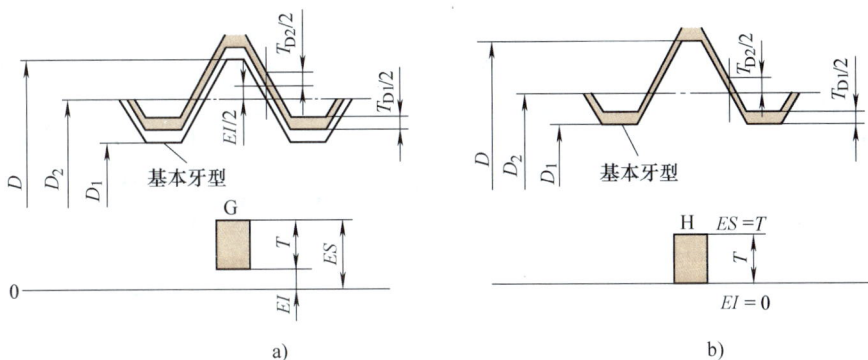

图 9-3　内螺纹公差带位置

而对外螺纹规定了 e、f、g、h 四种公差带位置，其公差带在零线之下，基本偏差为 es，如图 9-4a、b 所示。

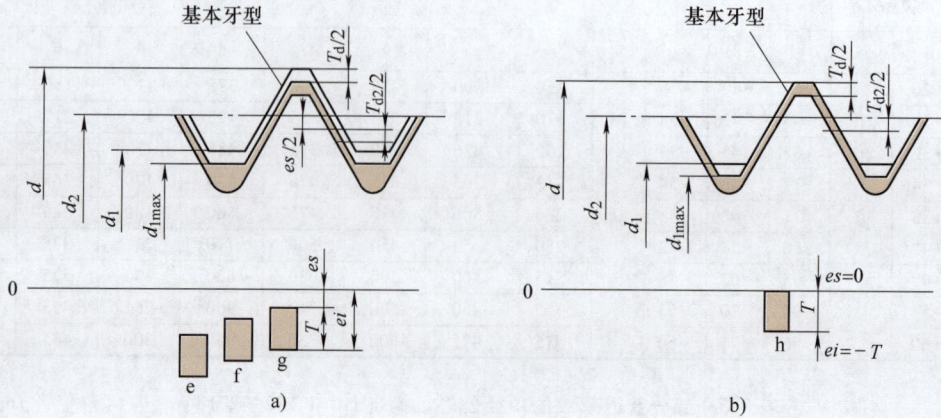

图 9-4 外螺纹公差带位置

H 和 h 的基本偏差为零，G 的基本偏差为正，e、f、g 的基本偏差为负，各偏差的数值见表 9-2。

普通螺纹的公差代号由表示公差等级的数字和基本偏差的字母组成，如 6h、6G 等，与一般尺寸公差等级符号不同，其公差等级数字在前，公差带代号在后。

三、螺纹公差带组合及选用原则

1. 螺纹的推荐公差带及其选用原则

为了在生产中减少刀具和量具的规格和种类，国家标准对内、外螺纹各规定了既能满足生产需要，数量又有限的推荐公差带，见表 9-4。除特殊情况外，表中公差带以外的其他公差带不宜选用。推荐公差带的优先选择顺序为：带 "∗" 的公差带、不带 "∗" 的公差带、括号内公差带。带方框并带 "∗" 的公差带用于大量生产的紧固件螺纹。

如无其他特殊说明，推荐公差带适用于涂镀前螺纹，且为薄涂镀层的螺纹，如电镀螺纹。涂镀后，螺纹实际轮廓上的任何点不应超越按公差带位置 H 或 h 所确定的最大实体牙型。

表 9-4 普通螺纹推荐公差带（摘自 GB/T 197—2018）

旋 合 长 度		内螺纹推荐公差带			外螺纹推荐公差带		
		S	N	L	S	N	L
公差精度	精密	4H	5H	6H	（3h4h）	（4g） 4h∗	（5g4g）（5h4h）
	中等	5H∗ （5G）	6H∗ 6G∗	7H∗ （7G）	（5g6g）（5h6h）	6e∗ 6f∗ 6g∗ 6h	（7e6e） （7g6g） （7h6h）
	粗糙	—	7H （7G）	8H （8G）	—	8e） 8g	（9e8e） （9g8g）

2. 螺纹精度及其选用

螺纹精度是衡量螺纹加工质量的综合指标，是由公差带和旋合长度两个因素共同决定的。GB/T 197—2018 根据使用场合的不同，规定螺纹精度分为精密、中等和粗糙三个等级。精密级螺纹主要用于要求配合性能稳定的精密螺纹。中等级螺纹用于一般用途螺纹。粗糙级螺纹用于难加工的螺纹，如在热轧棒料上和深不通孔内加工螺纹。

当螺纹精度和旋合长度确定以后，公差等级可按国家标准推荐的数值选取。表 9-4 中带两个等级的是：前者用于中径，后者用于顶径。公差等级确定以后，根据公称直径和螺距从表 9-2、表 9-3 中即可查得相应的公差值。

3. 配合和基本偏差的确定

螺纹的配合主要根据使用要求选定。

内、外螺纹选用的公差带可以任意组合，但为了保证足够的接触高度，国家标准要求加工后的内、外螺纹最好组成 H/g、H/h 或 G/h 的配合。对于公称直径 ≤1.4mm 的螺纹副，应采用 5H/6h、4H/6h 或更精密的配合。

公差带为 H 的内螺纹与公差带为 h 的外螺纹可构成最小间隙为零的配合，有较高的结合强度。

用 H/g 和 G/h 组成的配合，有较小的间隙，便于拆卸，螺纹的抗疲劳强度也较好。

要求镀涂或在高温条件下工作的螺纹需有较大的配合间隙，可根据其特殊需要确定适当的间隙和相应的基本偏差，常选用 H/f 或 H/g 组成的配合。

4. 旋合长度的确定

螺纹旋合的长短对螺纹连接的配合精度是有影响的，旋合长度越长，加工和装配也会越困难。国家标准对螺纹连接规定了短、中和长三种旋合长度，分别用 S、N、L 表示，见表 9-5，一般优先选用中等旋合长度。从表 9-4 可知，在同一精度等级中，对不同的旋合长度，其中径所采用的公差等级也不同。

表 9-5　部分螺纹的旋合长度（摘自 GB/T 197—2018）　　　（单位：mm）

基本大径 D、d		螺距 P	旋合长度			
			S		N		L
>	≤		≤	>	≤	>
5.6	11.2	0.75	2.4	2.4	7.1	7.1
		1	3	3	9	9
		1.25	4	4	12	12
		1.5	5	5	15	15
11.2	22.4	1	3.8	3.8	11	11
		1.25	4.5	4.5	13	13
		1.5	5.6	5.6	16	16
		1.75	6	6	18	18
		2	8	8	24	24
		2.5	10	10	30	30

四、螺纹标记

完整的螺纹标记由螺纹特征代号、尺寸代号、公差带代号和螺纹旋合长度代号等组成。螺纹公差带代号包括中径公差带代号和顶径（外螺纹大径和内螺纹小径）公差带代号。对于细牙螺纹还应标注出螺距。左旋螺纹应在旋合长度代号之后标注旋向代号"LH"，右旋螺纹不标注旋向代号。

例如：

M 10 － 5g 6g　（中等旋合长度）

- 顶径公差带代号
- 中径公差带代号
- 公称直径（外螺纹大径）
- 米制螺纹

M 10 × 1 － 6H － L － LH

- 左旋螺纹
- 旋合长度代号
- 中径和顶径公差带代号
- 螺距（细牙螺纹）
- 公称直径（内螺纹大径）
- 米制螺纹

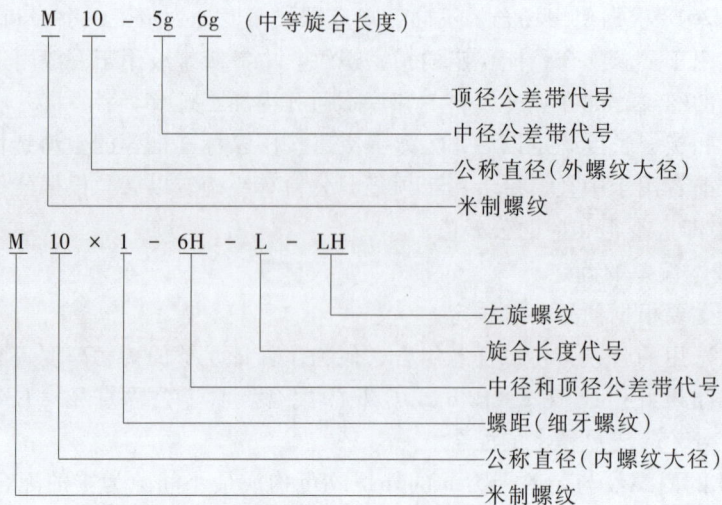

在下列情况下，中等公差精度螺纹不标注其公差带代号。

内螺纹　5H　公称直径≤1.4mm 时；

　　　　6H　公称直径≥1.6mm 时。

外螺纹　6h　公称直径≤1.4mm 时；

　　　　6g　公称直径≥1.6mm 时。

例如，公称直径 10mm、中径公差带和顶径公差带为 6g（外螺纹）或 6H（内螺纹）、中等公差精度的粗牙外或内螺纹标记为 M10。

在装配图上，内、外螺纹公差带代号用斜线分开，左内右外。如 M10×1-6H/5g6g，表示螺距为 1mm 的 M10 螺纹旋合，内螺纹中径、顶径公差带均为 6H，外螺纹中径公差带为 5g，顶径公差带为 6g。

必要时，在螺纹公差带之后加注旋合长度代号 S 或 L（中等旋合长度 N 省略不标），如 M10-6H/5g6g-S。特殊需要时，长度代号可直接标注旋合长度数值。

第三节　螺纹测量

根据需要，螺纹检测可分为综合测量和单项测量两类。

一、综合测量

用螺纹量规检验螺纹属于综合测量。在成批生产中，普通螺纹均采用综合测量法。

综合测量是根据前面介绍的螺纹中径合格性的准则（泰勒原则），使用螺纹量规（综合极限量规）进行测量。

螺纹量规分为"通规"和"止规"。检验时，"通规"能顺利与工件旋合，"止规"不能旋合或不完全旋合，则螺纹为合格。反之，"通规"不能旋合，则说明螺母过小，螺栓过大，螺纹应返修。当"止规"能通过工件，则表示螺母过大，螺栓过小，螺纹是废品。

图 9-5 所示为用环规检验外螺纹的情况：光滑极限卡规用来检验螺栓大径的极限尺寸，与用卡规检验光滑回转体直径一样；通端螺纹环规用来控制外螺纹的作用中径和小径的最大尺寸；止端螺纹环规用来控制外螺纹的实际中径。

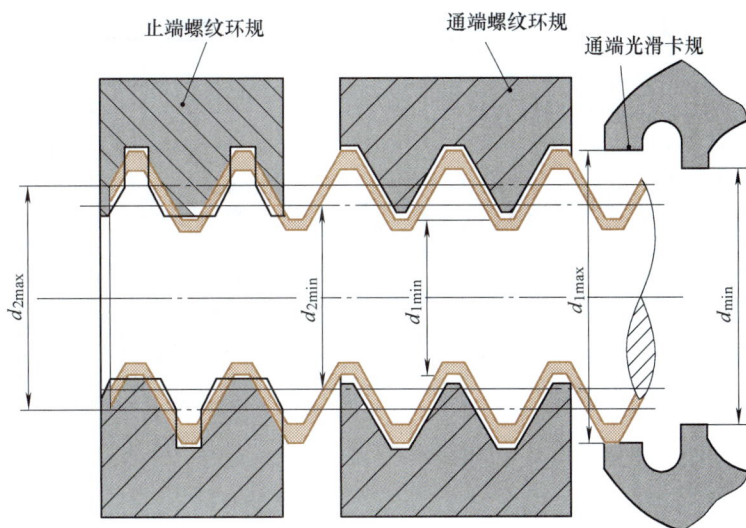

图 9-5　环规检验外螺纹

图 9-6 所示为用塞规检验内螺纹的情况：光滑极限塞规用来检验螺母小径的极限尺寸，与用塞规检验光滑圆孔内径一样；通端螺纹塞规用来控制螺母的作用中径及大径最小尺寸；止端螺纹塞规用来控制螺母的实际中径。

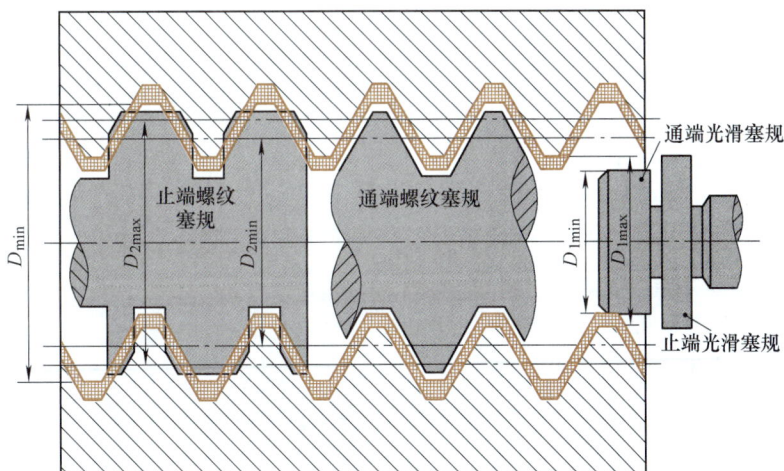

图 9-6　塞规检验内螺纹

通端螺纹量规是用来控制螺纹作用中径的，所以该量规采用完整牙型，并且量规长度与被测螺纹旋合长度相同。而止端螺纹量规则采用短牙型，其螺纹圈数也减少，原因是为了减少螺距误差及牙型半角误差对检验结果的影响。

二、单项测量

对大尺寸普通螺纹、精密螺纹和传动螺纹，除了可旋合性和连接可靠要求以外，还有其他精度和功能要求，生产中一般都采用单项测量法。

单项测量螺纹的方法很多，最典型的是用万能工具显微镜测量螺纹的中径、螺距和牙型半角。用工具显微镜将被测螺纹的牙型轮廓放大成像，按被测螺纹的影像，测量其螺距、牙型半角和中径，因此该法又称为影像法。

在实际生产中，测量外螺纹中径多用三针测量法，该方法简单、测量精度高，应用广泛。

三针测量法的测量原理如图 9-7 所示，它是用三根直径相等的精密量针放在螺纹槽中，然后用其他仪器测量出尺寸 M，再根据被测螺纹已知的螺距 P、牙型半角 α/2 及量针直径 d_0，根据几何关系，计算出螺纹中径。中径计算公式如下：

对于普通螺纹（$\alpha = 60°$）$d_2 = M - 3d_0 + 0.866P$

对于梯形螺纹（$\alpha = 30°$）$d_2 = M - 4.8637d_0 - 1.866P$

d_0 按下式选择：

对于普通螺纹　$d_{0最佳} = 0.577P$

对于梯形螺纹　$d_{0最佳} = 0.518P$

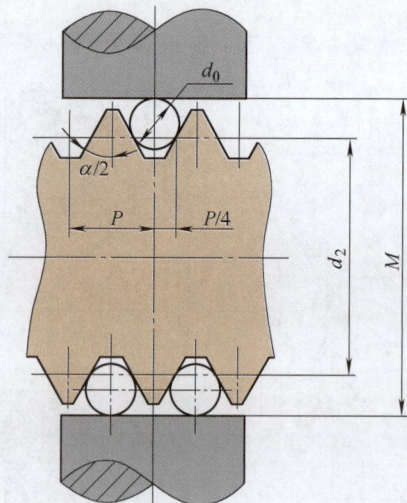

图 9-7　三针法测量外螺纹单一中径

第四节　梯形螺纹公差简介

一、概述

机床中的传动丝杠螺母副常用牙型角 $\alpha = 30°$ 的梯形螺纹，其基本牙型如图 9-8 所示。国家标准规定的梯形螺纹是由原始三角形截去顶部和底部所形成的，原始三角形是顶角为 30° 的等腰三角形。丝杠螺母的特点是丝杠与螺母在大径和小径上的公称直径不相同，两者结合后，在大径、中径及小径上均有间隙，以保证旋合的灵活性。

我国机床中传动用的丝杠、螺母制定有行业标准 JB/T 2886—2008《机床梯形丝杠、螺母　技术条件》。它的公差特点是精度要求高，特别是丝杠螺旋线（或螺距 P）规定有较严格的公差。

图 9-8　梯形螺纹

JB/T 2886—2008 根据用途和使用要求，对机床丝杠及螺母的精度分为 7 级：3、4、5、6、7、8、9，精度依次降低。表 9-6 列出了机床丝杠、螺母的精度和应用范围，供选用时参考。

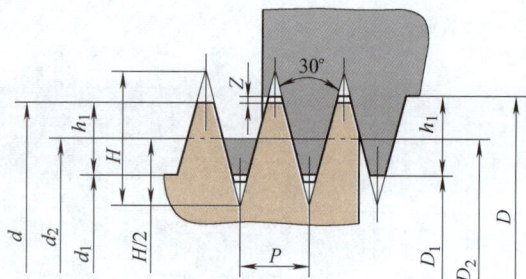

表 9-6　丝杠、螺母的精度和应用范围

精　度	应　用　范　围
3、4	精密测量仪器、超高精度的坐标镗床、磨床
5、6	精密的螺纹磨床、齿轮磨床、高精度丝杠车床和测量仪器
7	铲床、精密螺纹车床和精密齿轮机床
8	普通螺纹车床和普通铣床
9	没有分度盘的进给机构

梯形螺纹在零件图上的标记如下：

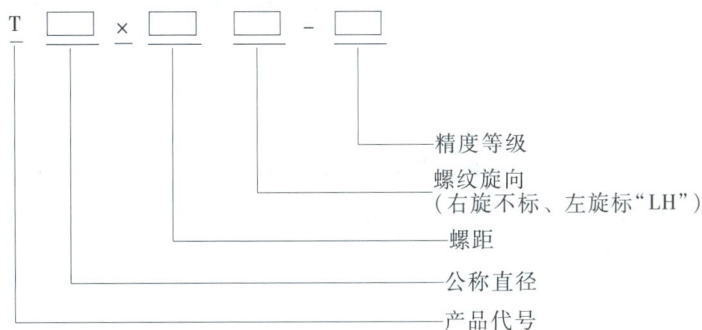

T □ × □ □ - □

　　　　　精度等级
　　　　　螺纹旋向
　　　　　（右旋不标、左旋标"LH"）
　　　　　螺距
　　　　　公称直径
　　　　　产品代号

梯形螺纹副的标记示例如下：

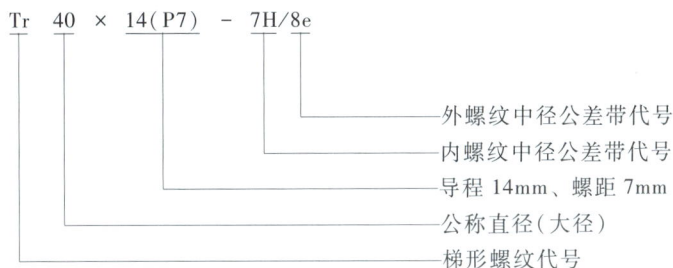

Tr 40 × 14(P7) - 7H/8e

　　　　　外螺纹中径公差带代号
　　　　　内螺纹中径公差带代号
　　　　　导程 14mm，螺距 7mm
　　　　　公称直径（大径）
　　　　　梯形螺纹代号

二、对梯形丝杠的精度要求

1. 螺旋线轴向误差

螺旋线轴向误差是指实际螺旋线相对理论螺旋线在轴向上偏离的最大代数差。又分为：

1）丝杠一转内螺旋线轴向误差。

2）丝杠在指定长度上（25mm、100mm 或 300mm）的螺旋线轴向误差。

3）丝杠全长的螺旋线轴向误差。

螺旋线轴向误差较全面地反映了丝杠的位移精度，但由于测量螺旋线轴向误差的动态测量仪尚未普及，故标准只对 3、4、5、6 级丝杠规定了螺旋线公差。

2. 螺距公差

标准对各种精度丝杠的螺距都规定了公差。螺距误差可分为：

1）单个螺距误差（ΔP）。在螺旋线的全长上，任意单个实际螺距对公称螺距之差。

2）螺距累积误差。在规定的长度内，螺纹牙型任意两侧表面间的轴向实际尺寸相对公称尺寸的最大代数差值。在丝杠螺纹的任意 60mm、300mm 螺纹长度内及螺纹有效长度内考核，分别用 ΔP_L、ΔP_{Lu} 表示。

3）分螺距误差（$\Delta P/n$）。在梯形丝杠的若干等分转角内，螺旋面在中径线上的实际轴向位移对公称轴向位移之差。

分螺距误差近似地反映了一转内的螺旋线误差，在标准中，对 3、4、5、6 级丝杠规定了分螺距公差，并规定分螺距误差应在单个螺距误差最大处测量 3 转，每转内的等分数 n 不少于表 9-7 中的规定。

表 9-7　测量分螺距误差的每转等分数 n

螺距/mm	2~5	5~10	10~20
等分数	4	6	8

3. 牙型半角的极限偏差

牙型半角偏差是指丝杠螺纹牙型半角实际值对公称值的代数差,其数值由牙型半角的极限偏差控制;丝杠存在牙型半角偏差,会引起丝杠与螺母牙侧面的接触不良,影响丝杠的耐磨性及传动精度。

4. 大径、中径和小径公差

为了使丝杠易于存储润滑油和便于旋转,大径、小径和中径处都有间隙。其公差值的大小,只影响配合的松紧程度,不影响传动,故均规定了较大的公差值。

5. 丝杠全长上中径尺寸变动量公差

标准对中径尺寸变动规定了公差,并规定在同一轴向截面内测量。

6. 丝杠大径对螺纹轴线的径向圆跳动

为了控制丝杠与螺母的配合偏心,提高位移精度,国家标准规定了丝杠大径对螺纹轴线的径向圆跳动。

三、对螺母的精度要求

1. 螺母螺纹的中径误差

标准 JB/T 2886—2008 对螺母规定了公差,用以综合控制螺距误差和牙型角误差。因为螺距误差和牙型角误差很难单独测量,故标准未单独规定公差。

对高精度丝杠螺母(6级以上),实际生产中,一般按丝杠配做螺母。标准规定的公差带以零线对称分布。

非配做螺母,标准规定的公差带下极限偏差为零。

2. 螺母螺纹的大径和小径误差

在标准 JB/T 2886—2008 中,对螺母螺纹的大径和小径规定了极限偏差,可供选用。

表 9-8 列出了实际应用中推荐的内、外螺纹的中径公差带。表 9-9 列出了实际应用中推荐的梯形螺纹大径、中径和小径的公差等级。

表 9-8　梯形螺纹的中径公差带(摘自 GB/T 5796.4—2005)

精　度	内　螺　纹		外　螺　纹	
	N	L	N	L
中等	7H	8H	7e	8e
粗糙	8H	9H	8c	9c

表 9-9　梯形螺纹的公差等级(摘自 GB/T 5796.4—2005)

直　径	公差等级	直　径	公差等级
内螺纹小径 D_1	4	外螺纹中径 d_2	7、8、9
内螺纹中径 D_2	7、8、9	外螺纹小径 d_1	7、8、9
外螺纹大径 d	4		

本 章 小 结

1. 普通螺纹小结

(1)普通螺纹的主要术语和几何参数

包括基本牙型、大径(D、d)、小径(D_1、d_1)、中径(D_2、d_2)、作用中径、单一中

径（D_{2a}、d_{2a}）、实际中径、螺距（P）、牙型角（α）与牙型半角（$\alpha/2$）、螺纹旋合长度。

（2）作用中径的概念及中径合格条件

螺纹的互换性的主要要求是可旋合性和连接可靠性（有足够的接触面积）。影响螺纹互换性的主要几何参数是中径、螺距和牙型半角（大径和小径均留有间隙，一般不会影响其配合性质）。一个实际螺纹（内或外）上的中径偏差、螺距偏差和牙型半角偏差是同时存在的，它们分别对中径有一个影响量。它们综合作用的结果，相当于外螺纹的中径增大（增大为作用中径），内螺纹的中径减小（减小为作用中径），产生了作用中径的概念（作用中径的定义及计算式见本章有关内容）。作用中径的大小影响可旋合性，实际中径的大小影响连接可靠性。中径合格与否应遵循泰勒原则，将实际中径和作用中径均控制在中径公差带内。

（3）普通螺纹公差等级

螺纹公差标准中，规定了 d、d_2 和 D_1、D_2 的公差。它们各自的公差等级见表9-1。螺距和牙型不规定公差（由中径公差带控制），外螺纹的小径 d_1 和内螺纹的大径 D 也不规定公差。

（4）基本偏差

对于外螺纹，基本偏差是上极限偏差（es），有 e、f、g、h 四种；对于内螺纹，基本偏差是下极限偏差（EI），有 G、H 两种。

公差等级和基本偏差组成了螺纹公差带。国家标准规定了常用公差带，见表9-4。一般情况下，应尽可能选用表中规定的优先选用的公差带。公差带的选用见本章有关内容。

（5）螺纹的旋合长度和精度等级

螺纹的旋合长度分为短、中、长三种，分别用代号 S、N 和 L 表示，其数值见表9-5。

当螺纹的公差等级一定时，旋合长度越长，加工时产生螺距累积偏差和牙型半角偏差可能越大。因此，螺纹按公差等级和旋合长度规定了三种精度等级：精密、中等、粗糙。各精度等级的应用见本章有关内容。同一精度等级，随旋合长度的增加应降低螺纹的公差等级（见表9-4）。

（6）螺纹在图样上的标注见本章的有关内容。

（7）螺纹的检测分为综合检测和单项检测。

2. 梯形螺纹小结

（1）丝杠、螺母的精度等级及其应用见表9-6。

（2）对梯形螺母螺纹的精度要求及有关参数的公差带规定见表9-8、表9-9。

习题与思考题

9-1　普通螺纹有哪些主要几何参数？它们是如何影响螺纹互换性的？

9-2　国家标准为何不单独规定螺距公差和牙型半角公差，而只规定一个中径公差？

9-3　中径合格的判断原则是什么？

9-4　普通螺纹的精度有几种？各用于何种场合？

9-5　普通螺纹中径公差带的位置有哪几种？内、外螺纹有何不同？

9-6　说明 M20×2-6H/5g6g 的含义，并查出内、外螺纹的极限偏差。

9-7　已知普通螺纹副 M12×1-6H/6g，加工后测得

内螺纹：$D_{2a} = 11.415\text{mm}$，$\Delta P_\Sigma = +0.03\text{mm}$

$(\Delta\alpha/2)_左 = -1°10'$，$(\Delta\alpha/2)_右 = +1°30'$

外螺纹：$d_{2a} = 11.306\text{mm}$，$\Delta P_\Sigma = -0.04\text{mm}$

$(\Delta\alpha/2)_左 = +40'$，$(\Delta\alpha/2)_右 = -1°$

试判断内、外螺纹的中径是否合格？

两弹一星
功勋科学家：雷震海天

第十章

渐开线圆柱齿轮的公差及检测

学习指导

学习目的：了解圆柱齿轮的公差标准及其应用。

学习要求：了解具有互换性的齿轮和齿轮副必须满足的四项使用要求；

通过分析各种加工误差对齿轮传动使用要求的影响，理解渐开线齿轮精度标准所规定的各项公差及极限偏差的定义和作用；

初步掌握齿轮精度等级和检验项目的选用以及确定齿轮副侧隙大小的方法；

掌握齿轮公差在图样上的标注。

第一节 概 述

一、齿轮传动的使用要求

齿轮传动是用来传递运动和动力的最常用的传动机构之一，其工作性能、承载能力、使用寿命和工作精度等都与齿轮传动的传动质量密切相关。齿轮传动的传动质量主要取决于齿轮本身的制造精度及齿轮副的安装精度。

齿轮传动的使用要求，因其在不同机械中的用途不同，可归纳为以下四项：

（1）传动的准确性 即要求限制齿轮在一转范围内，最大转角误差在一定范围内，以控制从动件与主动件在一转范围内的传动比变化。

（2）传动的平稳性 即保证齿轮传动的每个瞬间传动比变化小，以减小振动，降低噪声。

（3）载荷分布的均匀性 即要求齿轮啮合时齿面接触良好，以免引起应力集中，造成齿面局部磨损加剧，影响齿轮的使用寿命。

（4）传动侧隙的合理性　即保证齿轮啮合时，非工作齿面间应留有一定的间隙。它对贮存润滑油，补偿齿轮传动受力后的弹性变形、热膨胀以及齿轮传动装置制造误差和装配误差等都是必需的。否则，齿轮在传动过程中可能会卡死或烧伤。

一般来说，齿轮在不同的工作条件下，对上述要求的侧重点会有所不同。

分度、读数齿轮（如精密机床分度机构和仪器读数机构中的齿轮）用于传递精确的角位移，其主要要求是传动必须准确，所以对传动的准确性要求较高。

高速动力齿轮（如汽轮机减速器齿轮）用于传递大的动力，其特点是传递功率大、速度高。主要要求是传动平稳、噪声及振动小，同时对齿面接触也有较高的要求。所以这类齿轮对传动的平稳性要求较高。

低速动力齿轮（如轧钢机、矿山机械及起重机械用的齿轮），其特点是传递功率大、速度低。主要要求是齿面接触良好，而对传动的准确性和平稳性则要求不高。所以这类齿轮对载荷分布的均匀性要求较高。

二、齿轮加工误差产生的原因

齿轮的加工方法，按齿廓形成原理可分为：仿形法，如用成形铣刀在铣床上铣齿；展成法，如滚齿、插齿等。

以滚齿为代表，产生加工误差的主要因素为：

1. 几何偏心（$e_几$）

这是由于齿轮安装轴线与齿轮加工时的旋转中心不重合引起的，如图 10-1 所示。几何偏心对齿轮精度的影响如图 10-2 所示。设齿坯本身是正确的（内、外圆无偏心），加工时由于齿坯孔与机床主轴之间有间隙，安装时由于齿坯孔中心 O 与切齿时的旋转中心 O' 不重合，产生几何偏心 $e_几$。在切齿过程中，滚刀至 O' 的距离不变，故切出的齿廓就以 O' 为中心，也就是在以 O' 为中心的圆周上，加工出的齿距相等。当将齿轮装在工作轴上使用时，则可能

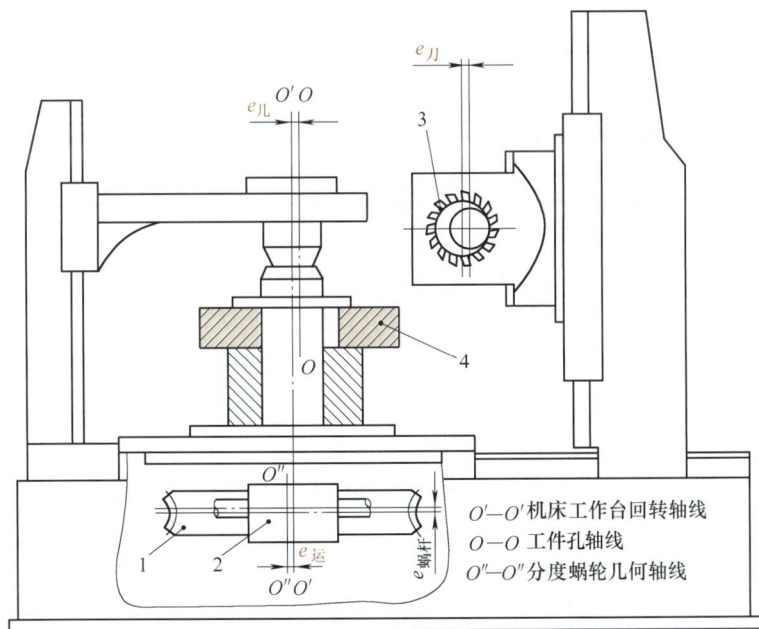

图 10-1　用滚齿机加工齿轮

1—分度蜗轮　2—分度蜗杆　3—滚刀　4—齿轮坯

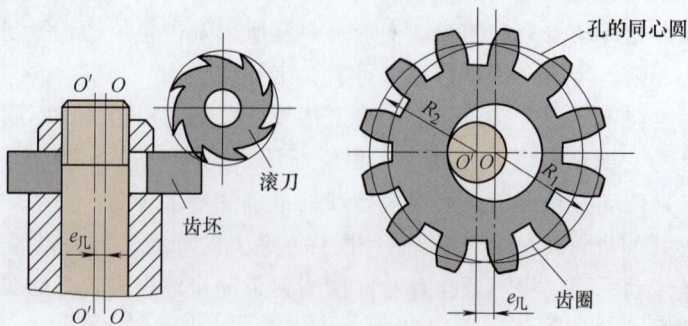

图 10-2　几何偏心对齿轮精度的影响

是绕中心 O 旋转，由于齿圈到 O 的距离是变化的，因而在以 O 为中心的另一圆周上，其齿距必然是变化的，从而造成加工以后的齿轮一边齿高增大，另一边齿高减小。

当具有几何偏心的齿轮与理想齿轮啮合时，必然产生转角误差，从而影响齿轮传动的准确性。

2. 运动偏心（$e_{运}$）

这主要是由于机床分度蜗轮安装偏心引起的。

当分度蜗轮安装存在偏心时，如图 10-1 所示，会使工作台按正弦规律以一转为周期时快时慢地旋转。其结果使被切齿轮轮齿在分度圆周上分布不均匀，在齿轮一转内按正弦规律变化。因此运动偏心也影响齿轮传动的准确性。

3. 机床传动链的高频误差

加工直齿轮时，主要受分度传动链误差的影响，尤其是分度蜗杆的径向跳动和轴向窜动的影响；加工斜齿轮时，除分度链外，还受差动链的传动误差的影响。

当机床传动链有误差时，会引起被切齿轮齿面产生波纹，使齿轮啮合时产生瞬时波动，从而影响齿轮传动的平稳性。

4. 滚刀的安装误差（$e_{刀}$）和制造误差

滚刀的安装误差和制造误差包括滚刀的径向跳动、轴向窜动及齿形角误差等。

当滚刀的制造、刃磨存在误差时，同样在被加工齿轮齿面上引起加工误差，使齿轮啮合时产生瞬时波动，而影响齿轮传动的平稳性。

如果刀具的基节和齿形角存在误差，就会引起齿轮的基节偏差。对于直齿轮来说，基节偏差将会造成啮合齿对交替结束时的瞬间冲击，影响传动的平稳性。说明如下：

1）当主动轮基节大于从动轮基节时，如图 10-3a 所示，第一对齿 A_1、A_2 啮合终止时，第二对齿 B_1、B_2 尚未进入啮合。此时，A_1 的齿顶将沿着 A_2 的齿根"刮行"（称为顶刃啮合），当 A_1 脱离啮合时，从动轮失去动力，突然降速。而当 B_1 和 B_2 齿进入啮合时，从动轮又突然加速。所以，当一对齿啮合结束，另一对齿进入啮合的过程中，瞬间传动比产生变化，引起冲击，产生振动和噪声。

2）当主动轮基节小于从动轮基节时，如图 10-3b 所示，第一对齿 A_1、A_2 啮合尚未结束，第二对齿 B_1、B_2 就已开始进入啮合，B_2 的齿顶反向撞击 B_1 的齿腹，使从动轮突然加速，强迫 A_1、A_2 脱离啮合，B_2 的齿顶在 B_1 的齿腹上"刮行"更加严重，同样产生顶刃啮合。这种情况比前一种更坏，因为冲击力与运动方向相反，故振动、噪声更大。

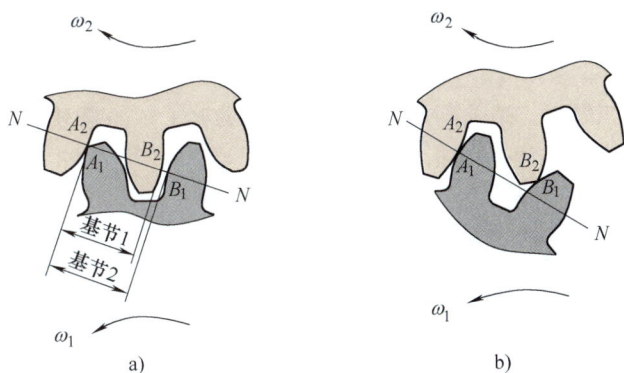

图 10-3　基节偏差对齿轮传动平稳性的影响

当滚刀安装存在误差时，如滚刀安装的实际倾角与理论倾角不符，则会造成齿轮轮齿的齿向与理论齿向不一致。从理论上讲，一对啮合的齿轮应是从齿顶到齿根沿全齿宽呈线性接触，该线即为接触线。对于直齿轮来说，接触线是基圆柱切平面与齿面的交线，与齿轮轴线平行。对于斜齿轮，理论上讲接触线为一根与基圆柱母线夹角为 β_b 的直线。在啮合过程中，实际接触线位置和长度都会发生变化，从而影响载荷分布均匀性。

第二节　渐开线圆柱齿轮精度的评定参数

GB/T 10095.1—2008《圆柱齿轮　精度制　第 1 部分：轮齿同侧齿面偏差的定义和允许值》和 GB/T 10095.2—2008《圆柱齿轮　精度制　第 2 部分：径向综合偏差与径向跳动的定义和允许值》对圆柱齿轮精度的评定参数规定为轮齿同侧齿面偏差、径向综合偏差和径向跳动等三个方面。

一、轮齿同侧齿面偏差

GB/T 10095.1—2008 对单个渐开线圆柱齿轮轮齿同侧齿面精度规定了齿距偏差、齿廓偏差、螺旋线偏差和切向综合偏差 4 种共 11 项偏差。

1. 齿距偏差

（1）单个齿距偏差（f_{pt}）　在端平面上，在接近齿高中部的一个与齿轮轴线同心的圆上，实际齿距与理论齿距的代数差，如图 10-4 所示。

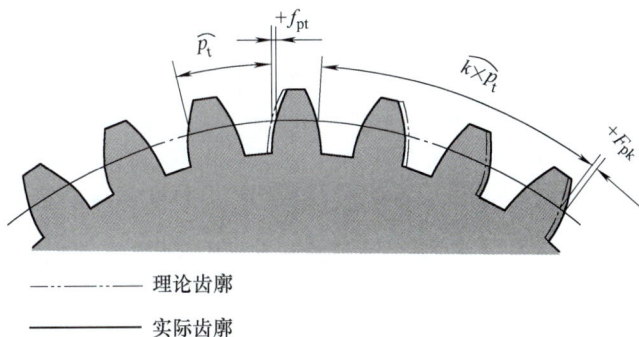

—·—·—　理论齿廓

————　实际齿廓

图 10-4　齿距偏差与齿距累积偏差

（2）齿距累积偏差（F_{pk}） 任意 k 个齿距的实际弧长与理论弧长的代数差，如图 10-4 所示。理论上它等于这 k 个齿距的各单个齿距偏差的代数和。

除另有规定外，F_{pk} 被限定在不大于 1/8 的圆周上评定。因此，F_{pk} 的允许值适用于齿距数 k 为 2 到 $z/8$ 的弧段内。通常，F_{pk} 取 $k \approx z/8$ 就足够了，如果对于特殊的应用（如高速齿轮）还需检验较小弧段，并规定相应的 k 相继齿距数。

（3）齿距累积总偏差（F_p） 齿轮同侧齿面任意弧段（$k=1$ 至 $k=z$）内的最大齿距累积偏差。它表现为齿距累积偏差曲线的总幅值。

齿距偏差反映了一齿和一转内任意个齿距的最大变化，直接反映齿轮的转角误差，比较全面地反映了齿轮传动的准确性和平稳性，是几何偏心、运动偏心综合影响的结果。

以上三项均可在齿距仪或万能测齿仪上测量。齿距累积偏差和齿距累积总偏差通常采用相对法进行测量，即首先以被测齿轮上任一实际齿距作为基准，将仪器指示表调零，然后沿整个齿圈依次测出其他实际齿距与作为基准齿距的差值（称为相对齿距偏差），经过数据处理求出，同时也可求出单个齿距偏差。单个齿距偏差 f_{pt} 需对每个齿轮的两侧都进行测量。

2. 齿廓偏差

齿廓偏差是指实际齿廓偏离设计齿廓的量，该量在端平面内且垂直于渐开线齿廓的方向计值。

（1）有关齿廓偏差的相关定义

1）可用长度（L_{AF}）。等于两条端面基圆切线长度之差。其中一条是从基圆延伸到可用齿廓的外界限点，另一条是从基圆到可用齿廓的内界限点。

依据设计，可用长度被齿顶、齿顶倒棱或齿顶倒圆的起始点（点 A）限定，对于齿根，可用长度被齿根圆角或挖根的起始点（F 点）所限定，如图 10-5 所示。

2）有效长度（L_{AE}）。可用长度对应于有效齿廓的那部分。对于齿顶，有效长度与可用长度有同样的限定（A 点）。对于齿根，有效长度延伸到与之配对齿轮有效啮合的终止点 E（即有效齿廓的起始点）。如未知配对齿轮，则 E 点为基本齿条相啮合的有效齿廓的起始点。

3）齿廓计值范围（L_α）。可用长度中的一部分，在 L_α 内应遵照规定精度等级的公差。除另有规定外，其长度等于从 E 点开始延伸的有效长度 L_{AE} 的 92%，如图 10-5 所示。对于 L_{AE} 剩下的 8% 为靠近齿顶处的 L_{AE} 与 L_α 之差。在评定齿廓总偏差和齿廓形状偏差时，按以下规则计值：

a）使偏差量增加的偏向齿体外的正偏差，必须计入偏差值。

b）除另有规定外，对于负偏差，其公差值为计值范围 L_α 规定公差的 3 倍。

4）设计齿廓。符合设计规定的齿廓，当无其他限定时，是指端面齿廓。在齿廓曲线图中，未经修形的渐开线齿廓迹线一般为直线。齿廓迹线是由齿轮齿廓检查仪在纸上画的齿廓偏差曲线。

5）被测齿面的平均齿廓。设计齿廓迹线的纵坐标减去一条斜直线的相应纵坐标后得到的一条迹线，使得在计值范围内，实际齿廓迹线偏离平均齿廓迹线的偏差的平方和最小，因此，平均齿廓迹线的位置和倾斜可用"最小二乘法"求得。

（2）齿廓总偏差（F_α） 在计值范围 L_α 内，包容实际齿廓迹线的两条设计齿廓迹线间的距离，如图 10-5a 所示。

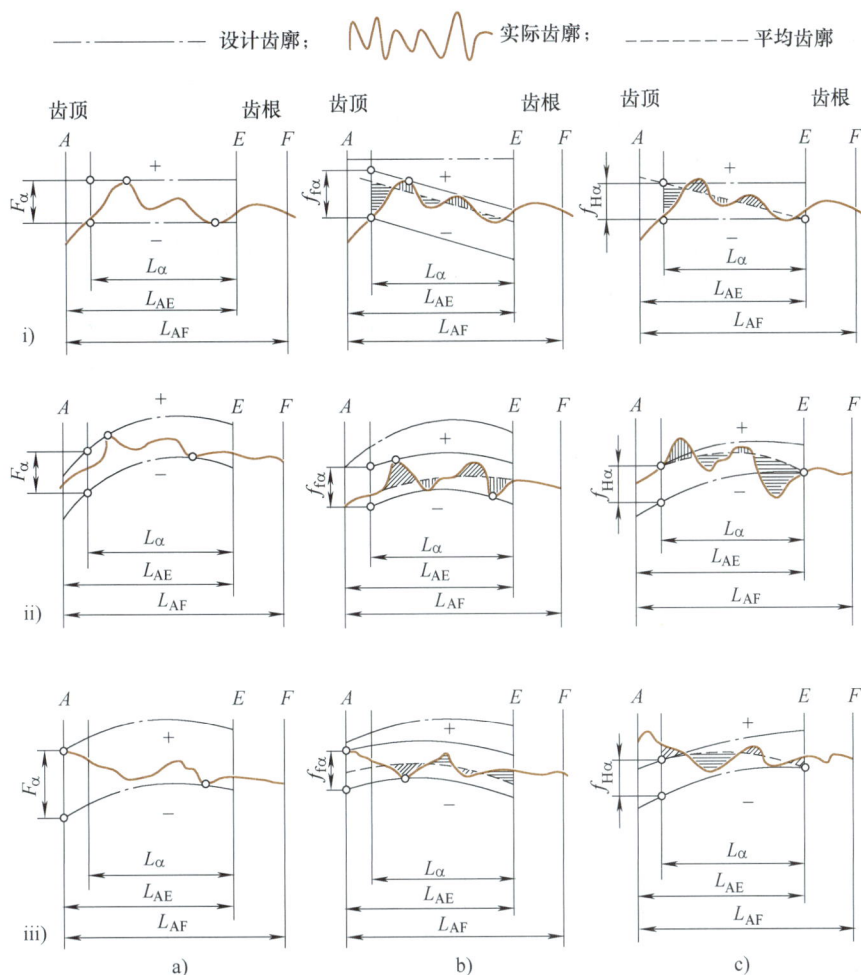

图 10-5　齿廓偏差

a）齿廓总偏差　b）齿廓形状偏差　c）齿廓倾斜偏差

ⅰ）设计齿廓：未修形的渐开线；实际齿廓：在减薄区内具有偏向体内的负偏差

ⅱ）设计齿廓：修形的渐开线（举例）；实际齿廓：在减薄区内具有偏向体内的负偏差

ⅲ）设计齿廓：修形的渐开线（举例）；实际齿廓：在减薄区内具有偏向体外的正偏差

（3）齿廓形状偏差（$f_{f\alpha}$）　在计值范围 L_α 内，包容实际齿廓迹线的两条与平均齿廓迹线完全相同的曲线间的距离，且两条曲线与平均齿廓迹线的距离为常数，如图 10-5b 所示。

（4）齿廓倾斜偏差（$f_{H\alpha}$）　在计值范围 L_α 内，两端与平均齿廓迹线相交的两条设计齿廓迹线间的距离，如图 10-5c 所示。

齿廓偏差是刀具的制造误差（如齿形误差）和安装误差（如刀具在刀杆上的安装偏心及倾斜），以及机床传动链中短周期误差等综合因素所造成的。

齿廓偏差可在渐开线检查仪上测量。

3. 螺旋线偏差

螺旋线偏差是指在端面基圆切线方向上测得的实际螺旋线偏离设计螺旋线的量。

（1）有关螺旋线偏差的相关定义

1）迹线长度。与齿宽成正比而不包括齿端倒角或修缘在内的长度。

2）螺旋线计值范围（L_β）。除另有规定外，在轮齿两端处各减去下面两个数值中较小的一个后的"迹线长度"，即 5% 的齿宽或等于一个模数的长度。

在两端缩减的区域中，螺旋线总偏差和螺旋线形状偏差，按以下规则计值：

a）使偏差量增加的偏向齿体外的正偏差，必须计入偏差值。

b）除另有规定外，对于负偏差，其公差值为计值范围 L_β 规定公差的 3 倍。

注：在分析螺旋线形状偏差时，规则 a）和 b）以 4）中定义的平均螺旋线迹线为基准。

3）设计螺旋线。符合设计规定的螺旋线。

4）被测齿面的平均螺旋线。设计螺旋线迹线的纵坐标减去一条斜直线的相应纵坐标后得到的一条迹线。使得在计值范围内，实际螺旋线迹线对平均螺旋线迹线偏差的平方和最小，因此，平均螺旋线的位置和倾斜度可以用"最小二乘法"求得。

（2）螺旋线总偏差（F_β） 在计值范围 L_β 内，包容实际螺旋线迹线的两条设计螺旋线迹线间的距离，如图 10-6a 所示。

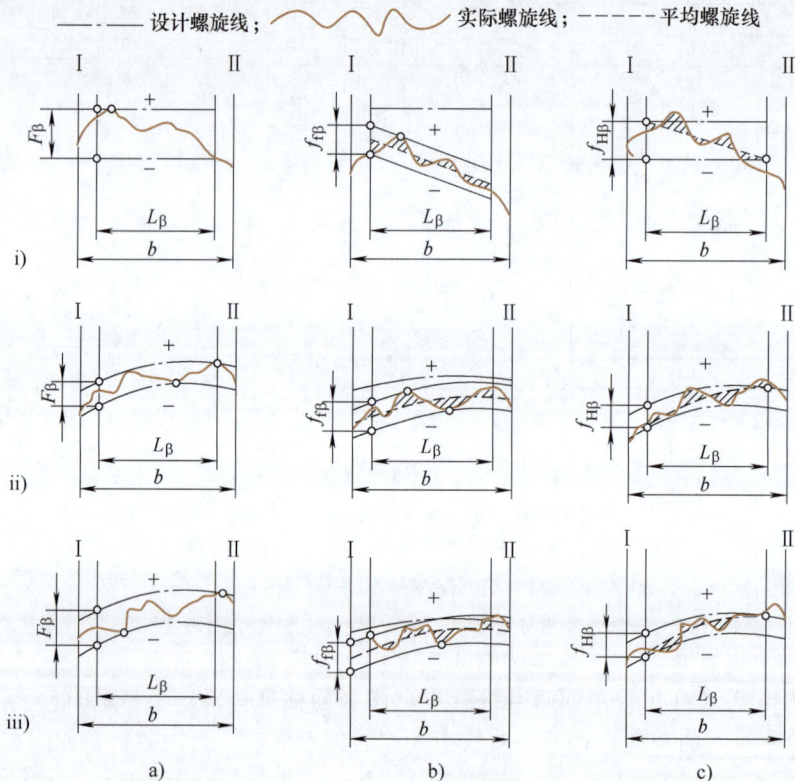

图 10-6 螺旋线偏差

a）螺旋线总偏差 b）螺旋线形状偏差 c）螺旋线倾斜偏差

ⅰ）设计螺旋线：未修形的螺旋线；实际螺旋线：在减薄区内具有偏向体内的负偏差

ⅱ）设计螺旋线：修形的螺旋线（举例）；实际螺旋线：在减薄区内具有偏向体内的负偏差

ⅲ）设计螺旋线：修形的螺旋线（举例）；实际螺旋线：在减薄区内具有偏向体外的正偏差

（3）螺旋线形状偏差（$f_{f\beta}$） 在计值范围 L_β 内，包容实际螺旋线迹线的两条与平均螺旋线迹线完全相同的曲线间的距离，如图 10-6b 所示，且两条曲线与平均螺旋线迹线的距离为常数。

（4）螺旋线倾斜偏差（$f_{H\beta}$）　在计值范围 L_β 的两端与平均螺旋迹线相交的两条设计螺旋线迹线间的距离，如图 10-6c 所示。

螺旋线偏差影响齿轮的承载能力和传动质量，其测量方法有展成法和坐标法等。展成法用渐开线螺旋线检查仪、导程仪等测量，坐标法可用螺旋线样板检查仪、齿轮测量中心和三坐标测量机测量。

除另有规定外，齿廓与螺旋线偏差应至少测三个齿的两侧齿面，这三个齿应取在沿齿轮圆周近似三等分位置处。

4. 切向综合偏差

（1）切向综合总偏差（F_i'）　指被测齿轮与测量齿轮单面啮合检验时，被测齿轮一转内，齿轮分度圆上实际圆周位移与理论圆周位移的最大差值，如图 10-7 所示。

在检测过程中，齿轮的同侧齿面处于单面啮合状态。

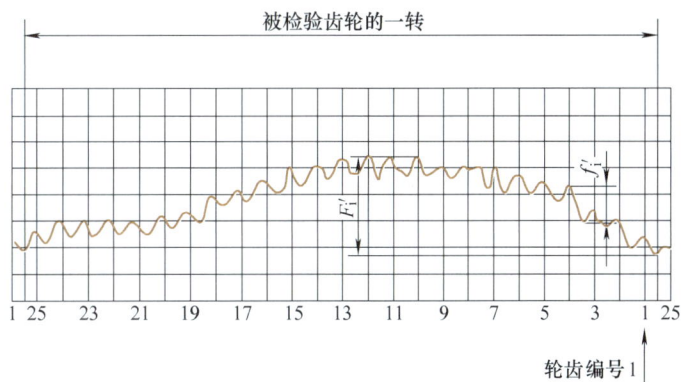

图 10-7　切向综合偏差

（2）一齿切向综合偏差（f_i'）　在一个齿距内的切向综合偏差，是指被测齿轮与测量齿轮单面啮合时，在被测齿轮一个齿距内，齿轮分度圆上实际圆周位移与理论圆周位移的最大差值，如图 10-7 所示。

切向综合总偏差是几何偏心、运动偏心及各种短周期误差综合影响的结果，而一齿切向综合误差是由刀具制造、安装误差及机床传动链等各种高频误差综合作用的结果。故切向综合偏差可用于综合评定齿轮传递运动的准确性和平稳性。

切向综合偏差是在齿轮单面啮合综合检查仪（简称单啮仪）上测量的。

二、齿轮径向综合偏差

1. 径向综合总偏差（F_i''）

径向综合总偏差是指在径向（双面）综合检验时，产品齿轮的左右齿面同时与测量齿轮接触，并转过一整转时，出现的中心距的最大值和最小值之差，如图 10-8 所示。

径向综合总偏差是在齿轮双面啮合综合检查仪（简称双啮仪）上测量的。

2. 一齿径向综合偏差（f_i''）

指当产品齿轮啮合一整圈时，对应一个齿距（$360°/z$）的径向综合偏差值，亦即齿轮在一个齿距内双啮中心距的最大变动量，如图 10-8 所示。

若齿轮的齿廓存在径向偏差及其他短周期误差（如齿廓形状偏差、基圆齿距偏差等），

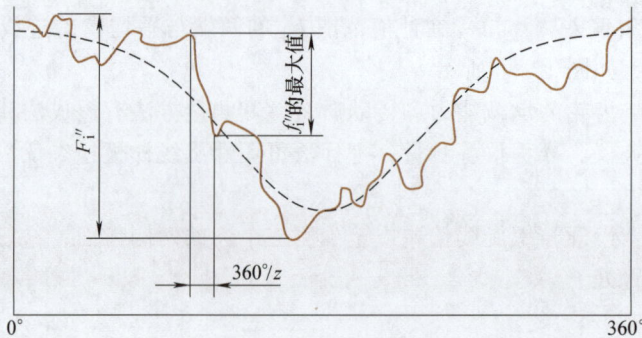

图 10-8　径向综合偏差

则其双啮中心距就会在转动过程中变化。因此，径向综合偏差主要反映了由几何偏心引起的误差。但由于其受左右齿面的共同影响，因此不如切向综合偏差反映全面，不适于验收高精度齿轮。双啮仪结构简单、操作方便、测量效率高，故在大批量生产中被广泛应用。

三、齿轮径向跳动

齿轮径向跳动 F_r 在标准的正文中没有给出，只在 GB/T 10095.2—2008 的附录中给出，在此只做简单介绍。

齿轮径向跳动 F_r 为计量器测头（球形、圆柱形等）相继置于每个齿槽内时，从它到齿轮轴线的最大和最小径向距离之差。检查中，测头在齿高中部附近与左右齿面接触。

齿轮径向跳动是由于齿轮的轴线和基准孔的中心线存在几何偏心所引起的。

第三节　渐开线圆柱齿轮精度等级及应用

一、渐开线圆柱齿轮精度等级

GB/T 10095.1—2008 和 GB/T 10095.2—2008 对渐开线圆柱齿轮的精度做了如下规定：

1）轮齿同侧齿面偏差规定了 0、1～12 共 13 个精度等级，其中 0 级最高，12 级最低。标准适用范围为：分度圆直径为 5～10000mm，法向模数为 0.5～70mm，齿宽为 4～1000mm 的渐开线圆柱齿轮。

2）径向综合偏差规定了 4～12 共 9 个精度等级，其中 4 级最高，12 级最低。标准适用范围为：分度圆直径为 5～1000mm，法向模数为 0.2～10mm 的渐开线圆柱齿轮。

3）对于径向跳动，GB/T 10095.2—2008 在附录 B 中推荐了 0、1～12 共 13 个精度等级，其中 0 级最高，12 级最低。适用于分度圆直径为 5～10000mm，法向模数为 0.5～70mm，齿宽为 4～1000mm 的渐开线圆柱齿轮。

二、偏差的计算公式及允许值

齿轮的精度等级是通过实测的偏差值与标准规定的数值进行比较后确定的。

GB/T 10095.1—2008 和 GB/T 10095.2—2008 规定：公差表格中的数值为等比数列，公比为 $\sqrt{2}$，5 级精度规定的公式为基本计算公式，即 5 级精度未圆整的计算公差值乘以 $\sqrt{2}^{(Q-5)}$，可得任一精度等级的待求值，Q 为待求值的精度等级。表 10-1 列出了各精度等级的齿轮轮齿偏差、径向综合偏差和径向跳动允许值的计算公式。

国家标准中所列出的公差和极限偏差数值，均是由表 10-1 中的计算公式计算并圆整得到的。国家标准对公式计算数值的圆整规定如下：

（1）同侧齿面偏差允许值的圆整规则　如果计算值大于 $10\mu m$，圆整到最接近的整数；如果小于 $10\mu m$，圆整到最接近的相差小于 $0.5\mu m$ 的一位小数或整数；如果小于 $5\mu m$，圆整到最接近的相差小于 $0.1\mu m$ 的一位小数或整数。

（2）径向综合公差和径向跳动公差的圆整规则　如果计算值大于 $10\mu m$，圆整到最接近的整数；如果计算值小于 $10\mu m$，圆整到最接近的相差小于 $0.5\mu m$ 的一位小数或整数。

表 10-1 中的公式，模数 m、分度圆直径 d 和齿宽 b 按规定取各尺寸段首、末尺寸数值的几何平均值代入，单位均为 mm。例如，实际模数为 7mm，其所在尺寸段首、末尺寸数值为 6mm 和 10mm，则计算值为 $m=\sqrt{6\times10}\,mm=7.746mm$。

表 10-1　齿面偏差、径向综合偏差和径向跳动允许值的计算式

（摘自 GB/T 10095.1—2008，GB/T 10095.2—2008）

项目代号	允许值计算式
f_{pt}	$[0.3(m+0.4d^{0.5})+4]\times2^{0.5(Q-5)}$
F_{pk} [①]	$[f_{pt}+1.6((k-1)m)^{0.5}]\times2^{0.5(Q-5)}$
F_p	$(0.3m+1.25d^{0.5}+7)\times2^{0.5(Q-5)}$
F_α	$(3.2m^{0.5}+0.22d^{0.5}+0.7)\times2^{0.5(Q-5)}$
$f_{f\alpha}$	$(2.5m^{0.5}+0.17d^{0.5}+0.5)\times2^{0.5(Q-5)}$
$f_{H\alpha}$ [①]	$(2m^{0.5}+0.14d^{0.5}+0.5)\times2^{0.5(Q-5)}$
F_β	$(0.1d^{0.5}+0.63b^{0.5}+4.2)\times2^{0.5(Q-5)}$
$f_{f\beta},f_{H\beta}$ [①]	$(0.07d^{0.5}+0.45b^{0.5}+3)\times2^{0.5(Q-5)}$
F_i'	$(F_p+f_i')\times2^{0.5(Q-5)}$
f_i'	$K(4.3+f_{pt}+F_\alpha)\times2^{0.5(Q-5)}=K(9+0.3m+3.2m^{0.5}+0.34d^{0.5})\times2^{0.5(Q-5)}$
f_i''	$(2.96m_n+0.01d^{0.5}+0.8)\times2^{0.5(Q-5)}$
F_i''	$(F_r+f_i'')\times2^{0.5(Q-5)}=(3.2m_n+1.01d^{0.5}+6.4)\times2^{0.5(Q-5)}$
F_r	$0.8F_p\times2^{0.5(Q-5)}=(0.24m_n+1.0d^{0.5}+5.6)\times2^{0.5(Q-5)}$

① 这些偏差项目可以是"+"（正）或"－"（负）。

轮齿同侧齿面偏差的允许值见表 10-2～表 10-5，径向综合偏差的允许值见表 10-6 和表 10-7，径向跳动公差值见表 10-8。

表 10-2　部分单个齿距偏差 $\pm f_{pt}$（摘自 GB/T 10095.1—2008）

分度圆直径 d/mm	模数 m/mm	精 度 等 级				
		5	6	7	8	9
		$\pm f_{pt}$/μm				
20<d≤50	2<m≤3.5	5.5	7.5	11.0	15.0	22.0
	3.5<m≤6	6.0	8.5	12.0	17.0	24.0
50<d≤125	2<m≤3.5	6.0	8.5	12.0	17.0	23.0
	3.5<m≤6	6.5	9.0	13.0	18.0	26.0
	6<m≤10	7.5	10.0	15.0	21.0	30.0

表 10-3   部分齿距累积总偏差 F_p（摘自 GB/T 10095.1—2008）

分度圆直径 d/mm	模数 m/mm	精度等级				
		5	6	7	8	9
		$F_p/\mu m$				
$20<d\le50$	$2<m\le3.5$	15.0	21.0	30.0	42.0	59.0
	$3.5<m\le6$	15.0	22.0	31.0	44.0	62.0
$50<d\le125$	$2<m\le3.5$	19.0	27.0	38.0	53.0	76.0
	$3.5<m\le6$	19.0	28.0	39.0	55.0	78.0
	$6<m\le10$	20.0	29.0	41.0	58.0	82.0

表 10-4   部分齿廓总偏差 F_α（摘自 GB/T 10095.1—2008）

分度圆直径 d/mm	模数 m/mm	精度等级				
		5	6	7	8	9
		$F_\alpha/\mu m$				
$20<d\le50$	$2<m\le3.5$	7.0	10.0	14.0	20.0	29.0
	$3.5<m\le6$	9.0	12.0	18.0	25.0	35.0
$50<d\le125$	$2<m\le3.5$	8.0	11.0	16.0	22.0	31.0
	$3.5<m\le6$	9.5	13.0	19.0	27.0	38.0
	$6<m\le10$	12.0	16.0	23.0	33.0	46.0

表 10-5   部分螺旋线总偏差 F_β（摘自 GB/T 10095.1—2008）

分度圆直径 d/mm	齿宽 b/mm	精度等级				
		5	6	7	8	9
		$F_\beta/\mu m$				
$20<d\le50$	$10<b\le20$	7.0	10.0	14.0	20.0	29.0
	$20<b\le40$	8.0	11.0	16.0	23.0	32.0
$50<d\le125$	$10<b\le20$	7.5	11.0	15.0	21.0	30.0
	$20<b\le40$	8.5	12.0	17.0	24.0	34.0
	$40<b\le80$	10.0	14.0	20.0	28.0	39.0

表 10-6   部分径向综合总偏差 F_i''（摘自 GB/T 10095.2—2008）

分度圆直径 d/mm	法向模数 m_n/mm	精度等级				
		5	6	7	8	9
		$F_i''/\mu m$				
$20<d\le50$	$1.0<m_n\le1.5$	16	23	32	45	64
	$1.5<m_n\le2.5$	18	26	37	52	73
$50<d\le125$	$1.0<m_n\le1.5$	19	27	39	55	77
	$1.5<m_n\le2.5$	22	31	43	61	86
	$2.5<m_n\le4.0$	25	36	51	72	102

表 10-7　部分一齿径向综合偏差 f_i''（摘自 GB/T 10095.2—2008）

分度圆直径 d/mm	法向模数 m_n/mm	精 度 等 级				
		5	6	7	8	9
		f_i''/μm				
$20<d\leqslant50$	$1.0<m_n\leqslant1.5$	4.5	6.5	9.0	13	18
	$1.5<m_n\leqslant2.5$	6.5	9.5	13	19	26
$50<d\leqslant125$	$1.0<m_n\leqslant1.5$	4.5	6.5	9.0	13	18
	$1.5<m_n\leqslant2.5$	6.5	9.5	13	19	26
	$2.5<m_n\leqslant4.0$	10	14	20	29	41

表 10-8　部分径向跳动公差 F_r（摘自 GB/T 10095.2—2008）

分度圆直径 d/mm	法向模数 m_n/mm	精 度 等 级				
		5	6	7	8	9
		F_r/μm				
$20<d\leqslant50$	$2<m_n\leqslant3.5$	12	17	24	34	47
	$3.5<m_n\leqslant6$	12	17	25	35	49
$50<d\leqslant125$	$2<m_n\leqslant3.5$	15	21	30	43	61
	$3.5<m_n\leqslant6$	16	22	31	44	62
	$6<m_n\leqslant10$	16	23	33	46	65

对于没有提供数值表的偏差的允许值，可在对其定义及圆整规则的基础上，用表 10-1 中公式求取。

当齿轮参数不在给定的范围内或经供需双方同意时，可以在计算公式中代入实际齿轮参数计算，而无须取分段界限的几何平均值。

在给定的文件中，如果所要求的齿轮精度等级规定为国家标准中的某一精度等级，而没有其他规定时，则各项偏差的允许值或公差均按该精度等级。然而，可根据协议，对不同的情况规定不同的精度等级。对于径向跳动，可按协议由供需双方共同规定。

三、齿轮精度等级的选择

齿轮精度等级的选择是否恰当，不仅会影响传动质量，还会影响制造成本。在选择齿轮精度等级时，应依据用途、工作条件及技术要求来确定。具体来说，就是要综合分析齿轮的圆周速度、传递的功率和载荷、润滑方式、连续运转时间、传动效率、允许运动误差或转角误差、噪声、振动以及使用寿命等要求，来确定其主要要求作为选择依据。一般可用计算法或类比法。

1. 计算法

依据齿轮传动用途的主要要求，计算确定出其中一种使用要求的精度等级，再按其他方面要求，做适当协调，来确定其他使用要求的精度等级。由于影响齿轮传动精度要求的因素多且复杂，在计算中不可避免地要做一些简化，所以很难准确地计算出齿轮所需要的精度等级，且经过计算的精度等级，往往还需经过齿轮传动性能试验，或在具体使用后再做必要的修正。因此，计算法应用并不普遍。

2. 类比法

类比法是依据以往产品设计、性能试验及使用过程中所积累的经验，以及较可靠的各种齿轮精度等级选择的技术资料，经过与所设计的齿轮在用途、工作条件及技术性能上做对比后，选定其精度等级。对于一般无特殊技术要求的齿轮传动，大都采用类比法。

表 10-9 列出了部分齿轮精度的适用范围。表 10-10 列出了各种机械所采用的齿轮的精度等级，供选用时参考。

表 10-9　圆柱齿轮精度的适用范围

精度等级	4	5	6	7	8	9
圆周速度/ m·s^{-1}	直齿轮>35 斜齿轮>70	直齿轮>20 斜齿轮>40	直齿轮≤15 斜齿轮≤30	直齿轮≤10 斜齿轮≤15	直齿轮≤6 斜齿轮≤10	直齿轮≤2 斜齿轮≤4
工作条件与适用范围	特别精密分度机构中或在最平稳且无噪声的极高速情况下工作的齿轮；高速汽轮机齿轮；检测 6、7 级齿轮用的测量齿轮	精密分度机构中或要求极平稳且无噪声的高速工作的齿轮；高速汽轮机齿轮；检测 8、9 级齿轮用的测量齿轮	要求最高效率且无噪声的高速平稳工作的齿轮；分度机构的齿轮；特别重要的航空、汽车用齿轮；读数装置中特别精密传动的齿轮	增速和减速用齿轮传动；金属切削机床进给机构用齿轮；高速减速器用齿轮；航空、汽车用齿轮；读数装置用齿轮	无须特别精密的一般机械制造用齿轮；分度机构以外的机床传动齿轮；航空、汽车制造业中不重要的齿轮；起重机构用齿轮；农业机械中的小齿轮；通用减速器齿轮	用于工作无精度要求的齿轮

表 10-10　各种机械采用的齿轮的精度等级

应用范围	精度等级	应用范围	精度等级
测量齿轮	3~5	拖拉机	6~10
汽轮机减速器	3~6	一般用途的减速器	6~9
金属切削机床	3~8	轧钢设备的小齿轮	6~10
内燃机车与电气机车	6~7	矿用绞车	8~10
轻型汽车	5~8	起重机机构	7~10
重型汽车	6~9	农业机械	8~11
航空发动机	4~7		

四、齿轮检验项目的确定

现行的国家标准对某一工作性能要求的齿轮尚未规定具体的检验项目，未正式规定的 ISO/TR 10063 按齿轮工作性能推荐了检验组和公差组。

根据 GB/T 10095.1—2008 的规定，对于单个齿轮的加工精度，应检验齿距偏差（单个齿距偏差 f_{pt}、齿距累积总偏差 F_p）、齿廓总偏差 F_α、螺旋线总偏差 F_β。而齿距累积偏差 F_{pk} 用于高速齿轮的检验。

当检验切向综合偏差 F_i' 和 f_i' 时，可不必检验单个齿距偏差 f_{pt} 和齿距累积总偏差 F_p。

五、齿轮精度等级在图样上的标注

在图样上，关于齿轮精度等级和齿厚偏差标注方法如下：

若齿轮所有的检验项目精度为同一等级时，可只标注精度等级和标准号。如齿轮检验项目精度同为 7 级，则可标注为：

7GB/T 10095.1—2008 或 7GB/T 10095.2—2008

若齿轮的各个检验项目的精度不同时，应在各精度等级后标出相应的检验项目。如齿廓

总偏差 F_α 为 6 级，齿距累积总偏差 F_p 和螺旋线总偏差 F_β 为 7 级，则应标注为：

$6(F_\alpha)$、$7(F_p,F_\beta)$GB/T 10095.1—2008

齿厚偏差标注是在齿轮工作图右上角的参数表中，标出其公称值和偏差。

第四节　齿轮坯的精度和齿面粗糙度

齿轮坯的加工精度对齿轮的加工、检验和安装精度影响很大。在一定的加工条件下，用控制齿坯质量来提高齿轮加工精度是一项积极的工艺措施。

一、基准轴线与工作轴线

基准轴线是由基准面中心确定的，是加工或检验人员对单个齿轮确定轮齿几何形状的轴线。齿轮依此轴线来确定各项参数及检测项目，确定齿距、齿廓和螺旋线的偏差更是如此。

工作轴线是齿轮在工作时绕其旋转的轴线，它由工作安装面的中心确定。

设计者应力保基准轴线足够清楚和正确，从而满足轮齿相对于工作轴线的技术要求。理想状况是基准轴线与工作轴线相重合。

二、基准轴线的确定

确定基准轴线有如下三种方法：

1）用两个"短的"圆柱或圆锥形基准面上设定的两个圆的圆心来确定轴线上的两个点，如图 10-9 所示。

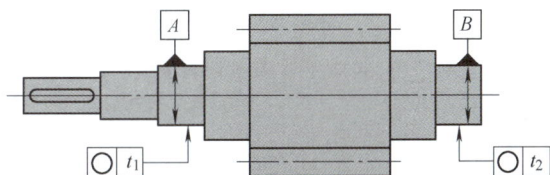

图 10-9　用两个"短的"基准面确定基准轴线

注：A、B 是预定的轴承安装表面

2）用一个"长的"圆柱或圆锥形面来同时确定轴线的位置和方向，如图 10-10 所示。孔的轴线可以用与之相配并正确装配的工作心轴的轴线来代表。

3）轴线的位置用一个"短的"圆柱形基准面上的一个圆的圆心来确定，而其方向用垂直于此轴线的一个基准端面来确定，如图 10-11 所示。

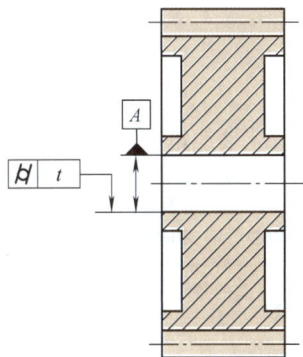

图 10-10　用一个"长的"基准面确定基准轴线

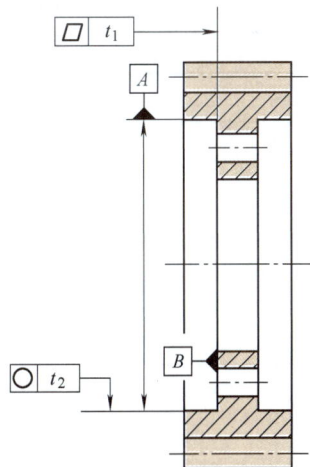

图 10-11　用一个圆柱面和一个端面确定基准轴线

应该注意的是，如果采用 1 和 3 的方法确定基准轴线，其圆柱或圆锥形基准面轴向必须很短，以保证它们不会由自身单独确定另外一条轴线。方法 3 中的基准端面的直径越大越好，最好能容纳工件的整个端面。

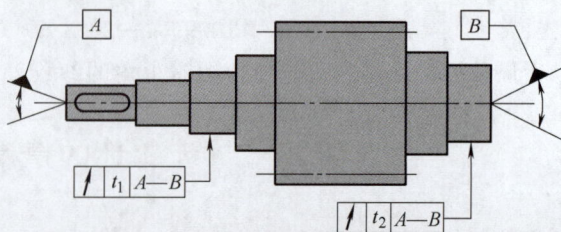

图 10-12 用中心孔确定基准轴

对于与轴做成一体的齿轮轴，最常用也是最理想的方法是利用工件两端的中心孔来定位，就是将工件安装在两端的顶尖上。这样，两个中心孔就确定了它的基准轴线。显然，此时的工作轴线与基准轴线不重合，齿轮公差及安装面的公差均由此轴线来规定，如图 10-12 所示。而且很明显，安装面相对于中心孔的跳动公差必须规定很小的公差值。务必注意中心孔应对准成一直线。

三、齿轮坯精度

1. 基准面与安装面的形状公差

基准面的要求精度取决于规定的齿轮精度及这些面的相对位置，一般来说，跨距与齿轮分度圆直径的比值越大，给定的公差可越松。

基准面与安装面的形状公差值应不大于表 10-11 规定的数值。

表 10-11 基准面与安装面的形状公差（摘自 GB/Z 18620.3—2008）

确定轴线的基准面	公差项目		
	圆　度	圆柱度	平面度
用两个"短的"圆柱或圆锥形基准面上设定的两个圆的圆心来确定轴线上的两个点	$0.04\dfrac{L}{b}F_\beta$ 或 $0.1F_p$，取两者中的小值		
用一个"长的"圆柱或圆锥形面来同时确定轴线上的位置和方向。孔的轴线可以用与之相匹配并正确装配的工作心轴的轴线来代表		$0.04\dfrac{L}{b}F_\beta$ 或 $0.1F_p$，取两者中的小值	
轴线的位置用一个"短的"圆柱基准面上的一个圆的圆心来确定，而其方向用垂直于此轴线的一个基准端面来确定	$0.06F_p$		$0.06\dfrac{D_d}{b}F_\beta$

注：L 为较大的轴承跨距；D_d 为基准面直径；b 为齿宽，单位为 mm。

2. 工作安装面的跳动公差

当基准轴线与工作轴线不重合时，工作安装面相对于基准轴线的跳动，必须在图样上予以控制。一般应不大于表 10-12 规定的数值。

表 10-12 安装面的跳动公差（摘自 GB/Z 18620.3—2008）

确定轴线的基准面	跳动量（总的指示幅度）	
	径　向	轴　向
仅指圆柱或圆锥形基准面	$0.15\dfrac{L}{b}F_\beta$ 或 $0.3F_p$，取两者中的大值	
一个圆柱基准面和一个端面基准面	$0.3F_p$	$0.2\dfrac{D_d}{b}F_\beta$

上述齿坯公差应减至能经济制造的最小值。

3. 齿顶圆柱面的尺寸和跳动公差

选择直径的公差应考虑保证最小限度的设计重合度，同时还应考虑齿轮副具有足够的顶隙。如果把齿顶圆柱面作为齿坯安装的找正基准或齿厚检验的测量基准，其跳动公差应不大于表 10-12 的适当数值，其尺寸公差可参照表 10-13 选取。

表 10-13　齿轮孔、轴颈和齿顶圆柱面的尺寸公差

齿轮精度等级	6	7	8	9
孔	IT6	IT7		IT8
轴颈	IT5	IT6		IT7
齿顶圆柱面	IT8	IT8		IT9

注：1. 当齿轮各参数精度等级不同时，按最高的精度等级确定公差值。

　　2. 当齿顶圆不作测量齿厚基准时，尺寸公差可按 IT11 给定，但不大于 0.1mm。

四、轮齿齿面及其他表面的表面粗糙度

齿面的表面粗糙度对齿轮的传动精度（噪声和振动）、表面承载能力（点蚀、胶合和磨损）和弯曲强度（齿根过渡曲面状况）等都会产生很大的影响，应规定相应的表面粗糙度。齿面的表面粗糙度推荐值见表 10-14。

表 10-15 给出了齿轮坯其他表面的表面粗糙度推荐值。

表 10-14　齿面的表面粗糙度（Ra）推荐值（摘自 GB/Z 18620.4—2008）（单位：μm）

模数/mm	精度等级											
	1	2	3	4	5	6	7	8	9	10	11	12
$m<6$					0.5	0.8	1.25	2.0	3.2	5.0	10	20
$6 \leqslant m \leqslant 25$	0.04	0.08	0.16	0.32	0.63	1.00	1.6	2.5	4.0	6.3	12.5	25
$m>25$					0.8	1.25	2.0	3.2	5.0	8.0	16	32

表 10-15　齿轮坯其他表面的表面粗糙度（Ra）推荐值　（单位：μm）

齿轮精度等级	6	7	8	9
基准孔	1.25	1.25~2.5		5
基准轴颈	0.63	1.25		2.5
基准端面	2.5~5		5	
齿顶圆柱面	5			

第五节　渐开线圆柱齿轮副的精度

前面讨论的是单个齿轮的精度，本节将对齿轮副的精度做简单介绍。

一、中心距偏差

中心距偏差是实际中心距与公称中心距之差。中心距的允许偏差是设计者规定的中心距偏差的变化范围。公称中心距是在考虑了最小侧隙及两齿轮齿顶和其相啮合的非渐开线齿廓齿根部分的干涉后确定的。

在齿轮只单向承载且不经常反转的情况下，最大侧隙的控制不是一个重要因素，此时中

心距允许偏差主要取决于重合度。

对于要控制运动精度及经常需要正反转的齿轮副，必须控制其最大侧隙，对其中心距的公差应仔细地考虑下列因素：

1）轴、箱体孔系和轴承轴线的倾斜。

2）由于箱体孔系的尺寸偏差和轴承的间隙导致齿轮轴线的不一致与错位。

3）安装误差。

4）轴承跳动。

5）温度的影响（随箱体和齿轮零件的温差、中心距和材料不同而变化）。

6）旋转件的离心伸胀。

7）其他因素，如润滑剂污染的允许程度及非金属齿轮材料的溶胀。

GB/Z 18620.3—2008 未给出中心距的允许偏差。可类比某些成熟产品的技术资料来确定或参照表 10-16 规定。

表 10-16   中心距极限偏差（$\pm f_a$）

齿轮精度等级	5、6	7、8	9、10
f_a	$\frac{1}{2}$IT7	$\frac{1}{2}$IT8	$\frac{1}{2}$IT9

二、轴线平行度偏差

由于轴线平行度偏差与其矢量有关，故对轴线平面内的偏差 $f_{\Sigma\delta}$ 和垂直平面上的偏差 $f_{\Sigma\beta}$ 做了不同的规定，如图 10-13 所示。

轴线平面内的偏差 $f_{\Sigma\delta}$ 是在两轴线的公共平面上测量的，公共平面是用两轴承跨距中较长的一个跨距和另一根轴上的一个轴承来确定的；如果两个轴承的跨距相同，则用小齿轮轴和大齿轮轴的一个轴承来确定。

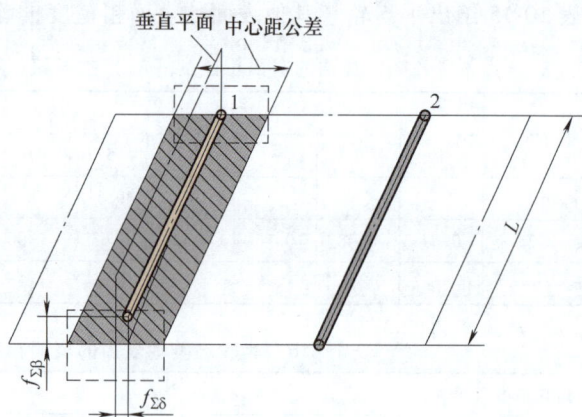

图 10-13   轴线平行度偏差

垂直平面上的偏差 $f_{\Sigma\beta}$ 是在与轴线公共平面相垂直的"交错轴平面"上测量的。

垂直平面上偏差的推荐最大值为 $f_{\Sigma\beta} = 0.5\dfrac{L}{b}F_{\beta}$；轴线平面内偏差的推荐最大值为 $f_{\Sigma\delta} = 2f_{\Sigma\beta}$。

三、侧隙和齿厚的确定

1. 侧隙的确定

法向侧隙 j_{bn} 是指装配好的齿轮副，当工作齿面接触时，非工作齿面之间的最小距离，如图 10-14 所示。

侧隙的大小主要决定于齿厚和中心距。在齿轮传动中，速度、温度、负载等都会影响侧隙，为保证齿轮在负载状态下正常工作，要求有足够的侧隙。

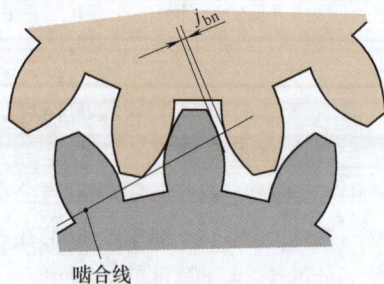

啮合线

图 10-14   法向侧隙

为获得必要的侧隙，我国采取"基中心距制"，就是在固定中心距偏差的情况下，通过改变齿厚偏差而获得需要的侧隙。

最小法向侧隙 $j_{bn\,min}$ 是当一个齿轮的轮齿以最大允许实效齿厚与一个也具有最大允许实效齿厚的共轭轮齿在最紧的允许中心距下啮合时，在静态条件下存在的最小允许侧隙。这时所提供的传动"允许侧隙"，用以补偿下列情况：箱体、轴和轴承的偏斜；齿轮轴线安装时的偏心；轴承径向跳动；温度影响；旋转零件的离心胀大；润滑剂的允许污染以及非金属齿轮材料的溶胀。

齿轮副侧隙按齿轮工作条件确定，与齿轮的精度等级无关。确定最小侧隙一般有三种方法：

（1）经验法 参照同类产品中齿轮副的侧隙值确定。

（2）查表法 表 10-17 列出了工业传动装置推荐的最小侧隙。适用于用钢铁金属齿轮和箱体组成的传动装置，工作时节圆线速度小于 15m/s，箱体、轴和轴承都采用常用的制造公差。

表 10-17　对于中、大模数齿轮最小侧隙 $j_{bn\,min}$ 的推荐值（摘自 GB/Z 18620.2—2008）

（单位：mm）

m_n	最小中心距 a_i					
	50	100	200	400	800	1600
1.5	0.09	0.11	—	—	—	—
2	0.10	0.12	0.15	—	—	—
3	0.12	0.14	0.17	0.24	—	—
5	—	0.18	0.21	0.28	—	—
8	—	0.24	0.27	0.34	0.47	—
12	—	—	0.35	0.42	0.55	—
18	—	—	—	0.54	0.67	0.94

注：表中的数值也可用 $j_{bn\,min} = \dfrac{2}{3}\left(0.06 + 0.0005\left|a_i\right| + 0.03m_n\right)$ 计算，m_n——法向模数（mm）。

（3）计算法 根据齿轮副的工作条件，如工作速度、温度、负载、润滑等条件计算齿轮副最小法向侧隙。最小法向侧隙 $j_{bn\,min}$ 应足以补偿因工作温度变化引起的变形，并保证正常的润滑。

1）补偿温升而引起变形所必需的最小法向侧隙 $j_{bn\,min1}$

$$j_{bn\,min1} = a(\alpha_1 \Delta t_1 - \alpha_2 \Delta t_2) \times 2\sin\alpha_n \qquad (10\text{-}1)$$

式中　　a——齿轮副中心距（mm）；

　α_1、α_2——齿轮和箱体材料的线膨胀系数；

　　　α_n——齿轮法向啮合角（°）；

Δt_1、Δt_2——齿轮和箱体工作温度与标准温度之差（℃），即 $\Delta t_1 = t_1 - 20℃$，$\Delta t_2 = t_2 - 20℃$。

2）保证正常润滑所必需的最小法向侧隙 $j_{bn\,min2}$。它取决于齿轮工作的圆周速度和相应的润滑方式，其数值参照表 10-18 确定。

表 10-18   保证正常润滑条件所需的最小法向侧隙 $j_{bn\ min2}$

润滑方式	圆周速度/m·s⁻¹			
	≤10	>10~25	>25~60	>60
喷油润滑	$10m_n$	$20m_n$	$30m_n$	$(30~50)m_n$
油池润滑	$(5~10)m_n$			

综合上述两项，得到齿轮副最小法向侧隙为

$$j_{bn\ min} = j_{bn\ min1} + j_{bn\ min2} \tag{10-2}$$

2. 齿厚公差

（1）齿厚上偏差 E_{sns} 的计算   两个齿轮啮合后的齿厚上偏差之和为

$$E_{sns1} + E_{sns2} = -\left(2f_a \tan\alpha_n + \frac{j_{bn\ min} + J_n}{\cos\alpha_n}\right) \tag{10-3}$$

式中 f_a——中心距偏差，可参照表 10-16 选取；

α_n——法向啮合角（°）；

J_n——齿轮和齿轮副的加工和安装误差对侧隙减小的补偿量，计算式如下：

$$J_n = \sqrt{f_{pb1}^2 + f_{pb2}^2 + 2(F_\beta \cos\alpha_n)^2 + (f_{\Sigma\delta} \sin\alpha_n)^2 + (f_{\Sigma\beta} \cos\alpha_n)^2} \tag{10-4}$$

式中 f_{pb1}、f_{pb2}——两个啮合齿轮的基圆齿距（基节）偏差（可参照 GB/T 10095—2008 确定其值）；

$f_{\Sigma\delta}$、$f_{\Sigma\beta}$——齿轮副轴线平行度偏差；

F_β——啮合齿轮的螺旋线总偏差。

齿厚上偏差可按等值分配法和不等值分配法分配给相啮合的每个齿轮。若按不等值法分配，则大齿轮齿厚的减薄量可大一些，小齿轮齿厚的减薄量可小一些，以使两个齿轮的强度相匹配。

（2）法向齿厚公差 T_{sn} 的选择   法向齿厚公差 T_{sn} 的选择基本上与齿轮精度无关，一般不应选用太小的值。在多数情况下，允许采用较宽的齿厚公差或工作侧隙，这并不影响齿轮的性能和承载能力，制造成本却可能有所下降。建议用下式计算

$$T_{sn} = \sqrt{F_r^2 + b_r^2} \times 2\tan\alpha_n \tag{10-5}$$

式中 F_r——齿轮径向跳动公差；

b_r——切齿径向进给公差。

b_r 值按齿轮传递运动准确性项目的精度等级确定，见表 10-19。

表 10-19   切齿径向进给公差 b_r

精度等级	4	5	6	7	8	9
b_r	1.26IT7	IT8	1.26IT8	IT9	1.26IT9	IT10

注：IT 值按齿轮分度圆直径查表确定。

（3）齿厚下偏差 E_{sni} E_{sni} 按下式计算

$$E_{sni} = E_{sns} - T_{sn} \tag{10-6}$$

大模数齿轮，在生产中通常测量齿厚；中、小模数齿轮，在生产中一般测量公法线长度。公法线长度上、下偏差（E_{bns}、E_{bni}）与齿厚上、下偏差（E_{sns}、E_{sni}）的换算关系为

对外齿轮

$$E_{\mathrm{bns}} = E_{\mathrm{sns}}\cos\alpha - 0.72F_{\mathrm{r}}\sin\alpha \qquad (10\text{-}7)$$

$$E_{\mathrm{bni}} = E_{\mathrm{sni}}\cos\alpha + 0.72F_{\mathrm{r}}\sin\alpha \qquad (10\text{-}8)$$

对内齿轮

$$E_{\mathrm{bns}} = -E_{\mathrm{sns}}\cos\alpha - 0.72F_{\mathrm{r}}\sin\alpha \qquad (10\text{-}9)$$

$$E_{\mathrm{bni}} = -E_{\mathrm{sni}}\cos\alpha + 0.72F_{\mathrm{r}}\sin\alpha \qquad (10\text{-}10)$$

公法线长度上、下偏差（E_{bns}、E_{bni}）用来控制公法线长度偏差（指公法线的平均值与公称值的差）。公法线长度偏差常用公法线千分尺测量。

四、轮齿接触斑点

齿轮副的接触斑点是指安装好的齿轮副，在轻微制动下，运转后齿面上分布的接触擦亮痕迹。所谓轻微制动，指既不使齿轮脱离啮合，又不使轮齿发生较大变形时的啮合状态。接触斑点可以用沿齿高方向和沿齿长方向的百分数来表示，如图 10-15 所示。

检测齿轮副的接触斑点，有助于正确评估轮齿载荷分布情况。此外，产品齿轮与测量齿轮的接触斑点可用于装配后的齿轮螺旋线和齿廓精度的评估，还可用接触斑点来规定和控制齿轮轮齿的齿长方向的配合精度。

图 10-15～图 10-18 所示的是产品齿轮与测量齿轮对滚时所产生的典型接触斑点示意图。图 10-19 是 GB/T 18620.4—2008 给出的在齿轮装配后（空载）检测时，所预计的齿轮接触斑点分布的一般情况，实际接触斑点不一定与该图相符。

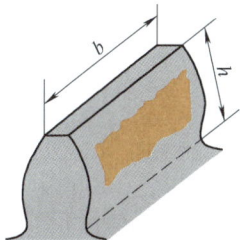

图 10-15　典型的接触斑点

接触近似为：齿宽 b 的 80%，有效齿面高度 h 的 70%，齿端修薄

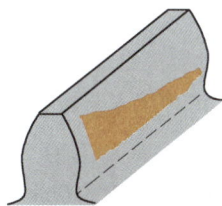

图 10-16　有螺旋线偏差，齿廓正确，有齿端修薄

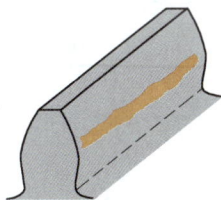

图 10-17　齿长方向配合正确，有齿廓偏差

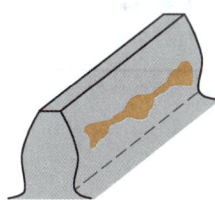

图 10-18　有波纹状接触斑综合偏差

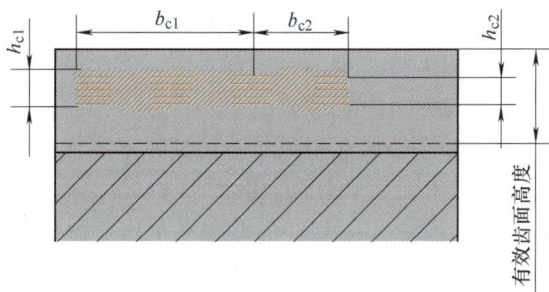

图 10-19　接触斑点分布的示意图

表 10-20、表 10-21 是各精度等级的直齿轮、斜齿轮（对齿廓和螺旋线修形的齿面不适合）装配后所需的接触斑点。

表 10-20　直齿轮装配后的接触斑点（摘自 GB/Z 18620.4—2008）

精度等级 按 GB/T 10095—2008	b_{c1} 占齿宽 的百分比（%）	h_{c1} 占有效齿面 高度的百分比（%）	b_{c2} 占齿宽 的百分比（%）	h_{c2} 占有效齿面 高度的百分比（%）
4 级及更高	50	70	40	50
5 和 6	45	50	35	30
7 和 8	35	50	35	30
9 至 12	25	50	25	30

表 10-21　斜齿轮装配后的接触斑点（摘自 GB/Z 18620.4—2008）

精度等级 按 GB/T 10095—2008	b_{c1} 占齿宽 的百分比（%）	h_{c1} 占有效齿面 高度的百分比（%）	b_{c2} 占齿宽 的百分比（%）	h_{c2} 占有效齿面 高度的百分比（%）
4 级及更高	50	50	40	30
5 和 6	45	40	35	20
7 和 8	35	40	35	20
9 至 12	25	40	25	20

第六节　齿轮精度设计举例

例　某通用减速器中有一直齿轮，模数 $m = 3\text{mm}$，齿数 $z = 32$，压力角 $\alpha = 20°$，齿宽 $b = 20\text{mm}$，传递的最大功率为 5kW，转速 $n = 1280\text{r/min}$。已知齿厚上、下偏差通过计算分别确定为 -0.160mm 和 -0.240mm，生产条件为小批生产。试确定其精度等级、检验项目及其允许值，并绘制齿轮工作图。

解

1. 确定精度等级

对于中等速度、中等载荷的一般齿轮，通常是先根据其圆周速度，确定其影响传动平稳性的偏差项目的精度等级。圆周速度为

$$v = \frac{\pi d n}{1000 \times 60} = \frac{3.14 \times 3 \times 32 \times 1280}{1000 \times 60}\text{m/s} = 6.43\text{m/s}$$

由表 10-9 选定影响传动平稳性的偏差项目的精度等级为 7 级。

一般减速器对运动准确性的要求不高，可低一级，本例按 8 级考虑。

动力齿轮对齿的接触精度有一定要求，通常与影响传动平稳性的偏差项目的精度等级相同，故选这一使用要求的精度等级为 8 级。

2. 确定检验项目及其允许值

（1）确定检验项目　本齿轮为中等精度，尺寸不大且生产批量也不大，故确定其检验项目为：齿距累积总偏差 F_p（影响传动准确性的检测项目）、单个齿距偏差 f_{pt} 和齿廓总偏差 F_α（影响传动平稳性的检测项目）、螺旋线总偏差 F_β（影响传动载荷分布均匀性的检测项目）。

该齿轮为中等模数，控制侧隙的指标宜采用公法线长度上、下偏差（E_{bns}、E_{bni}），按前述关系计算 E_{bns}、E_{bni} 值。

（2）确定检验项目的允许值

齿距累积总偏差 F_p	查表 10-3 得 $F_p = 53\mu m$
单个齿距偏差 $\pm f_{pt}$	查表 10-2 得 $f_{pt} = \pm 17\mu m$
齿廓总偏差 F_α	查表 10-4 得 $F_\alpha = 22\mu m$
螺旋线总偏差 F_β	查表 10-5 得 $F_\beta = 21\mu m$
径向跳动公差 F_r	查表 10-8 得 $F_r = 43\mu m$

公法线长度上、下偏差（E_{bns}、E_{bni}），按前述关系计算得到，其值为

$$E_{bns} = E_{sns}\cos\alpha - 0.72F_r\sin\alpha = (-160\times\cos20° - 0.72\times43\times\sin20°)\mu m \approx -161\mu m$$

$$E_{bni} = E_{sni}\cos\alpha + 0.72F_r\sin\alpha = (-240\times\cos20° + 0.72\times43\times\sin20°)\mu m \approx -207\mu m$$

（3）确定齿坯精度

1）根据齿轮结构（见图 10-20），选择圆柱孔和一个端面作为基准。由表 10-11 确定

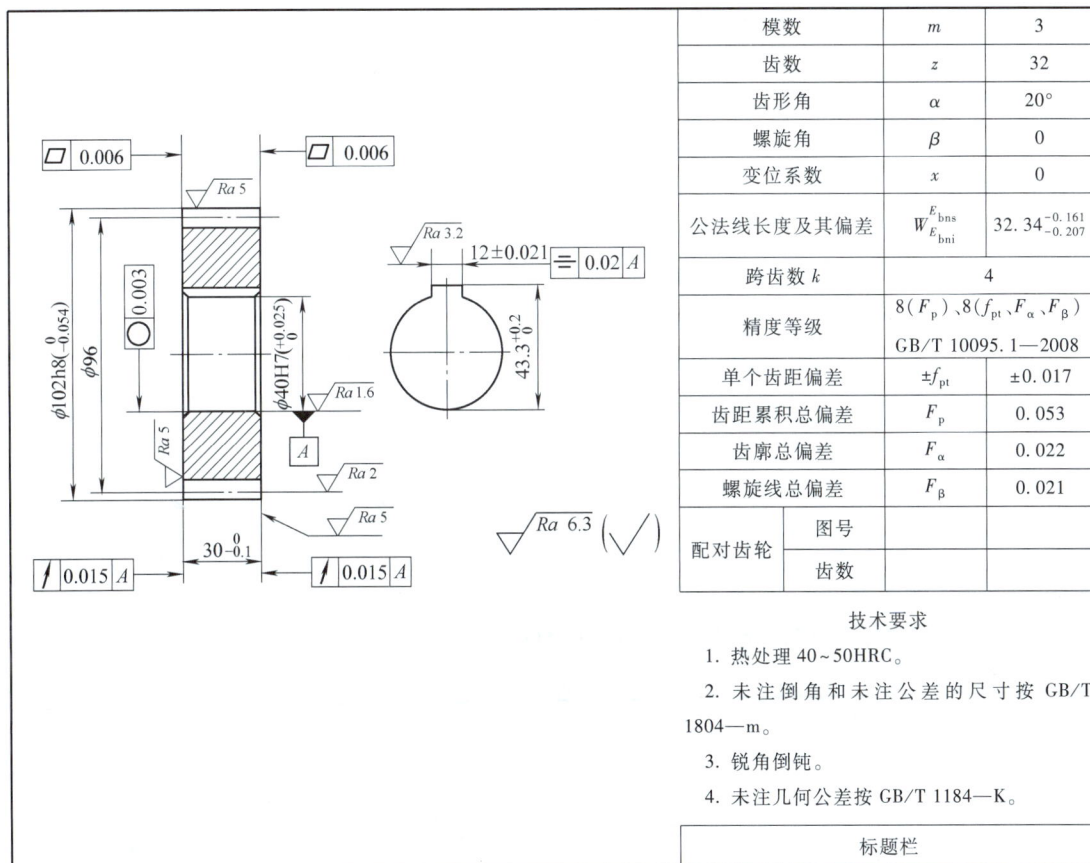

模数	m	3
齿数	z	32
齿形角	α	20°
螺旋角	β	0
变位系数	x	0
公法线长度及其偏差	$W_{E_{bni}}^{E_{bns}}$	$32.34_{-0.207}^{-0.161}$
跨齿数 k		4
精度等级		$8(F_p)$、$8(f_{pt}、F_\alpha、F_\beta)$ GB/T 10095.1—2008
单个齿距偏差	$\pm f_{pt}$	± 0.017
齿距累积总偏差	F_p	0.053
齿廓总偏差	F_α	0.022
螺旋线总偏差	F_β	0.021
配对齿轮	图号	
	齿数	

技术要求

1. 热处理 40~50HRC。

2. 未注倒角和未注公差的尺寸按 GB/T 1804—m。

3. 锐角倒钝。

4. 未注几何公差按 GB/T 1184—K。

标题栏

图 10-20　齿轮工作图

圆柱孔的圆度公差为　　$t_○ = 0.06F_p = 0.06 \times 0.053mm \approx 0.003mm$；

端面的平面度公差为　　$t_□ = 0.06(D_d/b)F_\beta = 0.06\times(102/20)\times0.021mm \approx 0.006mm$。

2）齿轮两端面在加工和安装时作为安装面，应提出其对基准轴线的跳动公差，参见表 10-12，跳动公差为 $t_↑ = 0.2(D_d/b)F_\beta = 0.2\times(102/20)\times0.021mm \approx 0.021mm$，参见表 4-22 取为能经济制造的最小值 0.015mm（相当于 6 级）。

3）齿顶圆不作为检测齿厚的基准，参考表 10-13，尺寸公差若取为 IT11，查表 2-2 IT11 = 0.22mm，因此，齿顶尺寸公差取为 0.1mm。

4）由表 10-14 和表 10-15，齿面和其他表面的表面粗糙度如图 10-20 所示。

（4）其他几何公差要求　其他几何公差要求如图 10-20 所示。

（5）绘制齿轮工作图　齿轮工作图如图 10-20 所示。齿轮的有关参数在齿轮工作图的右上角位置列表。

本 章 小 结

1. 齿轮传动的使用要求和各使用要求的评定指标

齿轮传动有四个使用要求，不同用途的齿轮对这四个使用要求的侧重点是不同的，详见本章有关内容。影响齿轮使用要求的因素很多，对单个齿轮用两大类偏差（轮齿同侧齿面偏差、径向综合偏差与径向跳动）作为使用要求的评定指标。这些偏差产生的原因及其是何种使用要求的评定指标见表 10-22 和表 10-23。对渐开线圆柱齿轮副精度要求包括中心距偏差、轴线平行度偏差、侧隙和齿厚以及轮齿接触斑点。

表 10-22　齿轮传动的使用要求及影响使用要求的误差来源

齿轮传动的使用要求	影响使用要求的误差（或因素）
传递运动的准确性	长周期误差：包括几何偏心和运动偏心分别引起的径向和切向长周期（一转）误差。两种偏心同时存在，可能叠加，也可能抵消。这类误差用齿轮上的长周期偏差作为评定指标
传动的平稳性	短周期（一齿）误差：包括齿轮加工过程中的刀具误差、机床传动链的短周期误差。这类误差用齿轮上的短周期偏差作为评定指标
载荷分布的均匀性	齿坯轴线歪斜、机床刀架导轨的误差等。这类误差用轮齿同侧齿面轴向偏差来评定
侧隙的合理性	影响侧隙的主要因素是齿轮副的中心距偏差和齿厚偏差

2. 渐开线圆柱齿轮的精度等级

轮齿同侧齿面偏差精度等级从高到低依次为 0、1、2、…、12，共 13 个等级；径向综合偏差的精度等级从高到低依次为 4、5、…、12，共 9 个等级。各个精度等级的极限偏差值可查阅表 10-2~表 10-8 或相关手册。精度等级的确定方法有计算法和类比法。大多数情况下采用类比法（参见表 10-9、表 10-10）。

3. 齿轮坯的精度和齿面粗糙度的确定见教材相关内容。

表 10-23　齿轮传动使用要求的评定指标（单个齿轮）

评 定 指 标		偏　　差	评 定 指 标			对传动性能的主要影响
轮齿同侧齿面偏差	齿距偏差	单个齿距偏差 f_{pt}　单个齿距偏差 $\pm f_{pt}$ 齿距累积偏差 F_{pk}　齿距累积偏差 $\pm F_{pk}$ 齿距累积总偏差 F_p　齿距累积总偏差 F_p	径向综合偏差与径向跳动	径向综合偏差	径向综合总偏差 F_i''	其中 F_p、F_i''、F_r、F_i' 是长周期偏差，影响齿轮传递运动的准确性 F_i''、F_r 反映几何偏心引起的径向误差，F_i'、F_p 反映几何偏心、运动偏心引起的切向误差 f_{pt}、f_i'、f_i'' 及齿廓偏差是短周期偏差，影响齿轮传动的平稳性 螺旋线偏差主要影响载荷分布的均匀性
	齿廓偏差	齿廓总偏差 F_α　齿廓总偏差 F_α 齿廓形状偏差 $f_{f\alpha}$　齿廓形状偏差 $f_{f\alpha}$ 齿廓倾斜偏差 $f_{H\alpha}$　齿廓倾斜偏差 $\pm f_{H\alpha}$			一齿径向综合偏差 f_i''	
	切向综合偏差	切向综合总偏差 F_i'　切向综合总偏差 F_i' 一齿切向综合偏差 f_i'　一齿切向综合偏差 f_i'		径向跳动 F_r		
	螺旋线偏差	螺旋线总偏差 F_β　螺旋线总偏差 F_β 螺旋线形状偏差 $f_{f\beta}$　螺旋线形状偏差 $f_{f\beta}$ 螺旋线倾斜偏差 $f_{H\beta}$　螺旋线倾斜偏差 $\pm f_{H\beta}$				

4. 侧隙和齿厚的确定

侧隙不是误差而是齿轮的一项使用要求。侧隙大小的获得，主要决定于齿厚和中心距。确定侧隙时，采用"基中心距制"，就是在固定中心距偏差的情况下，通过改变齿厚偏差而获得需要的侧隙。侧隙的确定方法有查表法（参见表10-17）和计算法［参见式（10-1）、式（10-2）］；齿厚偏差采用式（10-3）进行计算来确定。

5. 齿轮的精度等级在图样上的标注及齿轮工作图的绘制如图10-20所示。

习题与思考题

10-1　齿轮传动有哪些使用要求？当齿轮的用途和工作条件不同时，其要求的侧重点有何不同？

10-2　齿轮轮齿同侧齿面的精度检验项目有哪些？它们对齿轮传动主要有何影响？

10-3　切向综合偏差有什么特点和作用？

10-4　径向综合偏差（或径向跳动）与切向综合偏差有何区别？用在什么场合？

10-5　齿轮精度等级的选择主要有哪些方法？

10-6　如何考虑齿轮的检验项目？单个齿轮有哪些必检项目？

10-7　齿轮副的精度项目有哪些？

10-8　齿轮副侧隙的确定主要有哪些方法？齿厚偏差如何确定？

10-9　对齿坯有哪些精度要求？

两弹一星
功勋科学家：彭桓武

第十一章

尺　寸　链

学习指导

学习目的： 了解机器结构中相关尺寸、公差的内在联系；

初步学会用"尺寸链"对零件几何参数的精度进行分析与设计。

学习要求： 建立尺寸链的概念；

学会建立尺寸链；

掌握用极值法解线性尺寸链，了解解尺寸链的其他方法。

第一节　概　　述

在产品的设计与制造过程中，为了保证产品质量，除了正确选用材料，进行强度、刚度校核以及运动精度计算外，还必须进行几何量精度计算。一个具有特定功能的机械产品，是由许多零件组合而成的，这些零件都必须具有特定尺寸、形状，各零部件间必须保持正确的尺寸、位置关系，保证产品的装配精度和技术要求，才能实现正确的运动关系和功能要求。因此要在设计和制造过程中，正确分析和确定零部件直至整机的尺寸关系，确定尺寸公差和几何公差，就涉及"尺寸链"。尺寸链是研究机械产品尺寸之间的相互关系，分析影响产品精度的因素，决定各相关零件尺寸和位置的合理公差，以及达到公差要求的设计方法和工艺方法。它能使机械产品既能满足精度和技术要求，又具有良好的经济性。

GB/T 5847—2004《尺寸链　计算方法》中规定了尺寸公差（包括长度公差和角度公差）的计算方法和实际应用中所涉及的有关问题。

一、尺寸链的定义及特点

在一个零件或一台机器的结构中，总有一些相互联系的尺寸，这些相互联系的尺寸按一定顺序连接成一个封闭的尺寸组，称为尺寸链。其中"尺寸"是指包括长度、角度和几何误差等的广义尺寸。

图 11-1a 所示的间隙配合，当孔的尺寸 D 和轴的尺寸 d 确定后，配合量（间隙）X 也就最终确定了。间隙在这里也被当作一个尺寸看待（其基本尺寸为零）。因此，D、d、X 三个尺寸就构成了一个封闭的尺寸系统。显然，这三个尺寸是相互联系的，孔径或轴径的尺寸变动都将引起间隙量的变化。这就是一个由孔、轴直径和间隙三个尺寸形成的最简单的尺寸链。

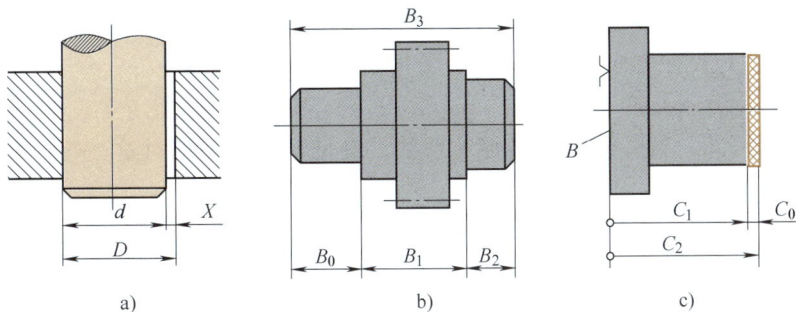

图 11-1　尺寸链

图 11-1b 所示是由阶梯轴的三个台阶长度和总长形成的尺寸链。

图 11-1c 所示是零件在加工过程中，以 B 面为定位基准（⌄），去除加工余量 C_0 获得尺寸 C_1，尺寸 C_1、C_2 和 C_0 构成一个封闭尺寸组，形成尺寸链。

在本课程已讲过的内容中，也有许多尺寸链的例子。例如螺纹连接中内、外螺纹的中径尺寸与间隙量的关系；圆锥配合中内、外圆锥直径与配合间隙或过盈的关系；一对相啮合的圆柱齿轮节圆直径和中心距及齿轮副侧隙间的关系等，均可用尺寸链概念对其进行研究。

综上所述，尺寸链具有如下两个特点：

（1）封闭性　组成尺寸链的各个尺寸应按一定顺序构成一个封闭系统。

（2）相关性（制约性）　其中一个尺寸变动将影响其他尺寸变动。

二、尺寸链的基本术语

1. 环

尺寸链中，每一个尺寸简称为环。尺寸链的环可分为封闭环和组成环。

2. 封闭环

加工或装配过程中最后自然形成的那个尺寸称为封闭环。封闭环常用带有下标为"0"的字母表示，如图 11-1b 中的 B_0，图 11-1c 中的 C_0。

3. 组成环

尺寸链中除封闭环以外的其他环称为组成环。组成环通常用带有下标为"1，2，3，…"的字母表示。根据它们对封闭环影响的不同，又分为增环和减环。

（1）增环　与封闭环同向变动的组成环称为增环，即当其他组成环尺寸不变时，该组成环尺寸增大（或减小）而封闭环尺寸也随之增大（或减小），如图 11-1a 中的 D，图 11-1b 中的 B_3。

（2）减环　与封闭环反向变动的组成环称为减环，即当其他组成环尺寸不变时，该组成环尺寸增大（或减小）而封闭环的尺寸却随之减小（或增大），如图 11-1a 中的 d，图 11-1b 中

的 B_1、B_2。

4. 传递系数

各组成环对封闭环影响大小的系数称为传递系数，用 ξ 表示。

如图 11-2 所示，图中尺寸链由组成环 L_1、L_2 和封闭环 L_0 组成，由图可知，组成环 L_1、L_2 与封闭环 L_0 之间的函数式为

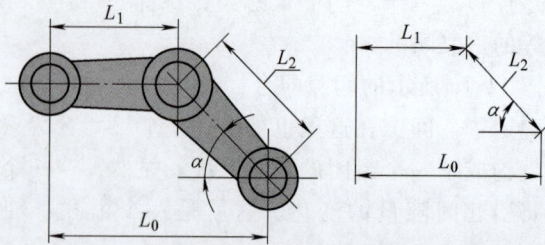

图 11-2　平面尺寸链

$$L_0 = L_1 + L_2 \cos\alpha \tag{11-1}$$

式中　α——组成环尺寸方向与封闭环尺寸方向的夹角。

显然 $\xi_1 = 1$，$\xi_2 = \cos\alpha$。

由误差理论可知，某一组成环的传递系数，就是封闭环函数对这一组成环所求的偏导数，即

$$\xi_i = \partial f / \partial L_i \tag{11-2}$$

显然，传递系数值大的组成环，对封闭环的影响也大。对于直线尺寸链，增、减环的传递系数 ξ 分别为 +1 和 -1。

三、尺寸链的分类

尺寸链有各种不同的形式，可以按不同的方法来分类。

1. 按应用场合分

（1）装配尺寸链　全部组成环为不同零件设计尺寸所形成的尺寸链（见图 11-1a）。

（2）零件尺寸链　全部组成环为同一零件的设计尺寸所形成的尺寸链（见图 11-1b）。装配尺寸链和零件尺寸链统称为设计尺寸链。

（3）工艺尺寸链　全部组成环为同一零件工艺尺寸所形成的尺寸链（见图 11-1c）。

2. 按各环所在空间位置分

（1）直线（线性）尺寸链　全部组成环都平行于封闭环的尺寸链（见图 11-1）。

（2）平面尺寸链　全部组成环位于一个或几个平行平面内，但某些组成环不平行于封闭环（见图 11-2）。

（3）空间尺寸链　组成环位于几个不平行的平面内。

尺寸链中常见的是直线尺寸链。

将平面尺寸链中各有关组成环按平行于封闭环方向投影，就可将平面尺寸链简化成直线尺寸链来计算。对于空间尺寸链，一般按三维坐标分解，化成平面尺寸链或直线尺寸链，然后根据需要，在某特定平面上求解。

3. 按各环尺寸的几何特性分

（1）长度尺寸链　链中各环均为长度尺寸（见图 11-1、图 11-2）。

（2）角度尺寸链　链中各环均为角度尺寸（见图 11-3）。

角度尺寸链常用于分析和计算产品结构中有关零件要素的位置精度，如平行度、垂直度

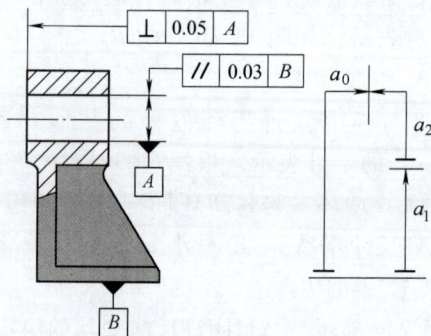

图 11-3　角度尺寸链

和同轴度等。

本章重点讨论长度尺寸链中的直线尺寸链、装配尺寸链。

第二节　尺寸链的建立与分析

一、尺寸链的建立

1. 确定封闭环

建立尺寸链，首先要紧扣封闭环的概念，正确地确定封闭环。

装配尺寸链的封闭环是在装配之后形成的，往往是机器上有装配精度要求的尺寸，如保证机器可靠工作的相对位置尺寸或保证零件相对运动的间隙等。在着手建立尺寸链之前，必须查明在机器装配和验收的技术要求中规定的所有几何精度要求项目，这些项目往往就是某些尺寸链的封闭环。

零件尺寸链的封闭环应为公差等级要求最低的环，一般在零件图上不进行标注，以免引起加工中的混乱。例如，图 11-1b 中尺寸 B_0 是不标注的。

工艺尺寸链的封闭环是在加工中最后自然形成的环，一般为被加工零件要求达到的设计尺寸或工艺过程中需要的余量尺寸。加工顺序不同，封闭环也不同。所以，工艺尺寸链的封闭环必须在加工顺序确定之后才能判断。

一个尺寸链中只有一个封闭环。

2. 查找组成环

组成环是对封闭环有直接影响的那些尺寸，与此无关的尺寸要排除在外。

查找装配尺寸链的组成环时，先从封闭环的任意一端开始，找出相邻零件的尺寸，然后再找出与第一个零件相邻的第二个零件的尺寸，这样一环接一环，直到封闭环的另一端为止，从而形成封闭的尺寸组。

如图 11-4a 所示的车床主轴轴线与尾座轴线高度差的允许值 A_0 是装配技术要求，为封闭环。组成环可从与封闭环相邻的尾座顶尖开始查找，尾座顶尖轴线到尾座底面的高度 A_1、与床面相连的底板的厚度 A_2、床面到主轴轴线的距离 A_3，最后回到封闭环。A_1、A_2 和 A_3 均为组成环。

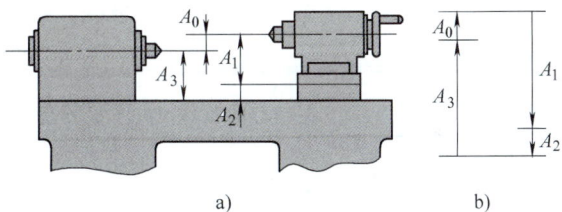

图 11-4　车床顶尖高度尺寸链

一个尺寸链中最少要有两个组成环。

在封闭环有较高技术要求或几何误差值较大的情况下，建立尺寸链时，还要考虑几何误差对封闭环的影响。

3. 画尺寸链图、判断增减环

（1）画尺寸链图　为清楚表达尺寸链的组成，通常不需要画出零件或部件的具体结构，也不必按照严格的比例，只需将链中各尺寸依次画出，形成封闭的图形即可，这样的图形称为尺寸链图，如图 11-4b 所示。

（2）判断增环、减环　对于简单的尺寸链，可根据增、减环的定义直接判断。对于环数较多、比较复杂的尺寸链，根据增、减环的定义直接判断较困难且易出错，这时可用"回路法"进行判断。

回路法：画尺寸链图时，从封闭环开始用带单箭头的线段表示各环，箭头仅表示查找组成环的方向，如图 11-4b 所示。其中，箭头方向与封闭环上箭头方向一致的环为减环，箭头方向与封闭环上箭头方向相反的环为增环，如图 11-4b 中，A_3 为减环，A_1、A_2 为增环。

二、分析计算尺寸链的任务和方法

分析和计算尺寸链是为了正确合理地确定尺寸链中各环的尺寸和精度，主要完成以下三类任务：

1. 正计算

已知各组成环的极限尺寸，求封闭环的极限尺寸。这类计算主要用来验算设计的正确性，故又称为校核计算。

2. 反计算

已知封闭环的极限尺寸和各组成环的基本尺寸，求各组成环的极限偏差。这类计算主要用在设计上，即根据产品的使用要求来分配各组成环尺寸的公差。

3. 中间计算

已知封闭环和部分组成环的极限尺寸，求某一组成环的极限尺寸。这类计算常用在工艺上，如基准转换、工序尺寸计算等。

反计算和中间计算通常称为设计计算。

尺寸链计算方法有完全互换法（极值法）、大数互换法（概率法）、修配法和调整法等。其中完全互换法是尺寸链计算中最常用的方法，下面重点介绍此方法。

第三节　完全互换法计算直线尺寸链

完全互换法（极值法），是从尺寸链各环的上、下极限尺寸出发进行尺寸链计算，不考虑各环实际尺寸的分布情况。按此法计算出来的尺寸加工各组成环，进行装配时各组成环不需挑选或辅助加工，装配后就能满足封闭环的公差要求，即可实现完全互换。

1. 基本公式

设尺寸链的总环数为 n，增环环数为 m，A_0 为封闭环的基本尺寸，A_z 为增环的基本尺寸，A_j 为减环的基本尺寸，则对于直线尺寸链有如下公式（见表 11-1）。

表 11-1　封闭环的基本尺寸、极限尺寸、极限偏差以及公差的计算公式

基本尺寸		$$A_0 = \sum_{z=1}^{m} A_z - \sum_{j=m+1}^{n-1} A_j \qquad (11\text{-}3)$$	即封闭环的基本尺寸等于所有增环的基本尺寸之和减去所有减环的基本尺寸之和
极限尺寸	上极限尺寸	$$A_{0max} = \sum_{z=1}^{m} A_{zmax} - \sum_{j=m+1}^{n-1} A_{jmin} \qquad (11\text{-}4)$$	即封闭环的上极限尺寸等于所有增环的上极限尺寸之和减去所有减环的下极限尺寸之和
	下极限尺寸	$$A_{0min} = \sum_{z=1}^{m} A_{zmin} - \sum_{j=m+1}^{n-1} A_{jmax} \qquad (11\text{-}5)$$	即封闭环的下极限尺寸等于所有增环的下极限尺寸之和减去所有减环的上极限尺寸之和
极限偏差	上极限偏差	$$ES_0 = \sum_{z=1}^{m} ES_z - \sum_{j=m+1}^{n-1} EI_j \qquad (11\text{-}6)$$	即封闭环的上极限偏差等于所有增环上极限偏差之和减去所有减环下极限偏差之和
	下极限偏差	$$EI_0 = \sum_{z=1}^{m} EI_z - \sum_{j=m+1}^{n-1} ES_j \qquad (11\text{-}7)$$	即封闭环的下极限偏差等于所有增环下极限偏差之和减去所有减环上极限偏差之和
公差		$$T_0 = \sum_{i=1}^{n-1} T_i \qquad (11\text{-}8)$$	即封闭环的公差等于所有组成环公差之和

由式（11-8）可知，在尺寸链中封闭环的公差值最大，精度最低。因此，在零件精度设计、建立零件尺寸链时，应选零件上最不重要的尺寸作为封闭环（封闭环在图样上一般不标出）；而装配尺寸链中的封闭环是装配的精度要求，不能任选。当封闭环的公差值一定时，组成环越多，分配给各组成环的公差值就越少，各组成环的加工难度就会加大。因此，在建立尺寸链时应遵循"最短尺寸链原则"，使组成环数目为最少。

如果不是线性尺寸链，式（11-3）~式（11-8）中应考虑传递系数 ξ。

2. 校核计算（正计算）

校核计算的步骤是：根据装配要求确定封闭环；寻找组成环；画尺寸链图；判别增环和减环；由各组成环的基本尺寸和极限偏差验算封闭环的基本尺寸和极限偏差。

例 11-1 如图 11-5a 所示的结构，已知各零件的尺寸：$A_1 = 30_{-0.13}^{0}$ mm，$A_2 = A_5 = 5_{-0.075}^{0}$ mm，$A_3 = 43_{+0.02}^{+0.18}$ mm，$A_4 = 3_{-0.04}^{0}$ mm，设计要求间隙 A_0 为 $0.1 \sim 0.45$ mm，试作校核计算。

解 （1）确定封闭环及其技术要求

由于间隙 A_0 是装配后自然形成的，所以确定以间隙 A_0 为封闭环。此间隙为 $0.1 \sim 0.45$ mm，即 $A_0 = 0_{+0.10}^{+0.45}$ mm。

图 11-5 齿轮部件尺寸链图

（2）寻找全部组成环，画尺寸链图，并判断增、减环。

依据查找组成环的方法，找出全部组成环 A_1、A_2、A_3、A_4 和 A_5，如图 11-5b 所示。依据"回路法"判断出 A_3 为增环，A_1、A_2、A_4 和 A_5 皆为减环。

（3）按式（11-3）计算（校核）封闭环的基本尺寸

$$A_0 = A_3 - (A_1 + A_2 + A_4 + A_5) = [43 - (30 + 5 + 3 + 5)]\,\text{mm} = 0$$

封闭环的基本尺寸为 0，说明各组成环的基本尺寸满足封闭环的设计要求。

（4）按式（11-6）、式（11-7）计算（校核）封闭环的极限偏差

$$ES_0 = ES_3 - (EI_1 + EI_2 + EI_4 + EI_5)$$
$$= [+0.18 - (-0.13 - 0.075 - 0.04 - 0.075)]\,\text{mm}$$
$$= +0.50\,\text{mm}$$
$$EI_0 = EI_3 - (ES_1 + ES_2 + ES_4 + ES_5)$$
$$= [+0.02 - (0 + 0 + 0 + 0)]\,\text{mm} = +0.02\,\text{mm}$$

（5）按式（11-8）计算（校核）封闭环的公差

$$T_0 = T_1 + T_2 + T_3 + T_4 + T_5 = (0.13 + 0.075 + 0.16 + 0.04 + 0.075)\,\text{mm}$$
$$= 0.48\,\text{mm}$$

校核结果表明，封闭环的上、下极限偏差及公差均已超过规定范围，必须调整组成环的极限偏差。

例 11-2 如图 11-6a 所示圆筒，已知外圆尺寸 $A_1 = \phi70_{-0.12}^{-0.04}$ mm，内孔尺寸 $A_2 = \phi60_{0}^{+0.06}$ mm，内、外圆轴线的同轴度公差为 $\phi0.02$ mm，求壁厚 A_0。

解 （1）确定封闭环、组成环，画尺寸链图

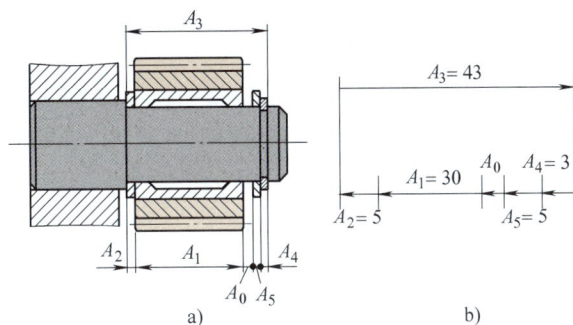

采用车外圆和镗内孔的加工工艺来形成圆筒壁厚，因此壁厚 A_0 是封闭环。取半径组成尺寸链，此时 A_1、A_2 的极限尺寸均按半值计算：$A_1/2 = 35_{-0.06}^{-0.02}$ mm，$A_2/2 = 30_{0}^{+0.03}$ mm。

同轴度公差为 $\phi0.02$ mm，则允许内、外圆轴线偏移 0.01 mm，可正可负。故以 $A_3 = 0\pm0.01$ mm 加入尺寸链中，作为增环或减环均可，此处以增环代入。

画尺寸链图，如图 11-6b 所示，依据"回路法"判断出 A_1 为增环，A_2 为减环。

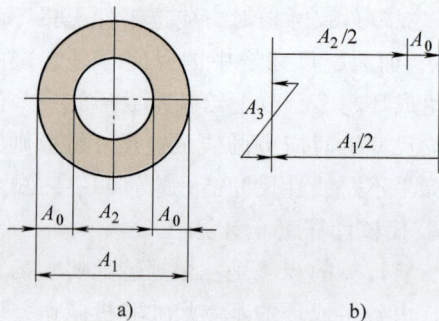

图 11-6 圆筒尺寸链

（2）求封闭环的基本尺寸

$$A_0 = A_1/2 + A_3 - A_2/2 = (35 + 0 - 30)\,\text{mm} = 5\,\text{mm}$$

（3）求封闭环的上、下极限偏差

$$ES_0 = ES_1 + ES_3 - EI_2 = (-0.02 + 0.01 - 0)\,\text{mm} = -0.01\,\text{mm}$$

$$EI_0 = EI_1 + EI_3 - ES_2 = (-0.06 - 0.01 - 0.03)\,\text{mm} = -0.10\,\text{mm}$$

所以，壁厚 $A_0 = 5_{-0.10}^{-0.01}$ mm。

3. 设计计算（反计算）

设计计算是根据封闭环的极限尺寸和组成环的基本尺寸，确定各组成环的公差和极限偏差，最后进行校核计算。

在具体分配各组成环的公差时，可采用"等公差法"或"等精度法"。

当各组成环的基本尺寸相差不大时，可将封闭环的公差平均分配给各组成环。如果需要，可在此基础上进行必要的调整。这种方法称为"等公差法"。即组成环的平均公差为

$$T_{\text{av}} = \frac{T_0}{n-1} \tag{11-9}$$

所谓"等精度法"，就是各组成环公差等级相同，即各环公差等级系数相等，设其值均为 a，则

$$a = a_1 = a_2 = \cdots = a_{n-1} = a_{\text{av}} \tag{11-10}$$

按 GB/T 1800.2—2020 规定，在 IT5～IT18 公差等级内，标准公差的计算式为 $T = ai$，其中 i 为公差因子，在常用尺寸段内 $i = 0.45\sqrt[3]{D} + 0.001D$，公差等级系数 a 的值可查表 2-3，公差因子 i 的数值列于表 11-2 中。

表 11-2 公差因子 i 的数值

尺寸分段 /mm	~3	>3 ~6	>6 ~10	>10 ~18	>18 ~30	>30 ~50	>50 ~80	>80 ~120	>120 ~180	>180 ~250	>250 ~315	>315 ~400	>400 ~500
$i/\mu\text{m}$	0.54	0.73	0.90	1.08	1.31	1.56	1.86	2.17	2.52	2.90	3.23	3.54	3.89

由式（11-8）可得

$$a_{\text{av}} = \frac{\dfrac{T_0}{n-1}}{\displaystyle\sum_{i=1}^{n-1} i_i} \tag{11-11}$$

计算出 a_{av} 后，按标准查取与之相近的公差等级系数，进而查表确定各组成环的公差。

各组成环的极限偏差确定方法是先留一个组成环作为调整环，其余各组成环的极限偏差按"入体原则"确定，即包容尺寸的基本偏差为 H，被包容尺寸的基本偏差为 h，一般长度尺寸用 js。

进行公差设计计算时，最后必须进行校核，以保证设计的正确性。

例 11-3 在如图 11-5a 所示中，已知各零件的基本尺寸：$A_1 = 30mm$，$A_2 = A_5 = 5mm$，$A_3 = 43mm$，弹簧卡环 $A_4 = 3_{-0.05}^{0}mm$（标准件），设计要求间隙 A_0 为 $0.1 \sim 0.35mm$，试用"等精度法"确定各有关零件的轴向尺寸的公差和极限偏差。

解 （1）确定封闭环及其技术要求

由于间隙 A_0 是装配后自然形成的，所以确定封闭环为要求的间隙 A_0。此间隙为 $0.1 \sim 0.35mm$，即 $A_0 = 0_{+0.10}^{+0.35}mm$。封闭环的公差为 $T_0 = ES_0 - EI_0 = [+0.35 - (+0.10)]mm = 0.25mm$。

（2）寻找全部组成环，画尺寸链图，并判断增、减环。

依据查找组成环的方法，找出全部组成环 A_1、A_2、A_3、A_4 和 A_5，如图 11-5b 所示。依据"回路法"判断出 A_3 为增环，A_1、A_2、A_4 和 A_5 皆为减环。

（3）校核封闭环的基本尺寸

按式（11-9）计算（校核）封闭环的基本尺寸为

$$A_0 = A_3 - (A_1 + A_2 + A_4 + A_5) = [43 - (30 + 5 + 3 + 5)]mm = 0$$

封闭环的基本尺寸为 0，说明各组成环的基本尺寸满足封闭环的设计要求。

（4）计算各组成环的公差

由表 11-2 可查各组成环的公差因子：$i_1 = 1.31\mu m$；$i_2 = i_5 = 0.73\mu m$；$i_3 = 1.56\mu m$。

计算各组成环相同的公差等级系数

$$a_{av} = \frac{T_0 - T_4}{i_1 + i_2 + i_3 + i_5} = \frac{250 - 50}{1.31 + 0.73 + 1.56 + 0.73} = \frac{200}{4.33} = 46$$

由表 2-3 知，$a_{av} = 46$ 在 IT9 ~ IT10 之间，因要保证不超出，故选取公差等级为 IT9。查表 2-2 得各组成环的公差为：

$$T_1 = 0.052mm，T_2 = T_5 = 0.030mm，T_3 = 0.062mm，T_4 = 0.050mm（已知）$$

（5）校核封闭环公差

$$T_0' = \sum_{i=1}^{n-1} T_i = T_1 + T_2 + T_3 + T_4 + T_5$$

$$= (0.052 + 0.030 + 0.062 + 0.050 + 0.030)mm = 0.224mm < T_0 = 0.25mm$$

符合要求，还有富余。因此，可考虑放大较难加工的 A_3 的公差，放大后的 A_3 公差

$$T_3 = (0.25 - 0.224 + 0.062)mm = 0.088mm$$

（6）确定各组成环的极限偏差

选 A_3 作为调整环，其余根据"入体原则"，由于除 A_3 外，其余均为被包容尺寸，故取其上极限偏差为零，即 $A_1 = 30_{-0.052}^{0}mm$，$A_2 = A_5 = 5_{-0.030}^{0}mm$，$A_4 = 3_{-0.05}^{0}mm$（已知）。

根据式（11-6）、式（11-7）可得调整环 A_3 的极限偏差为

$$ES_0 = ES_3 - (EI_1 + EI_2 + EI_4 + EI_5)$$

$$0.35mm = ES_3 - (-0.052 - 0.030 - 0.050 - 0.030)mm$$

$$ES_3 = +0.188mm$$

$$EI_0 = EI_3 - (ES_1 + ES_2 + ES_4 + ES_5)$$
$$0.10\text{mm} = EI_3 - (0 + 0 + 0 + 0)$$
$$EI_3 = +0.10\text{mm}$$

因此　　$A_3 = 43^{+0.188}_{+0.100}\text{mm}$。

第四节　用大数互换法（概率法）解尺寸链

完全互换法是按尺寸链中各环的极限尺寸来计算公差的。但是生产实践和大量统计资料表明，在成批和大量生产中，零件实际尺寸的分布是随机的，多数情况下成正态分布或偏态分布。例如，在大量生产且工艺过程稳定的情况下，零件实际尺寸的分布趋近正态分布。此时尺寸链中各组成环的实际尺寸趋近公差带中间的概率大，出现在极限值的概率小，增环与减环以相反极限值形成封闭环的概率就更小。如果组成环的实际尺寸都按正态分布，且分布范围与公差带宽度一致，分布中心与公差带中心重合，则封闭环的尺寸也按正态分布。根据概率论关于独立随机变量（各组成环的实际尺寸都是独立随机变量）合成规则，可得线性尺寸链封闭环的公差 T_0 等于所有组成环公差 T_i 的几何平均数，即 $T_0 = \sqrt{\sum\limits_{i=1}^{n-1} T_i^2}$（此公差称为统计公差）。因此，可利用这一规律，将组成环公差放大（各组成环的公差等级可降低 1~2 级），这样不但使零件易于加工，同时又能满足封闭环的技术要求，从而获得更大的经济效果。

用大数互换法解尺寸链，降低了加工成本，而且实际出现不合格件的可能性很小（所以这种方法又称大数互换法），可以获得明显的经济效益。该方法能保证约 99.73% 的产品合格，可能有约 0.27% 的产品超出预定要求。对要求较高的重要部件或产品，在装配后100% 进行检验，对超出预定要求的产品，必须进行返修。

用大数互换法计算尺寸链，根据不同的要求，也有正计算、反计算和中间计算三种类型，其步骤与完全互换法相同，只是某些计算公式不同（计算公式可参见任意新版公差与配合手册，均有讲述）。

第五节　解装配尺寸链的其他方法

在生产中，装配尺寸链各组成环的公差和极限偏差若按前述方法进行计算和给出，那么在装配时，一般不需进行修配和调整就能顺利进行装配，且能满足装配（封闭环）的技术要求。但在某些场合，为了获得更高的装配精度，而生产条件又不允许提高组成环的制造精度时，可采用分组互换法、修配法和调整法等来实现。

一、分组互换法

分组互换法是把组成环的公差扩大 N 倍，使之达到经济加工精度要求，然后按完工后零件的实际尺寸分为 N 组，装配时根据"大配大""小配小"的原则，按对应组进行装配，以满足装配（封闭环）技术要求。

分组互换法的优点是既可扩大零件的制造公差，又能保证高的装配精度。其主要缺点是增加了检测费用和管理难度，要分组存放，仅组内零件可以互换；由于零件尺寸分布不均匀，可能在某些组内剩下多余零件，造成浪费。分组互换法一般宜用于大批量生产中的高精度，零件形状简单易测，环数少的尺寸链。另外，由于分组后零件的形状误差不会减少，这就限制了分组数，一般为 2~4 组。例如，实际生产中，滚动轴承内、外圈滚道与滚动体的结合，活塞销与活塞销孔、连杆孔的结合，就是采用分组互换装配的。

二、修配法

修配法是根据零件加工的可能性，对各组成环规定经济可行的制造公差，装配时，通过修配方法改变尺寸链中预先规定的某组成环的尺寸（该环称为补偿环），以满足装配精度要求。

如图 11-4a 所示，将 A_1、A_2 和 A_3 的公差放大到经济可行的程度，为保证主轴和尾座等高性能的要求，选面积最小、重量最轻的底板 A_2 为补偿环，装配时通过对 A_2 环的辅助加工（如铲、刮等）去除少量材料，以抵偿封闭环上产生的累积误差，直到满足 A_0 要求为止。

修配法的优点也是既扩大了组成环的制造公差，又能得到较高的装配精度。主要缺点是增加了修配工作量和费用；修配前各组成环仍具有互换性，但修配使封闭环达到技术要求后，各组成环即失去互换性；不易组织流水生产。

修配法常用于批量不大、环数较多、精度要求高的尺寸链。

三、调整法

调整法是将尺寸链各组成环按经济公差制造，由于组成环尺寸公差放大而使封闭环上产生的累积误差，可在装配时采用调整补偿环的尺寸或位置来补偿。

调整法主要应用于封闭环精度要求高、组成环数目较多的尺寸链，尤其是对在使用过程中，组成环的尺寸可能由于磨损、温度变化或受力变形等而产生较大变化的尺寸链，调整法具有独到的优越性。例如，导轨中的间隙大小常用压板、镶条来调整，才可保证规定的间隙要求。

调整法和修配法的精度在一定程度上取决于装配工人的技术水平。

本 章 小 结

1. 尺寸链的基本概念、特点及组成

相互联系的尺寸按一定顺序连接成一个封闭的尺寸组，称为尺寸链。它具有两个特点：封闭性和相关性（制约性）。构成尺寸链的各个尺寸称为环，尺寸链由各个环组成。尺寸链的环分为封闭环和组成环。组成环又分为增环和减环。一个尺寸链中最少要有两个组成环。

2. 封闭环的确定

一个尺寸链中只有一个封闭环。装配尺寸链中，以最后自然形成的一环为封闭环。通常产品的技术规范或机器上的装配精度要求的尺寸即为封闭环；零件尺寸链的封闭环应为公差等级要求最低的环，一般在零件图上不进行标注；工艺尺寸链的封闭环是在加工中最后自然形成的环，加工顺序不同，封闭环也不同。所以，工艺尺寸链的封闭环必须在加工顺序确定之后才能判断。

3. 尺寸链图的画法及增、减环的判断

从封闭环的任意一端开始，查找对封闭环有直接影响的各个尺寸（组成环），一直找到封闭环的另一端，将链中各尺寸依次画出（不要求严格的比例），直到形成封闭的图形。

增、减环的判断可用回路法，如图 11-4b 所示。

4. 分析计算尺寸链的任务有正计算（校核计算，参见例 11-1、例 11-2）、反计算（参见例 11-3）和中间计算（参见习题 11-5）（后两者通常称为设计计算）。解尺寸链的方法主要有完全互换法（极值法）（参见例 11-1 ~ 例 11-3）和大数互换法（概率法）；此外还有分组互换法、修配法和调整法。

习题与思考题

11-1 什么是尺寸链？它有何特点？

11-2 如何确定尺寸链的封闭环？怎样区分增环与减环？

11-3 解算尺寸链主要为解决哪几类问题？

11-4 完全互换法、大数互换法、分组互换法、调整法和修配法各有何特点？各适用于何种场合？

11-5 如图 11-7 所示，加工一轴套，其加工顺序为：镗孔至 $A_1 = \phi39.6^{+0.10}_{0}$mm；插键槽 A_2；磨孔至尺寸 $A_3 = \phi40^{+0.06}_{0}$mm。如果要求达到 $A_4 = 44^{+0.30}_{0}$mm，求键槽工艺尺寸 A_2 的基本尺寸和极限偏差。

11-6 如图 11-8 所示，齿轮的端面与垫圈之间的间隙应保证在 0.04 ~ 0.15mm 范围内，试用完全互换法确定有关零件尺寸的极限偏差。

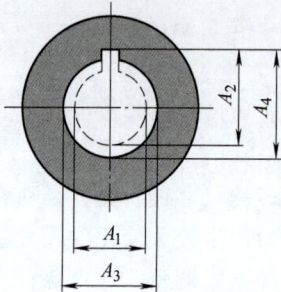

图 11-7　习题 11-5 图

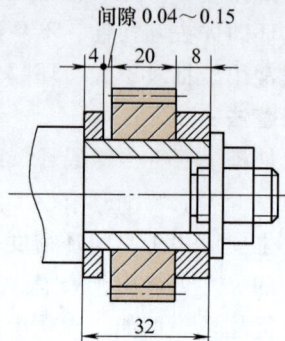

图 11-8　习题 11-6 图

两弹一星
功勋科学家：王淦昌

参 考 文 献

［1］ 李柱. 互换性与测量技术基础：上册［M］. 北京：中国计量出版社，1984.

［2］ 廖念钊，等. 互换性与技术测量［M］. 7版. 北京：中国质检出版社，2016.

［3］ 张琳娜，赵凤霞，李晓沛. 简明公差标准应用手册［M］. 上海：上海科学技术出版社，2005.

［4］ 马海荣. 几何量精度设计与检测［M］. 北京：机械工业出版社，2004.

［5］ 郑凤琴. 互换性及测量技术［M］. 南京：东南大学出版社，2000.

［6］ 韩进宏. 互换性与技术测量［M］. 2版. 北京：机械工业出版社，2018.

［7］ 黄云清. 公差配合与测量技术［M］. 2版. 北京：机械工业出版社，2012.